3051. D. Jap.

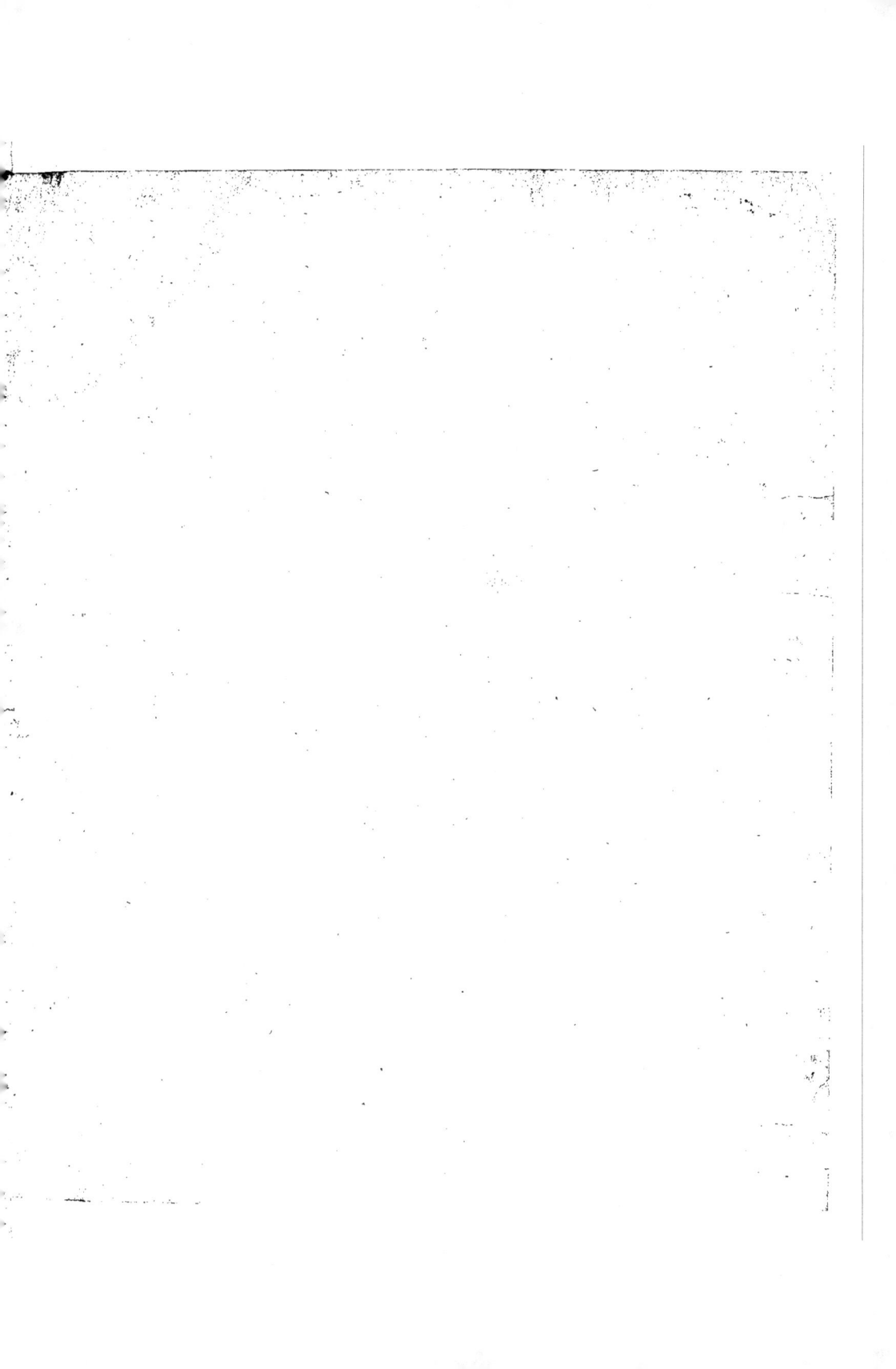

PROCÈS VERBAL

DES SÉANCES

DE

L'ASSEMBLÉE PROVINCIALE

DU POITOU,

TENUE A POITIERS
En Novembre & Décembre 1787.

A POITIERS,

DE L'IMPRIMERIE

DE MONSEIGNEUR COMTE D'ARTOIS,

Chez FRANÇOIS BARBIER.

M. DCC. LXXXVIII.

EXTRAIT
DU PROCÈS VERBAL
DES
SÉANCES PRÉLIMINAIRES
DE L'ASSEMBLÉE PROVINCIALE
DU POITOU,

Tenue à Poitiers, par ordre du Roi, le 25 du mois d'Août 1787.

Aujourd'hui vingt-cinq Août mil sept cent quatre-vingt-sept, dix heures du matin, en exécution des ordres particuliers du Roi, se sont réunis dans la Salle du grand Séminaire de la ville de Poitiers,

Dans l'Ordre du Clergé.

Monseigneur l'Évêque de Poitiers, nommé, par le Roi, Président de l'Assemblée Provinciale du Poitou.

Monseigneur l'Évêque de Luçon.

M. l'Abbé Decressac, Vicaire-Général, Archidiacre de Thouars & Abbé de Montierneuf.

A

M. l'Abbé BRISSART, *Abbé de Fontaine-le-Comte.*

M. l'Abbé DE ROZAND, *Vicaire-Général du Diocêse de Luçon, & Sous-Doyen du Chapitre de la même Ville.*

Dans l'Ordre de la Noblesse.

M. ROBERT, *Baron de Poiroux, Chevalier, Seigneur de Lezardiere.*

M. FROTTIER, *Chevalier, Seigneur, Marquis de la Messeliere.*

M. BERTHELIN, *Comte de Montbrun, Chevalier, Seigneur d'Aifres & de Coulon.*

M. le Marquis DE MAUROY, *Maréchal des Camps & Armées du Roi.*

M. D'APPELLEVOISIN, *Marquis de la Rochedumaine, Maréchal des Camps & Armées du Roi.*

Dans l'Ordre du Tiers-État.

M. DUPONT, *Négociant, à Poitiers.*

M. PERREAU DE LA FRANCHERE, *Écuyer, Secrétaire du Roi.*

M. REDON DE BEAUPREAU, *Maire de la ville de Thouars.*

M. OCHER DE BEAUPRÉ, *Lieutenant de Maire de la ville des Sables.*

M. BOURASSEAU DE LA ROUSSIERE, *Avocat & Sénéchal des Herbiers.*

M. ROUGET DE GOURCEZ, *Lieutenant Criminel honoraire & Maire de la ville de Niort.*

M. CLERC DE LA SALLE, *Avocat & Maire de la ville de Saint-Maixent.*

M. DUBOIS, *Procureur du Roi de la Sénéchaufsée de Châtelleraud & Maire de ladite Ville.*

Nommés par Sa Majesté pour être Membres de l'Assemblée Provinciale du Poitou.

Après avoir mis sur le Bureau leurs Lettres des convocation, tous ont pris séance suivant le rang fixé par les Réglemens.

M. le Préfident a prononcé un difcours analogue à la circonftance, & a dit que M. l'Intendant étoit chargé, comme Commiffaire du Roi, de faire l'ouverture des Séances de l'Affemblée, & de lui communiquer les ordres de Sa Majefté. Deux Députés ont été nommés, conformément au Réglement du cinq de ce mois, pour le prévenir que l'Affemblée avoit pris séance.

M. le Commiffaire du Roi arivé, a été reçu fuivant le cérémonial prefcrit. Après avoir fait faire lecture, par fon Gréfier, d'une expédition du Réglement du douze Juillet, il la laifsée fur le Bureau, & a dit que l'intention de Sa Majefté étoit que l'Affemblée s'occupât;

1.°, De nommer un Gréfier & deux Procureurs-Syndics, ainfi que les Membres, qui, avec ceux choifis par Sa Majefté, doivent compléter l'Affemblée;

2.°, D'élire le Député du Clergé, celui de la Nobleffe & les deux Députés repréfentans le Tiers-État, qui, avec le Préfident, les deux Procureurs-Syndics & le Gréfier-Secrétaire, compoferont la Commiffion intermédiaire;

3.°, D'élire les Membres, qui, avec les Préfidens choifis par Sa Majefté, devront compofer la première moitié des Affemblées d'Élections;

4.°, De donner à la Commiffion intermédiaire, des inftructions fur ce qu'elle aura à faire d'ici à ce que l'Affemblée Provinciale tiene fa feconde séance;

5.°, De fixer le jour auquel chaque Affemblée d'Élection doit tenir fes séances préliminaires, & celui où l'Affemblée Provinciale commencera fa feconde séance;

6.°, De faire connoître aux Affemblées d'Élections, de quels objets elles devront s'occuper auffi-tôt qu'elles feront formées;

7.°, Enfin, de dreffer, dès ce moment, un État, par aperçu,

des frais & dépenfes relatives à l'Affemblée ; lequel État ne devra toutefois être définitivement arrêté que par l'Affemblée complete. Il a ajouté qu'il fe fera un devoir de donner à l'Affemblée Provinciale, toutes les communications qui lui feront néceffaires, & de lui faire remettre les pieces & renfeignemens relatifs à la partie de l'Adminiftration qui alloit lui être confiée.

M. Le Préfident a répondu que l'Affemblée étoit pénétrée de reconoiffance de la confiance dont le Roi avoit bien voulu l'honorer ; qu'elle s'efforcera, dans tous les temps, de la juftifier par fa foumiffion à fes ordres, & qu'elle s'occupera, avec tout le zele dont elle fera capable, de la partie de l'Adminiftration que Sa Majefté daignera remettre entre fes mains.

M. le Commiffaire s'eft retiré, & a été reconduit fuivant le cérémonial prefcrit.

L'Affemblée a arrêté que le Réglement du douze Juillet fera tranfcrit à la tête de fes Regiftres, & s'eft occupée de la nomination,

1.°, D'un Secrétaire-Gréfier. Le Sr Giraudeau, Avocat en cette Ville, a été choifi d'une voix unanime pour remplir cette place.

2.°, De deux Procureurs-Syndics, & le vœu de chacun des Membres de l'Affemblée ayant été recueilli dans l'ordre & la forme fixés par le Réglement, M. Robert, Baron de Lezardiere, de l'ordre de la Nobleffe, & M. Thibaudeau, Avocat en cette Ville, de l'ordre du Tiers-État, ont été nommés Procureurs-Syndics, & ont accepté leur Commiffion.

M. Le Préfident a dit que l'Affemblée s'apercevoit fans doute qu'elle étoit privée de la préfence de quatre de fes Membres, & qu'il croyoit devoir expofer les motifs de leur abfence : que M. le Comte de Nieuil, nommé par le Roi, dans l'ordre de la Nobleffe, étoit dangereufement malade ; & que MM. Gaultier de la Moinerie, Duval de la Vergne & Gourfault de Merlis, tous trois du Bureau des Finances, s'étoient excufés fur ce que leur Compagnie prétendoit qu'ils ne pouvoient prendre séance parmi les Membres du Tiers-État, sans déroger à leurs priviléges. M. le Préfident a ajouté que MM. du Bureau des Finances s'étant même préfentés chez lui par députation, Mercredi, 22 de ce mois, pour lui faire part de la délibération prife à cet égard, il avoit cru devoir en rendre compte au Miniftre.

L'Affemblée a nommé deux de fes Membres pour aller témoigner à M. le Comte de Nieuil, l'intérêt qu'elle prenoit à fa fituation, & elle a jugé convenable d'atendre la réponfe du Miniftre avant de procéder au remplacement des trois Membres du Bureau des Finances.

M. l'Abbé de Rozand & M. le Marquis de la Meffeliere ont été priés de furveiller la rédaction des Procès verbaux.

L'Affemblée a arrêté que demain, dix heures du matin, une Meffe du Saint-Efprit fera célébrée dans la Chapelle du Séminaire. M. le Préfident s'eft chargé de fatisfaire à cette obligation : deux Députés ont été nommés pour inviter M. l'Intendant à cette cérémonie.

L'Affemblée a témoigné à Monfeigneur l'Évêque de Poitiers, fa fatisfaction du choix que le Roi avoit fait de fa perfone pour préfider l'Affemblée du Poitou, & toute la confiance qu'elle avoit dans fon zele, fes lumieres & fon atachement connu aux intérêts de la Province.

Fait & arrêté dans la falle du grand Séminaire de Poitiers, les jour, mois & an que deffus, *Signés*, † M. L. Évêque de Poitiers. GIRAUDEAU, *Secrétaire-Gréfier.*

LE vingt-fix du même mois, dix heures du matin, lecture a été faite du Procès verbal de la féance précédente. M. le Commiffaire du Roi étant arivé au lieu de l'Affemblée, tous fe font rendus dans la Chapelle du Séminaire, pour affifter à la Meffe. Les Membres de l'Affemblée ont pris place dans le Chœur, chacun fuivant fon rang. M. le Commissaire du Roi s'est placé au milieu du Chœur, où étoient préparés un fauteuil, un prie-dieu & un câreau.

Après la Messe, M. le Commissaire du Roi s'est retiré, & a été reconduit selon le cérémonial prescrit.

Rentrée dans le lieu des Séances, l'Assemblée s'est occupée de la nomination des Membres qui devoient la compléter. Les suffrages ayant été recueillis dans l'ordre prescrit, ont été successivement nommés.

Pour l'Ordre du Clergé.

M. l'Abbé RIGUET, *Doyen du Chapitre de Châtelleraud, pour l'Élection de cette Ville.*

M. MESSAY, *Curé de Sainte-Néomoye, pour l'Élection de Saint-Maixent.*

M. l'Abbé DE FRESNE, *Abbé des Fontenelles, pour l'Élection des Sâbles.*

Pour l'Ordre de la Noblesse.

M. le Comte DE JOUSLARD D'IVERSAY, *pour l'Élection de Poitiers.*

M. le Comte DE CHASTENIER, *pour l'Élection de Fontenai.*

M. le Marquis DE SAINT-SULPICE, *pour la même Élection.*

M. le Marquis DE CRUSSOL-D'AMBOISE, *Lieutenant Général des Armées du Roi, pour l'Élection de Saint-Maixent.*

M. le Marquis DE REGNON DE CHALIGNI, *pour l'Élection des Sâbles.*

Pour Représentans du Tiers-État.

M. LAMARQUE DE FLEURY, *Conseiller au Présidial de cette Ville, pour l'Élection de Poitiers.*

M. CHABIEL DE MORIERE, *Maire de la ville de Poitiers, pour la même Élection.*

M. BOURON, *Avocat du Roi en la Sénéchaufsée de Fontenai, pour l'Élection de Fontenai.*

M. COUTOULY DE LA VERGNE, *Sénéchal de Luçon, pour la même Élection.*

M. CREUZÉ DE LA TOUCHE, *Lieutenant Général de la Sénéchaufsée de Châtelleraud, pour l'Élection de Châtelleraud.*

M. DABBAYE, *Préfident du Siége de Melle, pour l'Élection de Saint-Maixent.*

M. CADOU, *Négociant à Saint-Gilles, pour l'Élection des Sâbles.*

Avant de terminer la Séance, M. le Préfident a proposé les fieurs *Châtillon* & *Dalbergue*, pour remplir les fonctions d'Huiffiers de l'Affemblée ; ce choix a été agréé unanimement.

Fait & arrêté les jour & an que deffus. *Signés,* † M. L. Evêque de Poitiers. GIRAUDEAU, *Secrétaire-Gréfier.*

LE vingt-fept du même mois, dix heures du matin, lecture a été faite du Procès verbal de la Séance précédente. L'Affemblée a continué de s'occuper,

1.°, Du choix des Membres qui doivent la compléter ; & ont été fucceffivement nommés.

Pour l'Ordre du Clergé.

M. PERRINET, *Prieur-Curé de l'Abbaye de Châtillon, pour l'Élection de la même Ville.*

M. l'Abbé DE LENTILHAC, *Comte de Lyon, Grand Prévôt du Chapitre de Remiremont, Vicaire-Général de Poitiers & Abbé de Saint Cyprien, pour l'Élection de Thouars.*

M. l'Abbé DE LA FAIRE, *Vicaire-Général de Poitiers, Prieur de Boueffe, & Prieur du Chapitre de Sainte Radégonde de Poitiers, pour l'Élection de Confolens.*

Pour l'Ordre de la Noblesse.

M. le Comte DE CHABOT, *pour l'Élection de Châtillon.*

Pour le Tiers-État.

M. CHAUVIN, *Avocat du Roi au Siége de Niort, pour l'Élection de la même Ville.*

M. RICHARD, *Médecin à Montaigu, pour l'Élection de Châtillon.*

M. CHAUVIN, *Sénéchal d'Argenton, pour l'Élection de Thouars.*

M. POUGEARD DU LIMBERT, *Avocat, pour l'Élection de Confolens.*

2.°, De former sa Commission intermédiaire.

COMMISSION INTERMÉDIAIRE.

Dans l'Ordre du Clergé.

M. l'Abbé DE LA FAIRE, *Vicaire-Général de Poitiers & Prieur de Sainte Radégonde.*

Dans l'Ordre de la Noblesse.

M. le Comte DE JOUSLARD D'IVERSAY.

Dans l'Ordre du Tiers-État.

M. CLERC DE LA SALLE, *Maire de Saint-Maixent.*

M. PERREAU DE LA FRANCHERE, *Secrétaire du Roi.*

MM. les Procureurs-Syndics & le Gréfier.

3.°, De la nomination de la moitié des Membres qui doivent former les Assemblées d'Élections.

Les suffrages recueillis, elles se sont trouvées composées comme il suit:

ÉLECTION

ÉLECTION DE POITIERS.

De l'Ordre du Clergé.

M. l'Abbé DE LENTILHAC, *Abbé de St Cyprien*, *Préfident*, nommé par le Roi.

M. l'Abbé DANCEL DE BRUNEVAL, *Vicaire-Général & Promoteur du Diocèfe.*

M. l'Abbé DE MOUSSAC, *Vicaire-Général, & Prévôt du Chapitre de Montmorillon.*

De l'Ordre de la Noblefse.

M. le Vicomte DE LA CHASTRE.

M. SAVATTE DE GENOUILLÉ.

M. le Chevalier DE LABROUE DE VAREILLES-SOMMIERES.

De l'Ordre du Tiers-État.

M. LANOT, *Conseiller au Préfidial.*

M. DUPUY, *Lieutenant Particulier du Siége de Civrai.*

M. BUTAUD, *Avocat du Roi, à Montmorillon.*

M. BONNEAU DUCHENE, *Lieutenant Général à Lufignan.*

M. DE GERMON, *Procureur Ducal à Partenay.*

M. BONCENNE, l'aîné, *Procureur au Préfidial de Poitiers.*

ÉLECTION DE FONTENAI.

De l'Ordre du Clergé.

Monfeigneur L'ÉVÊQUE DE LUÇON, *Préfident*, nommé par le Roi.

M. l'Abbé DE ROZAND, *Sous-Doyen de Luçon & Vicaire-Général du Diocèfe.*

M. l'Abbé PICHARD, *Syndic du Chapitre de la Rochelle.*

B

ASSEMBLÉE PROVINCIALE

De l'Ordre de la Nobleſſe.

M. DE MENARD, *Baron du Langon.*
M. GRELIER DU FOUGEROUX.
M. GRIMOUARD DE SAINT-LAURENT.

De l'Ordre du Tiers-État.

M. SAVARI DE CALAIS, *Maire de la ville de Fontenai.*
M. MACAUD, *Avocat.*
M. GUILLET, l'aîné.
M. BOUQUET, *Médecin, à Luçon.*
M. CHATELAIN, *à Sainte-Hermine.*
M. DES MERICHONERIES, *à Chantonay.*

ÉLECTION DES SABLES.

M. le Marquis DE VAUGIRARD DE ROSNAY, *Préſident,*
nommé par le Roi.

De l'Ordre du Clergé.

M. l'Abbé GANDILLON, *Chanoine de Luçon.*
M. BOITEL, *Curé des Sâbles.*

De l'Ordre de la Nobleſſe.

M. le Comte DU CHAFAUT DE LA GUIGNARDIÈRE.

De l'Ordre du Tiers-État.

M. DUGET, *Avocat aux Sâbles & Maire de la Ville.*
M. BRECHARD, *Sénéchal de Talmont.*
M. DE LA CROIX, *à Soulans.*
M. BIROTEAU DES BURONDIERES, *Avocat, à Saint-Julien-
des-Landes.*

ÉLECTION DE CHATILLON.

M. le Baron DE L'ÉPINAY, *Préfident*, nommé par le Roi.

De l'Ordre du Clergé.

M. VINET, *Curé de Rocheferviere.*
M. BUOR, *Curé de Saint Étienne de Corcoué.*

De l'Ordre de la Nobleffe.

M. JOUSBERT, *Seigneur de Notre-Dame des Herbiers.*

De l'Ordre du Tiers-État.

M. RICHARD, *Médecin, à Montaigu.*
M. PAILLOU, *Sénéchal de Pouzauges.*
M. LANDAIS, *Médecin aux Effars.*
M. BOUTHILIER DE SAINT-ANDRÉ, *Sénéchal de Mortagne.*

ÉLECTION DE THOUARS.

De l'Ordre du Clergé.

M. GOUERAND, *Prieur-Curé de Saint-Laon, Préfident*, nommé par le Roi.
M. PATERNE, *Curé de Vaudelenay.*

De l'Ordre de la Nobleffe.

M. D'AVIAU DE PIOLLANT.
M. le Marquis DE GRIGNON.

De l'Ordre du Tiers-État.

M. REDON DE BEAUPREAU, *Maire de la ville de Thouars.*
M. DESCHAMPS, *Maire de Breffuire.*
M. CHAUVIN, *Sénéchal d'Argenton.*
M. FERRON, *Propriétaire, à Pugny.*

ÉLECTION DE CONFOLENS.

M. le Marquis DE MALESSIE, *Président*, nommé par le Roi.

De l'Ordre du Clergé.

M. DE LA BROUSSE, *Curé de Pleuville.*
M. GUÉRINEAU, *Curé d'Availles-Limousines.*

De l'Ordre de la Noblesse.

M. le Chevalier DE SAINT-AUVANT.

De l'Ordre du Tiers-État.

M. DE LA GANNE, *Sénéchal de l'Isle-Jourdain.*
M. MARTIN DESHOULIERES, pere.
M. PRÉVOT DU MARAIS, *à Saint-Germain.*
M. BARBARIN DE LA MARTINIERE.

ÉLECTION DE CHATELLERAUD.

M. le Marquis D'ESCARS DE PERUSSE, *Lieutenant Général des Armées du Roi, Président*, nommé par le Roi.

De l'Ordre du Clergé.

M. l'Abbé RIGUET, *Doyen du Chapitre de Châtelleraud.*
M. POIRIER, *Curé de Leigné-sur-Usseau & Archiprêtre de Faye.*

De l'Ordre de la Noblesse.

M. le Marquis DE LA ROCHE-TULON.

De l'Ordre du Tiers-État.

M. DE LAVAUD DE LA MASSONNE, *Conseiller au Siége de Châtelleraud.*

M. le COCQ, père, *Échevin de la même Ville.*
M. BOURGINE, *Propriétaire, à Orches.*
M. MAURICE, *Fermier de Puigarreau.*

ÉLECTION DE NIORT.

M. le Marquis DE FAYOLE, *Préfident*, nommé par le Roi.

De l'Ordre du Clergé.

M. l'Abbé DE MOUGON, *Dignitaire du Chapitre de Luçon.*
M. l'Abbé DE GAGELIN.

De l'Ordre de la Nobleſſe.

M. GENVRE DE LA BOUCHETIÈRE.

De l'Ordre du Tiers-État.

M. CHAUVIN, *Avocat du Roi, à Niort.*
M. BARRÉ DE CHABANS, *Procureur du Roi de l'Hôtel-de-Ville de Niort.*
M. ARNAUDET, *Avocat & premier Échevin de la même Ville.*
M. MARTIN DE LA CHANCELLERIE, *Procureur du Roi, à Chizé.*

ÉLECTION DE SAINT-MAIXENT.

De l'Ordre du Clergé.

M. CELLIN, *Prieur de l'Abbaye de Celle, Préfident*, nommé par le Roi.
M. BRISSONNET, *Curé de Saivre & Archiprêtre de Saint-Maixent.*

De l'Ordre de la Nobleſſe.

M. YOUNG, *Marquis de Sepvret.*

M. Chevalier de la Coindardiere, *Seigneur des Essars.*

De l'Ordre du Tiers-État.

M. Sauzeau, *Préſident du Siége de Saint-Maixent.*

M. Caillon, *Notaire & Aſſeſſeur à l'Hôtel-de-Ville.*

M. Champoyau, *Maire de la ville de Melle.*

M. Monet de Lorbeau.

M. le Préſident a prié, au nom de l'Aſſemblée, deux de ſes Membres, d'aller s'informer de la ſanté de M. le Comte de Nieuil, & de lui témoigner l'intérêt qu'elle prenoit à ſa ſituation.

Fait & arrêté au même lieu, ſes mêmes jour & an que deſſus. *Signés,* † M. L. Évêque de Poitiers. Giraudeau, *Secrétaire-Gréfier.*

Le lendemain, vingt-huit des mêmes mois & an que deſſus, dix heures du matin, lecture a été faite du Procès verbal de la ſéance précédente.

M. le Préſident a propoſé à l'Aſſemblée, de délibérer ſur les honoraires à fixer à MM. les Procureurs-Syndics, les Membres de la Commiſſion intermédiaire, & les Officiers, tant de l'Aſſemblée Provinciale que des Élections.

Un projet de Réglement a été dreſſé ſur le Bureau; & M. le Préſident prié de le faire paſſer au Miniſtre.

M. le Préſident a préſenté une Inſtruction proviſoire ſur les objets dont les Commiſſions intermédiaires & les Aſſemblées d'Élections devoient s'occuper juſqu'à la réunion de l'Aſſemblée Provinciale complete, qui a été fixée au 12 Novembre.

Le Gréfier a fait lecture de ce projet, qui a été approuvé d'une voix unanime, & il a été ordoné qu'il ſera inſéré dans le Procès verbal.

Suit la teneur de ladite Inſtruction.

INSTRUCTION
DE L'ASSEMBLÉE PROVINCIALE
Pour la Commiffion intermédiaire.

ARTICLE PREMIER.

MESSIEURS de la Commiffion intermédiaire fe retireront par-devers M. le Commiffaire départi, pour fe procurer,

1.º, Un état, divisé par Élections, de la Taille, des Impofitions acceffoires & de la Capitation qui fe levent fur la Province;

2.º, Des états de la répartition faite de ces mêmes impofitions fur les différentes Communautés dont chaque Élection eft composée;

3.º, De pareils états pour les Vingtiemes;

4.º, La communication du tableau des fortunes particulieres des contribuables aux Vingtiemes en chaque Paroiffe, lequel a dû fervir de bâfe à la répartition actuele de l'Impôt;

5.º, Un état, divisé par Élections & par Paroiffes, de l'impofition qui a été ordonée en 1787, fur la Province, pour le paiement des ouvrages des grandes routes;

6.º, Tous les rôles des impofitions & cotes des différens particuliers de toutes les Paroiffes de la Généralité;

7.º, La note des fommes que Sa Majefté eft dans l'ufage d'acorder annuélement pour être employées à des établiffemens d'âteliers de charité, & pour être diftribuées en moins impofé aux particuliers qui ont éprouvé quelques calamités ou pertes dans leurs récoltes, beftiaux, &c.;

8.º, MM. de la Commiffion intermédiaire chercheront les moyens de fe procurer un état de tous les biens qui ne font pas foumis aux Vingtiemes ou Décimes; en un mot, la lifte de tous les Privilé-

giés de la Province; ils feront des recherches fur la nature &
l'étendue de leurs priviléges; ils tâcheront également de fe procurer un tableau des Villes tarifées, & du montant des droits qui y
font perçus; un autre état des abonemens qui pouroient avoir lieu
dans la Province, & un aperçu du raport entre la contribution
réele des Abonés & celle à laquelle ils devroient être aſſujétis.

I I.

Ils demanderont à l'Ingénieur en chef des Ponts & Chauſsées,

1.°, Un état de toutes les routes ouvertes dans la Province, de
celles dont l'ouverture eſt approuvée par le Conſeil, & de celles
qui ne font pas projetées.

Cet état doit être divisé en trois clâſses;

La premiere contiendra les routes qui font partie des grandes
communications du Royaume, telles que la route de Paris en Eſpagne, par Poitiers & Bourdeaux;

La feconde, celles qui fervent à établir des communications du
Poitou avec une autre Province, telles que celle de Poitiers à
Limoges;

La troifieme, celles qui ne fervent que de communication intérieure de Ville à Ville.

Ils formeront, fur les demandes qui pouroient leur être faites
par les différentes Paroiſses, une quatrieme clâſse, qui fera compoſée des chemins vicinaux, ou de Village à Village, & de Bourg
à Bourg.

Il eſt néceſſaire que l'état dont il s'agit faſse connoître quelle
eſt la longueur de chaque routes; quelles font les parties de ces
routes qui font entièrement finies, & qui n'ont d'autre befoin que
d'être entretenues; quelles font celles qui font auſſi finies, mais qui
ont befoin d'être réparées avant d'être mifes au fimple entretien;
quelles font celles qui ne font qu'ébauchées.

2.°, Un

2.°, Un tableau qui offrira les noms des différens Ingénieurs & Sous-Ingénieurs qui font employés dans cette Province, les lieux de leurs réfidences, l'étendue de leurs arondiffemens refpectifs, & le traitement dont ils jouiffent.

3.°, Un pareil tableau où fe trouvera le nom des Conducteurs ou Piqueurs employés dans chaque département ; la défignation de la partie de route qu'ils furveillent, & les apointemens qui leur font affectés.

4.°, MM. de la Commiffion intermédiaire fe feront remettre, par le même Ingénieur, l'état eftimatif des ouvrages à faire l'année prochaine pour l'entretien des routes entiérement finies, pour la réparation de celles qui peuvent être dégradées, pour la perfection des parties ébauchées, & pour l'exécution des parties projetées, auxquelles il paroîtra convenable de travailler de préférence ; ils fe mettront en état de faire connoître à l'Affemblée, les motifs de cette préférence ; ils tâcheront d'obtenir en outre un devis eftimatif & détaillé de ce que pourront coûter,

1.°, Le fimple entretien d'une lieue de chemin mis en bon état ;

2.°, La réparation d'une lieue de chemin dans un état de dégradation ordinaire ;

3.°, L'entiere perfection d'une lieue de chemin dans les routes déja ouvertes dans la Province, mais qui ne font qu'ébauchées ;

4.°, Enfin, la confection d'une lieue de chemin dans les routes qui ne font pas encore ouvertes, mais feulement indiquées ; ils s'adrefferont, pour avoir ces connoiffances, aux Ingénieurs & Sous-Ingénieurs des différens cantons de la Province, le prix devant varier en raifon des difficultés que peut offrir la localité ;

5.°, Ils demanderont aux Ingénieurs communication de toutes les Adjudications faites pour la préfente année, aux Entrepreneurs & Ouvriers, pour les confection, réparation & entretien des diffé-

C

routes de la Province, afin que l'Assemblée Provinciale puisse juger quand & comment elle doit ordoner la continuation des travaux, ces marchés devant servir de bâse à ceux qu'elle poura faire elle-même dans la suite.

I I I.

MM. de la Commission intermédiaire se procureront tous les renseignemens possibles sur ce qui peut intéresser les progrès de l'Agriculture dans cette Province, & le Commerce des différens cantons; quelles sont les Manufactures qui y sont établies, & les moyens de les encourager ou d'y en établir de nouveles;

2.°, La Commission intermédiaire cherchera à se procurer des connoissances sur la qualité des laines dans les différentes parties du Poitou, & sur les moyens de les améliorer; cet objet très-négligé, sur-tout dans le bâs Poitou, pouvant, par des soins assidus, ouvrir bientôt à la Province une source de richesses, & former une branche intéressante de commerce;

3.°, Les bêtes à cornes & les haras étant pour la Province un objet d'une grande importance, la Commission intermédiaire sera chargée de chercher par quels moyens on poura donner à ce commerce une plus grande activité;

4.°, MM. de la Commission intermédiaire Provinciale entretiendront sur tous ces objets une relation suivie avec MM. des Commissions intermédiaires d'Élections;

5.°, Chacun des Membres de l'Assemblée est prié en particulier de faire part à MM. de la Commission intermédiaire, des lumieres & connoissances qu'ils pouront acquérir sur les différens points de l'Administration qui leur est confiée par Sa Majesté;

6.°, MM. de la Commission intermédiaire prendront aussi des informations dans les différentes Provinces où sont déja, depuis long temps, établis des États Généraux ou des Assemblées Provinciales, fur les moyens qui ont été employés pour opérer la deftruction de la mendicité ;

7.°, Ils feront prendre dans les Bureaux de l'Intendance, les Délibérations de Paroiffes qui ont été arrêtées pour la compofition des Affemblées Municipales, afin d'en examiner la forme, & de les envoyer aux Affemblées d'Élections.

La Commiffion intermédiaire s'occupera de tous les foins & dépenfes relatifs à l'établiffement à faire pour la tenue de l'Affemblée Provinciale : elle fera en conséquence des recherches pour procurer à l'Affemblée une maifon propre à y établir le dépôt de fes Archives, dans laquelle la Commiffion intermédiaire tiendra fes séances, & où puiffent loger commodément l'un de MM. les Procureurs-Syndics & leurs Secrétaires. La Commiffion intermédiaire veillera également à l'ameublement de la Salle des séances générales, & à celui des différens Bureaux néceffaires pour le travail de l'Affemblée, &c. &c.

L'Affemblée fe réferve de donner des inftructions fur les objets qui pourront avoir été omis dans les articles ci-deffus.

C ij

INSTRUCTION
Pour les Assemblées d'Élections.

ARTICLE PREMIER.

Messieurs les Présidens de chaque Élection recevront, 1.°, une expédition du Réglement du 12 Juillet dernier, dont la remise a été faite à l'Assemblée par M. le Commissaire du Roi ; 2.°, une expédition de la Délibération qui contiendra la nomination faite par l'Assemblée Provinciale, des Membres de la premiere moitié des Assemblées d'Élections; 3.°, un exemplaire imprimé du Réglement du 5 de ce mois, sur les fonctions des Assemblées Provinciales, d'Élections & Municipales. MM. les Présidens d'Élections feront faire lecture de ces Pieces dans la premiere séance de leurs Assemblées.

I I.

MM. les Présidens des Assemblées d'Élections seront prévenus du jour fixé par l'Assemblée Provinciale pour la tenue de la premiere séance ; & tous les Membres nommés pour s'y trouver, seront avertis par eux du jour & du lieu de cette Assemblée.

I I I.

Si quelques-unes des personnes nommées pour composer la moitié des Assemblées d'Élections ne pouvoient accepter cette place, il sera pourvu à leur remplacement par les autres Membres de ces Assemblées, chacune respectivement en même temps qu'ils procéderont à l'élection de ceux qui doivent compléter l'Assemblée.

I. V.

MM. les Préfidens des Aſſemblées d'Élections feront priés de s'aſſurer d'un logement propre à la tenue de leurs séances, & de le prendre, autant qu'il fera poſſible, dans une Communauté Religieuſe, afin d'épargner ou du moins de diminuer les frais de location.

V.

Lès Aſſemblées d'Élections feront chargées,

1.°, De la répartition fur les Paroiſſes de leur diſtrict, de la Taille, des Impoſitions acceſſoires & de la Capitation ;

2.°, De celle de l'Impoſition qui tient lieu de Corvée & autres Impoſitions ;

3.°, Des Adjudications des travaux des routes, des ouvrages pour réparations d'Égliſes, Presbytéres, &c. & autres ouvrages dont la dépenfe fera fupportée par les Communautés.

V I.

Les Aſſemblées d'Élections recevront de la Commiſſion intermédiaire Provinciale, copies des rôles & cotes de répartition des fommes actuélement impoſées fur les Communautés du reſſort de chacune d'elles. Elles donneront d'avance tous leurs foins à fe procurer des renſeignemens fur les inégalités qui peuvent fe trouver dans les contributions reſpectives de ces Communautés, afin qu'on puiſſe y remédier lorſque leurs forces relatives feront mieux connues.

V I I.

Lès Aſſemblées d'Élections tâcheront de fe procurer des renſeignemens sur tout ce qui peut intéresser & encourager l'Agriculture & le Commerce dans l'étendue de leurs districts respectifs ; elles s'occuperont également des moyens à prendre pour détruire la mendicité, & procurer aux pauvres des occupations qui puissent assurer leur subsistance.

VIII.

Les Assemblées d'Élections s'occuperont, dès leur premiere séance, de la formation des arondissemens dans lesquels seront pris à l'avenir les Membres qui remplaceront ceux des Assemblées d'Élections ; la Commission intermédiaire leur fera parvenir à cet effet les Délibérations des Communautés de leur district, portant nomination des Membres des Municipalités.

IX.

Les Assemblées d'Élections nommeront une Commission intermédiaire, à laquelle elles donneront les instructions qu'elles croiront nécessaires : il sera à cet effet adressé à MM. les Présidens d'Élections, copie des instructions données à la Commission intermédiaire Provinciale.

X.

Les Assemblées d'Élections donneront, par un aperçu aussi exact que faire se poùra, un état des dépenses qu'elles croiront nécessaires à leur établissement, comme location d'un lieu propre à tenir les séances, à servir de dépôt aux Archives, ameublemens des salles de séances, bureaux de travail, &c. ; lequel état ils feront passer à la Commission intermédiaire Provinciale.

L'Assemblée se réserve à donner des instructions sur les objets qui pouront avoir été omis dans les articles ci-dessus, & à fixé le

8 Octobre prochain pour l'ouverture des séances des Assemblées préliminaires d'Élections.

L'Assemblée a prié M. le Président d'offrir au Roi sa respectueuse reconoissance de la confiance dont Sa Majesté a daigné honorer les Membres de ladite Assemblée, en les appelans à l'Administration Provinciale.

L'Assemblée ayant délibéré successivement sur les différens objets dont le Roi lui avoit ordoné de s'occuper, a arrêté qu'il sera envoyé une députation pour prier M. le Commissaire du Roi de venir le lendemain, à l'heure de midi, faire la clôture des séances.

Fait & arrêté au même lieu, les mêmes jour & an que dessus. *Signés*, † M. L. Evêque de Poitiers, *Président.* GIRAUDEAU, *Secrétaire-Gréfier.*

Le 29 du même mois, 10 heures du matin;

MESSIEURS qui avoient été députés vers M. le Commissaire du Roi pour le prier de venir faire la clôture des séances, ont raporté qu'il se rendra à l'heure convenue.

M. le Comte de Nieuil a fait prier M. le Président de témoigner à l'Assemblée combien il étoit sensible à l'intérêt qu'elle avoit bien voulu prendre à sa situation, & de lui offrir l'hommage de sa reconoissance.

L'Assemblée avertie de l'arivée de M. le Commissaire du Roi, l'a reçu selon le cérémonial préscrit par le Réglement.

Après avoir pris place, M. le Commissaire du Roi a prononcé un discours relatif à la circonstance; a fait la clôture des séances de l'Assemblée, & laissé sur le Bureau le Réglement du 5 de ce mois. M. le Président lui a répondu au nom de l'Assemblée. M. le Commissaire du Roi s'est retiré, & a été reconduit suivant le même cérémonial.

Tous MM. les Membres de l'Affemblée fe font affurés des fentimens d'eftime, de confiance & d'atachement qu'ils s'étoient mutuélement infpirés, & ont *Signés;*

† M. L. Évêque de Poitiers, *Préfident.*

† M. C. Is. Évêque de Luçon.

L'Abbé DECRESSAC.

L'Abbé BRISSART.

L'Abbé DE ROZAND.

FROTTIER DE LA MESSELIERE.

BERTHELIN, Comte de Montbrun.

Le Marquis DE MAUROY.

D'APPELLEVOISIN, Marquis de la Rochedumaine.

PERREAU DE LA FRANCHERE.

DUPONT.

REDON DE BEAUPREAU.

OCHER DE BEAUPRÉ.

DUBOIS.

ROUGET DE GOURCEZ.

BOURASSEAU DE LA ROUSSIERE

CLERC DE LA SALLE.

DE LEZARDIERE, *Procureur-Syndic.*

THIBAUDEAU, *Procureur-Syndic.*

GIRAUDEAU, Avocat, *Secrétaire-Gréfier.*

PROCÈS

PROCÈS VERBAL

DES SÉANCES

DE L'ASSEMBLÉE PROVINCIALE

DU POITOU,

Tenue à Poitiers en Novembre & Décembre 1787.

AUJOURD'HUI douze Novembre mil sept cent quatre-vingt-sept, dix heures du matin, dans la ville de Poitiers, & dans l'une des Salles du grand Séminaire, choisie provisoirement pour la tenue de l'Assemblée Provinciale du Poitou, se sont trouvés réunis, en vertu des Lettres de convocation qui leur avoient été adressées par M. le Président, en exécution des ordres du Roi, les Députés ci-après nommés : savoir :

	ÉLECTIONS.
De l'Ordre du Clergé.	
MONSEIGNEUR L'ÉVÊQUE DE POITIERS, *Président,*	*Niort.*
Monseigneur l'Évêque de Luçon,	*Fontenai.*
M. l'Abbé de Lentilhac, Comte de Lyon, Abbé de St Cyprien, grand Prévôt du Chapitre de Remiremont & Vicaire-Général du Diocêse de Poitiers,	*Thoüars.*

D

	ÉLECTIONS.

M. l'Abbé Decreſſac, Abbé de Montierneuf, Vicaire-Général du Dioceſe de Poitiers,

M. l'Abbé Briſſart, Abbé de Fontaine-le-Comte, Vicaire-Général de Carcaſſone, } *Poitiers.*

M. l'Abbé de Freſne, Abbé des Fontenelles, Vicaire-Général du Dioceſe de Luçon, } *Les Sâbles.*

M. l'Abbé de Rozand, Vicaire-Général du Dioceſe de Luçon & Sous-Doyen de l'Égliſe de Luçon, } *Fontenai.*

M. l'Abbé de la Faire, Vicaire-Général du Dioceſe de Poitiers, Prieur du Chapitre de Ste Radégonde de la même Ville & du Prieuré de Boueſſe, } *Confolens.*

M. l'Abbé Riguet, Doyen du Chapitre de Châtelleraud, } *Châtelleraud.*

M. Perrinet, Prieur-Curé de Châtillon, } *Châtillon.*

De l'Ordre de la Nobleſſe.

M. le Marquis de Saint-Sulpice, Seigneur de Saint-Sulpice, } *Fontenai.*

M. le Comte de Jouſlard, Seigneur d'Iverſay,

M. Frottier, Marquis de la Meſſeliere, Seigneur dudit lieu, } *Poitiers.*

M. Berthelin, Comte de Montbrun, Chevalier, Seigneur d'Aifres & de Coulon, } *Niort.*

M. le Marquis de Regnon de Chaligny, Seigneur de la Genetouze, } *Les Sâbles.*

M. le Marquis de Mauroy, Maréchal des Camps & Armées du Roi, Seigneur Châtelain de Pugny, Breuil-Bernard, Châteauneuf & la Rejaſſe, } *Thouars.*

M. d'Appellevoifin, Marquis de la Rochedumaine, Maréchal des Camps & Armées du Roi, Seigneur du Fou, Chitré & du Pleffis-Bonnay, } *Châtelleraud.*

M. le Comte de Chafteigner, Meftre-de-Camp de Cavalerie, Seigneur de Saint-Michel-le-Clou, } *Fontenai.*

M. le Comte de Chabot, Seigneur Châtelain de Vendrenne, } *Châtillon.*

De l'Ordre du Tiers-État.

M. Chabiel de Moriere, Écuyer, Maire de la ville de Poitiers,

M. Gaultier de la Moinerie, Écuyer, Procureur du Roi du Bureau des Finances de Poitiers, } *Poitiers.*

M. Dupont, Négociant à Poitiers,

M. Lamarque de Fleury, Confeiller au Préfidial de Poitiers,

M. Duval, Seigneur de la Vergne, Écuyer, Préfident-Tréforier de France au Bureau des Finances de Poitiers,

M. Perreau de la Franchere, Écuyer, Secrétaire du Roi, } *Fontenai.*

M. Bouron, Avocat du Roi au Siège de Fontenai,

M. Coutouly de la Vergne, Sénéchal de Luçon,

M. Redon de Beaupreau, Maire de la ville de Thouars,

M. Chauvin, Écuyer, Secrétaire du Roi, Sénéchal d'Argenton, } *Thouars.*

D ij

M. Rouget de Gourcez, Lieutenant Criminel honoraire au Siége Royal de Niort & Maire de ladite Ville, } *Niort.*

M. Chauvin, Avocat du Roi au Siége de Niort,

M. Cadou, Négociant à Saint-Gilles, } *Les Sables.*

M. Bourasseau de la Roussiere, Avocat, Sénéchal des Herbiers,

M. Richard, Médecin à Montaigu, } *Châtillon.*

M. Goursault de Merlis, Écuyer, Président-Tréforier de France au Bureau des Finances de Poitiers,

M. Pougeard du Limbert, Avocat à Confolens, } *Confolens.*

M. Clerc de la Salle, Avocat à Saint-Maixent & Maire de ladite Ville,

M. Dabbaye, Président du Siége de Melle, } *St-Maixent.*

M. Dubois, Procureur du Roi du Siége de Châtel-leraud & Maire de ladite Ville,

M. Creuzé de la Touche, Lieutenant Général de Châtelleraud, } *Châtelleraud.*

M. Robert, Baron de Lezardiere, Procureur-Général-Syndic du Clergé & de la Nobleffe.

M. Thibaudeau, Procureur-Général-Syndic du Tiers-État.

M. Giraudeau, Secrétaire-Gréfier.

L'ASSEMBLÉE ainfi formée, deux de fes Membres, l'un de l'Ordre de la Nobleffe, l'autre de l'Ordre du Tiers-État, ont été députés vers M. le Commiffaire du Roi pour l'inviter à venir faire l'ouverture des séances.

M. le Commiffaire du Roi a été reçu au bas de l'efcalier par MM. les Procureurs-Généraux-Syndics, au haut, par quatre Députés ;

tous enfemble l'ont introduit dans la Salle des féances, où, après avoir falué l'Affemblée & s'être placé dans un fauteuil élevé fur un gradin, qui lui avoit été préparé en avant du Bureau de MM. les Procureurs-Syndics, & en face de M. le Préfident, placé auffi dans un fauteuil élevé fur un gradin, il a prononcé un difcours, dans lequel il a expofé les principales difpofitions du nouveau Réglement de Sa Majefté, qu'il étoit chargé de remettre à l'Affemblée ; il a fini par lui donner l'affurance de lui fournir les renfeignemens qui pouroient lui être utiles, & de concourir dans toutes les circonftances aux vues de bien public dont elle eft animée.

M. le Préfident a répondu au nom de l'Affemblée, qu'elle recevoit avec refpect les interprétations qu'il avoit plu à Sa Majefté de donner aux Réglemens des 12 Juillet & 5 Août derniers; que cette marque de bonté lui permettoit de concevoir l'efpérance d'obtenir les nouveaux dévelopemens que les circonftances la mettroient dans le cas de folliciter; qu'elle feroit tous fes éforts pour mériter la confiance de Sa Majefté, & la convaincre de plus en plus de fon atachement à Sa Perfone facrée, de fon zele pour fon fervice & de fon profond refpect.

M. le Commiffaire du Roi retiré & reconduit avec les mêmes cérémonies, lecture a été faite du nouveau Réglement, & il a été ordoné qu'il feroit inféré à la fuite du Procès verbal de cette féance.

Quatre Députés ont été nommés pour aller faluer M. le Commiffaire du Roi au nom de l'Affemblée.

M. le Préfident a propofé de déterminer le jour & l'heure de la Meffe du Saint-Efprit; il a été décidé, 1.°, qu'elle feroit célébrée le lendemain, à 10 heures du matin, dans l'Églife Cathédrale; 2.°, qu'on s'affembleroit, à neuf heures, au Palais Épifcopal; 3.°, que deux Députés préviendroient M. le Commiffaire du Roi de cette détermination, & l'inviteroient d'affifter à cette Cérémonie.

M. le Préfident a rendu compte de ce qui s'étoit pafsé depuis la séparation de l'Affemblée préliminaire.

Il a expofé , 1.°, que les Affemblées d'Élections avoient tenu leurs séances préliminaires & completes, & qu'elles s'étoient conformées aux inftructions qui leur avoient été données par l'Affemblée préliminaire Provinciale , & à celles qui leur ont été adrefsées poftérieurement par ordre de Sa Majefté ;

2.°, Que la mort de M. le Comte de Nieuil, nommé par le Rói, dans l'Ordre de la Nobleffe , pour l'Élection de Confolens, avoit privé l'Affemblée d'un Citoyen diftingué par fes vertus, qui avoit montré le plus grand défir de lui être utile ;

3.°, Que M. le Marquis de Cruffol d'Amboife, nommé par l'Affemblée l'un de fes Membres , dans l'Ordre de la Nobleffe , pour l'Élection de Saint-Maixent, lui avoit écrit que des afaires importantes ne lui permettoient pas de fe rendre au défir de l'Affemblée & à celui qu'il avoit lui-même de concourir au bien de cette Province; qu'il la prioit d'agréer fes remercîmens de la confiance qu'elle lui avoit marqué. M. le Préfident a obfervé à l'Affemblée, que ce refus la privoit d'un Membre qui devoit lui être infiniment agréable & par la confidération atachée à fon nom & par fes qualités perfoneles;

4.°, Que M. Meffai , Curé de Sainte-Néomoye , nommé par l'Affemblée, dans l'Ordre du Clergé , pour l'Élection de Saint-Maixent, & M. Ocher de Beaupré, nommé par le Roi, dans l'Ordre du Tiers-État, pour l'Élection des Sâbles, lui avoient auffi écrit que leur mauvaife fanté les mettoit dans la néceffité de prier l'Affemblée de vouloir bien agréer leur démiffion ;

5.°, Que des afaires imprévues & indifpenfables ne permettoient pas à M. Coutouly de la Vergne de fe rendre à l'Affemblée.

6.°, Que les grandes eaux avoient empêché M. Gaultier de la

Moinerie de se réunir à l'Assemblée, & qu'il le feroit aussi-tôt que les passages seroient libres ;

7.°, Que la place de Maire, qu'occupoit M. Clerc de la Salle, à Saint-Maixent, exigeant sa résidence dans cette ville, il lui étoit impossible de conserver celle que l'Assemblée avoit bien voulu lui acorder dans la Commission intermédiaire Provinciale, qu'en conséquence, il la prioit d'en agréer la démission ;

8.°, Que M. Dabbaye étoit tombé malade à son arivée en cette Ville, & qu'il se réuniroit à l'Assemblée aussi-tôt que sa santé le lui permettroit ;

Ce Raport fini, l'Assemblée a prié M. le Président d'écrire au Roi, & d'assurer Sa Majesté de sa respectueuse reconoissance de la confiance dont il avoit daigné l'honorer, en l'appelant à seconder ses vues paterneles & bienfaisantes ; elle a également prié M. le Président d'agréer ses remercîmens des soins auxquels il s'étoit livré depuis la tenue des séances préliminaires. M. le Président a proposé de nommer une Commission pour la rédaction & la révision des Procès verbaux. M. le Comte de Lentilhac, M. l'Abbé de Rozand, M. le Marquis de Regnon & M. Redon de Beauptaü ont été priés de se charger de ce soin.

L'Assemblée a arrêté que le Mercredi, 14, on célébrera, dans la Chapelle du grand Séminaire, une Messe pour le repos de l'âme de M. le Comte de Nicuil, à laquelle tous MM. de l'Assemblée ont assistés.

Sur la demande de MM. Duval & de Merlis, tant pour eux, qu'au nom de M. de la Moinerie, absent, l'Assemblée a arrêté que leurs rang & séance, dans l'Ordre du Tiers-État, ne pouroient nuire aux droits & prérogatives du Bureau dont ils font Membres ; même réserve a été faite de la part de MM. Perreau & Chauvin, Secrétaires du Roi.

Suit le Réglement du Roi, remis à l'Assemblée par M. le Commissaire.

LE fieur de Nanteuil, Intendant & Commiffaire départi en la Province du Poitou, & Commiffaire de Sa Majefté à l'Affemblée Provinciale de ladite Province, convoquée par les ordres du Roi, au douze Novembre, préfent mois, en la ville de Poitiers, fera connoître à ladite Affemblée Provinciale, que Sa Majefté, en donnant le Réglement du douze Juillet dernier, pour la formation de ladite Affemblée Provinciale, & de celles qui lui font fubordonées, a annoncé ce Réglement comme provifoire. pour deux années, à l'expiration defquelles Elle expliqueroit définitivement fes intentions; & par celui du cinq Août dernier, relatif aux fonctions de ces différentes Affemblées & à leurs raports avec fon Commiffaire départi, Elle s'eft réfervé d'y faire fucceffivement les changemens que lui infpireroit fa fageffe.

Sa Majefté ayant reconu qu'il étoit utile & indifpenfable qu'Elle manifeftât dès-à-préfent fes intentions fur quelques-uns des articles de ces Réglemens qui lui ont paru exiger des développemens & quelques interprétations, Elle a chargé fon Commiffaire de les notifier à l'Affemblée.

PREMIERE PARTIE.

Du Cérémonial, des formes de la tenue de l'Affemblée Provinciale & des Affemblées d'Élection, des fonctions des différens Membres ou Officiers defdites Affemblées & autres objets relatifs à leurs formation & organifation intérieures.

§. I.er

Du Commiffaire du Roi.

LE fieur Intendant, Commiffaire du Roi, fera prévenu en fon hôtel, par deux Membres de l'Affemblée choifis par le Préfident, l'un l'un dans le Clergé ou la Nobleſſe, & l'autre dans le Tiers-État, que l'Aſſemblée eſt formée; & il ſera invité par eux à venir en faire l'ouverture.

Le Commiſſaire du Roi ſe rendra à l'Aſſemblée en robe de cérémonie du Conſeil & précédé de ſes Hoquetons : arivé au lieu des ſéances, il ſera reçu au pied de l'eſcalier, par les deux Procureurs-Syndics; au haut de l'eſcalier, par une députation de quatre Membres choiſis par le Préſident, l'un dans le Clergé, un autre dans la Nobleſſe, & les deux autres dans le Tiers-État.

Le Commiſſaire du Roi ſera reçu dans l'Aſſemblée, tous les Membres, autres que ceux formant la députation, étant à leurs places, debout & découverts.

Le Commiſſaire du Roi ſera conduit à un fauteuil d'honneur élevé d'un degré & placé au milieu de l'Aſſemblée, vis-à-vis de celui du Préſident qui ſera auſſi élevé d'un degré, & en avant du Bureau des Procureurs-Syndics & du Secrétaire-Gréfier.

Il ſera reconduit avec les mêmes honeurs. Le même cérémonial ſera obſervé pour la clôture de l'Aſſemblée, & toutes les fois que le Commiſſaire du Roi entrera à l'Aſſemblée pour y faire connoître les intentions de Sa Majeſté.

Le lendemain de l'ouverture de l'Aſſemblée, il ſera fait une députation compoſée de quatre Députés, au Commiſſaire du Roi, pour le ſaluer de la part de l'Aſſemblée.

Toutes les fois qu'il ſera fait mention, dans le Procès verbal, du ſieur Intendant, relativement à ſes fonctions vis-à-vis de l'Aſſemblée, pendant le cours de ſes ſéances, il ſera déſigné dans le Procès verbal, ſous le titre de *M. le Commiſſaire du Roi.*

Lorſqu'il ſera queſtion d'opérations antérieures à l'Aſſemblée, ou qui devront la ſuivre, Sa Majeſté veut que ſon Commiſſaire départi ne puiſſe être déſigné dans le Procès verbal, les Raports & autres Actes de l'Aſſemblée, que ſous le nom de *M. l'Intendant.*

E

§. 2.

Du Président.

LE Président fera l'organe de l'Assemblée pendant le cours de ses séances ; c'est par lui qu'elle correspondra avec le Conseil de Sa Majesté.

Les Procès verbaux des séances de l'Assemblée feront, jour par jour, signés du Président seul, & contre-signés du Secrétaire-Gréfier ; celui de la derniere séance sera signé de lui & de tous les Membres de l'Assemblée.

La Commission intermédiaire étant entiérement suspendue & n'existant plus pendant l'Assemblée, tous les paquets de la Cour & autres, adressés, soit à l'Assemblée, soit à ladite Commission intermédiaire, feront ouverts dans l'Assemblée par le Président.

Les adjudications qui seroient passées, pendant le cours des séances de l'Assemblée, feront signées du Président seul & contre-signées par le Secrétaire-Gréfier.

Les mandats de paiemens à expédier pendant la tenue de l'Assemblée, feront signés du Président & des Commissaires du Bureau des fonds & de la comptabilité, & contre-signés par le Secrétaire-Gréfier.

Le Président nommera toutes les Députations, proposera la composition des Bureaux, ainsi qu'il sera ci-après expliqué, & il sera de droit Membre de tous lesdits Bureaux, qui feront présidés par lui lorsqu'il y entrera.

§. 3.

De l'Assemblée.

TOUT ce qui est relatif aux rangs & aux séances, a été prescrit par le Réglement de formation.

Il n'y a nulle distinction entre les Membres choisis par le Roi & ceux nommés par l'Assemblée préliminaire.

Ainſi les rangs, pour les Seigneurs laïcs, ne ſeront réglés dans la prochaine Aſſemblée, que ſuivant leur âge, leur admiſſion étant cenſée de la même époque, c'eſt-à-dire, du jour de la convocation de l'Aſſemblée complete.

Sa Majeſté a ordoné que pour le Tiers-État, les ſéances ſeroient ſuivant l'ordre des Communautés, qui ſeroit déterminé d'après leur contribution.

Nul Membre du Tiers-État ne poura être regardé comme repréſentant une ville où il y a un Corps municipal, s'il n'eſt lui-même un des Officiers municipaux.

S'il ſe trouvoit à l'Aſſemblée deux Députés du Tiers-État, demeurans habituélement dans une même ville, celui-là ſeul poura repréſenter ſa ville, qui ſera Officier municipal ; l'autre ne poura repréſenter que la Communauté villageoiſe dans laquelle il aura des propriétés.

Si l'un ni l'autre n'eſt un des Officiers municipaux, ils ne pouront prendre rang à raiſon de la contribution de la ville où ils demeurent, mais à raiſon de la contribution des Communautés où ils poſſéderont des biens.

A l'ouverture de ſes ſéances, l'Aſſemblée aſſiſtera à une Meſſe du Saint-Eſprit.

Les deux freres, le pere & le fils, le beau-pere & le gendre, ne pouront à l'avenir être élus à la fois Membres de l'Aſſemblée.

Sa Majeſté autoriſe la prochaine Aſſemblée à remplacer, pour ſe compléter, ceux des Députés nommés, ſoit par Sa Majeſté, ſoit par l'Aſſemblée préliminaire, qui ſeroient morts depuis, ou qui n'auroient point accepté ; mais toutes les nominations ultérieures ſeront faites par les Aſſemblées d'Élections, dont les Bureaux intermédiaires ſeront en conséquence prévenus par la Commiſſion intermédiaire Provinciale, huit jours avant la convocation deſdites Aſſemblées, des remplacemens auxquels elles auront à pourvoir.

Il fera formé, dans les deux premiers jours de l'Affemblée, des Bureaux particuliers chargés de rédiger & préparer les objets fur lefquels il devra être délibéré.

Le Préfident propofera à l'Affemblée, la compofition des Bureaux, & y diftribuera tous les Membres de l'Affemblée, en fuivant, autant que faire fe poura, les proportions établies dans la compofition de l'Affemblée.

Il y aura quatre Bureaux : l'un fera le Bureau de l'Impôt ; le fecond, celui des fonds & de la comptabilité ; le troifieme, celui des travaux publics ; le quatrieme, celui de l'Agriculture, du Commerce & du bien public. Outre ces quatre Bureaux, s'il étoit quéftion d'examiner & de difcuter une afaire très-importante, elle poura être confiée à une Commiffion particuliere.

Il fera auffi formé une Commiffion particuliere pour la vifite du Grêfe & des Archives, & nommé des Commiffaires pour la rédaction & la révifion du Procès verbal.

Les délibérations de l'Affemblée pour fon régime intérieur, feront exécutées provifoirement ; mais nulle délibération à exécuter hors de l'Affemblée, n'aura d'effet qu'elle n'ait été fpécialement approuvée par Sa Majefté.

Aucun Député ne poura perfonélement propofer à l'Affemblée, un nouvel objet de délibération étranger à ceux qui feroient alors difcutés, ni lire aucun Mémoire, qu'il n'en ait préalablement prévenu M. le Préfident, & n'ait communiqué fa propofition ou fon mémoire, à celui des Bureaux de l'Affemblée qui fe trouvera chargé des objets auxquels feroit analogue la propofition ou le mémoire dudit Député.

Les Procès verbaux de l'Affemblée pouront être livrés à l'impreffion, à fur & à mefure de fes féances, & ne feront rendus publics que quinze jours après celui de la clôture.

§. 4.

De la Commiffion intermédiaire.

APRÈS la séparation de l'Affemblée, la Commiffion intermédiaire rentrera en activité.

Elle feule repréfente l'Affemblée & a un caractere public à cet effet.

Le Préfident de l'Affemblée eft auffi le Préfident de la Commiffion intermédiaire; mais dans ce fens qu'il en eft le premier Membre, faifant corps avec elle, & n'ayant fur elle aucune fupériorité.

En conféquence, la correfpondance miniftériele & celle dans l'intérieur de la Province, après la féparation de l'Affemblée, fe tiendront toujours avec & par la Commiffion intermédiaire.

L'abfence du Préfident, comme celle de tout autre Membre, ne changera rien à la forme de la correfpondance.

Sur les objets importans, le Préfident poura écrire particuliérement aux Miniftres du Roi, pour apuier & développer les avis de la Commiffion intermédiaire; mais la lettre feule de la Commiffion intermédiaire fera la dépêche officiele.

Après le protocole d'ufage pour les différentes perfones auxquelles elle écrira, la Commiffion intermédiaire terminera ainfi fes lettres:

V os très- . . . . *ferviteurs,*
les Députés compofant la
Commiffion intermédiaire.

Enfuite tous les Membres préfens, & les Procureurs-Syndics, figneront.

Toutes les adjudications, les mandats de paiemens, & autres actes émanés de la Commiffion intermédiaire, feront fignés dans la même forme, c'eft-à-dire, qu'il fera mis au bas: *par les Députés compofant la Commiffion intermédiaire de la Province du Poitou.* Enfuite tous les Membres figneront.

Les Officiers du Bureau des Finances & des Élections pourront être Membres de l'Affemblée Provinciale ou des Affemblées d'Élection, comme tous les autres Propriétaires ; mais ils ne pourront à l'avenir être élus Membres de la Commiffion ou d'aucun Bureau intermédiaire, atendu les fonctions qui leur font imposées par la nature de leurs charges & par les Réglemens.

Confirme néanmoins Sa Majefté, pour cette fois feulement & fans tirer à conféquence, les nominations qui auroient pu être faites par les Affemblées préliminaires Provinciales ou d'Élection, de quelques Membres du Bureau des Finances ou des Élections, pour la compofition de la Commiffion ou des Bureaux intermédiaires : mais ces Officiers ne pourront être continués ni remplacés par d'autres Membres des mêmes Tribunaux, lors des renouvélemens ultérieurs des nominations pour lefdites Commiffion & Bureaux intermédiaires.

§. 5.

Des Procureurs-Syndics.

POUR être Procureur-Syndic pour la Nobleffe & le Clergé, il ne fera pas néceffaire qu'un Gentilhomme qui auroit des titres à cette place, foit Seigneur de paroiffe, il fuffira qu'il foit propriétaire d'un fief dans la Province.

Les Procureurs-Syndics prendront féance dans l'Affemblée, à un Bureau placé au milieu de l'Affemblée.

Les Procureurs-Syndics feront remettre, chaque jour, au Commiffaire du Roi, à la fin de chaque féance, une notice fuccincte & uniquement énonciative des objets qui auront été difcutés ou délibérés dans l'Affemblée, pour que le Commiffaire de Sa Majefté foit affuré qu'il ne fi traite aucune matiere étrangere aux objets dont elle doit s'occuper.

Lorfqu'un raport aura été lu & délibéré dans un Bureau, avant qu'il en foit fait lecture à l'Affemblée, les Procureurs-Syndics feront appelés à ce Bureau pour en prendre communication & donner fur ledit Mémoire leurs obfervations, s'il y a lieu, foit verbalement, foit par écrit, tant au Bureau qu'à l'Affemblée.

Ils n'auront point voix délibérative dans l'Affemblée.

Mais, atendu que la Commiffion intermédiaire doit toujours fuivre ponctuélement l'exécution des délibérations de l'Affemblée, approuvées par Sa Majefté, & que les Procureurs-Syndics doivent y concourir, lefdits Procureurs-Syndics auront voix délibérative dans la Commiffion intermédiaire ; ils n'auront à eux deux qu'une feule voix qui fera prépondérante en cas de partage. Si leurs opinions different, leurs voix fe détruiront & ne feront point comptées ; & dans le cas où les autres voix feroient partagées, celle du Préfident aura la prépondérance.

Les Procureurs-Syndics écriront en nom collectif, fur tous les objets de correfpondance qu'ils devront fuivre, & après avoir énoncé leur qualité de *Procureurs-Syndics de la Généralité de* .... ils figneront : fi un des Procureurs-Syndics étoit abfent, la lettre feroit toujours écrite en nom collectif, & un feul figneroit.

Ils ne pourront intervenir dans aucune afaire fans une délibération de l'Affemblée ou de fa Commiffion intermédiaire, & n'agiront d'ailleurs fur aucun objet relatif à l'adminiftration de la Province, que de concert avec la Commiffion intermédiaire.

Ce qui vient d'être prefcrit pour les Procureurs-Syndics de l'Affemblée Provinciale, fera également obfervé pour les Syndics des Affemblées d'Élection en tout ce qui leur eft commun.

§. 6.

Affemblées d'Élection.

Les Affemblées d'Élection fe tiendront dans le mois d'Octobre de chaque année.

Elles ne pouront durer plus de quinze jours : le jour précis de
leur convocation fera fixé par le Préfident de l'Affemblée, qui fe
concertera à ce fujet avec le Bureau intermédiaire.

Lorfque le jour en aura été arrêté, & ce jour ne poura être
indiqué plus tard que le 15 dudit mois d'Octobre, afin que toutes
les Affemblées d'Élections de la Province foient clôfes & terminées
le 30 du même mois au plus tard, le Préfident en préviendra la
Commiffion intermédiaire Provinciale un mois à l'avance, & aver-
tira les Députés qui devront être convoqués, de l'époque précife
de l'ouverture de l'Affemblée, par une lettre fignée de lui.

Sa Majefté a jugé qu'il étoit indifpenfable que les Affemblées d'Élé-
ction évitaffent la dépenfe de l'impreffion de leurs Procès verbaux ;
mais s'ils contiennent quelque raport ou mémoire qui, par l'utilité de
fes vues & le mérite de fa rédaction, foit de nature à fixer l'attention
de l'Affemblée Provinciale, & qui lui paroiffe mériter une diftinction
particuliere, l'Affemblée Provinciale poura délibérer de l'inférer dans
fon Procès verbal ou à la fuite ; & ce Mémoire fera alors imprimé
avec le Procès verbal de l'Affemblée Provinciale, dont il fera partie.

L'Affemblée d'Élection fera toujours former trois expéditions
de fes Procès verbaux ; & ces trois expéditions feront adreffées par
elle à la Commiffion intermédiaire Provinciale, laquelle enverra la
premiere, avec fes obfervations, au fieur Contrôleur Général des
Finances ; la feconde, au fieur Intendant & Commiffaire départi ;
& la troifieme reftera dépofée dans les archives de l'Affemblée
Provinciale.

Les Affemblées d'Élection auront foin de fe conformer exactement
aux délibérations de l'Affemblée Provinciale, lorfqu'elles auront
été approuvées par Sa Majefté, & elles fentiront que tout le bien
qu'elles défireront procurer à leur diftrict, ne poura s'opérer que par
un concert & une harmonie réciproque entr'elles & l'Affemblée
fupérieure.

§. 7.

§. 7.

Des Bureaux intermédiaires.

Les Bureaux intermédiaires des Affemblées d'Élection fe confor-meront ponctuélement & littéralement à tout ce qui leur aura été prefcrit, tant par l'Affemblée d'Élection que par la Commiffion intermédiaire Provinciale.

Comme les Affemblées d'Élection & leurs Bureaux intermédiaires font le lien réciproque entre les Affemblées municipales & l'Affem-blée Provinciale, & entre l'Affemblée Provinciale & les Affemblées municipales, il ne fera rien prefcrit ni fait aucune difpofition par la Commiffion intermédiaire Provinciale à l'égard d'aucune Ville & Communauté ou d'aucuns Contribuables & Habitans d'une Élection quelconque, que par la voie du Bureau intermédiaire de ladite Élection, & qu'après que ledit Bureau intermédiaire aura été préa-lablement entendu.

Sa Majefté recomande en conféquence aux Bureaux intermédiai-res, de mettre la plus prompte exactitude & la plus grande célérité dans toutes leurs relations & leur correfpondance avec la Com-miffion intermédiaire Provinciale.

Lorfqu'un Bureau intermédiaire croira devoir faire imprimer quelques lettres circulaires, quelques états & autres objets à adreffer aux Affemblées municipales, & dont les modeles ne lui auroient pas été donnés par la Commiffion intermédiaire Provinciale, il les communiquera préalablement à ladite Commiffion intermédiaire, pour qu'elle foit toujours à portée de maintenir dans toute la Province, l'unité des principes, des formes & des méthodes. Au furplus, ce qui a été prefcrit ci-deffus au §. 4. de la Commiffion inter-médiaire, fera auffi obfervé par les Bureaux intermédiaires, en tout ce qui leur eft applicable.

F

§. 8.

De l'Examen des nominations pour les Assemblées Municipales, pour les Assemblées d'Élection & pour l'Assemblée Provinciale.

La volonté de sa Majesté est que les Syndics des Assemblées d'Élection & subsidiairement les Procureurs-Syndics de l'Assemblée Provinciale, donnent la plus grande attention à l'examen de toutes les délibérations concernant les nominations des Députés des Assemblées municipales, & provoquent à l'avenir la réformation de celles qui seroient irrégulieres.

Sa Majesté désire cependant que, d'après les tableaux qu'Elle a ordoné aux Assemblées d'Élection de faire former, l'Assemblée Provinciale examine s'il ne seroit pas convenable de mettre dans le taux d'imposition qui avoit été fixé uniformément à *Dix* livres pour être admis dans les Assemblées paroissiales, & à *Trente* livres dans les Assemblées municipales, quelques proportions relatives à l'état d'aisance ou de pauvreté des Communautés des campagnes, qui résulte toujours ou de la nature du sol, ou du genre de culture, ou enfin du plus ou moins d'industrie auquel se livrent les habitans de ces Communautés.

D'après les observations que présenteront sur cet objet les différentes Assemblées Provinciales, Sa Majesté fera connoître à cet égard ses intentions, avant le mois d'Octobre 1788.

A compter de cette époque, les Syndics des Assemblées d'Élection donneront avis aux Procureurs-Syndics, des irrégularités qu'ils auroient pu remarquer dans les délibérations paroissiales où les nominations qui y auroient été faites, & leur enverront un Mémoire détaillé & signé d'eux, sur chaque nomination irrégulière.

Les Procureurs-Syndics mettront lesdits Mémoires sous les ieux de la Commission intermédiaire ou de l'Assemblée Provinciale, qui y joindra ses observations, & enverra le tout au Contrôleur Général des Finances, pour y être ftatué ainfi qu'il apartiendra, fur l'avis de M. l'Intendant.

Quant aux nominations irregulieres qui pouroient être faites pour les Affemblées d'Élection par celles d'arondiffement, ou pour l'Affemblée Provinciale par celles d'Élection, Sa Majefté veut que la réformation en foit pourfuivie par les Procureurs-Syndics, au Confeil qui y ftatuera après avoir entendu les obfervations & l'avis de M. l'Intendant.

Mais les Procureurs-Syndics informeront des diligences par eux faites, à cet effet, l'Affemblée d'Élection ou l'Affemblée Provinciale, fuivant l'élection pour l'une ou l'autre Affemblée, par eux arguée d'irrégularité, afin que ladite Affemblée puiffe, le jour même de l'ouverture de fes féances, délibérer s'il y aura lieu d'admettre provifoirement, ou non, la perfone dont la nomination fera conteftée.

DEUXIEME PARTIE.

DES fonctions des différentes Affemblées, & de leurs relations avec M. l'Intendant.

§. I.er

Affemblées Municipales.

En foumettant, par l'article I.er du Réglement du 5 Août, les Affemblées municipales, tant aux ordres qu'elles recevront au nom du Roi, par la voie de M. l'Intendant, qu'à ce qui leur feroit préfcrit, foit par l'Affemblée Provinciale, foit par l'Affemblée d'Élection, foit enfin par les Commiffion & Bureaux intermédiaires, Sa Majefté n'a point entendu que MM. les Intendans & les Affemblées Provinciales ou celles d'Élection, puffent indifféremment donner des ordres ou des inftructions aux Affemblées municipales fur les mêmes objets, mais refpectivement fur ceux qui leur feroient attribués.

Par l'article II, qui exclud de la répartition de la Taille les perſones qui ne ſont point taillables, Sa Majeſté n'a fait que rapeler ce qui eſt preſcrit par tous les Réglemens en matiere de Taille perſonele.

L'intention de Sa Majeſté eſt de diminuer le nombre des rôles qui avoit été porté à cinq par l'article III; mais à cet égard Sa Majeſté ſuſpendra ſa détermination, & l'Aſſemblée Provinciale reconoîtra que, par le vœu qu'elle ſera dans le cas de préſenter ſur le mode de répartition des différentes natures d'impoſitions, elle peut procurer à la Province une grande économie, en réuniſſant pluſieurs de ces impoſitions dans un ſeul & même rôle, qui ſeroit ſeulement diviſé en pluſieurs colonnes. L'Aſſemblée Provinciale remplira les intentions de Sa Majeſté, en propoſant le mode de répartition le plus juſte & le moins diſpendieux.

M. l'Intendant fera cependant connoître dès-à-préſent à l'Aſſemblée Provinciale, ſur la répartition de la Capitation des Nobles Privilégiés, &c. que ce rôle au lieu d'être fait comme le preſcrivoit l'article III, par chaque Aſſemblée municipale, le ſera par le Bureau intermédiaire de chaque Élection pour tous les Nobles Privilégiés, &c. compris dans ſon diſtrict, en le diviſant toutefois par paroiſſes. Il ſera fait de ce rôle deux expéditions, qui ſeront toutes deux remiſes à M. l'Intendant par la voie des Procureurs-Syndics, pour être adreſſées au Conſeil. Lorſque ce rôle y aura été arrêté, M. l'Intendant en renverra l'expédition en forme au Bureau intermédiaire, pareillement par la voie des Procureurs-Syndics, pour qu'il ſoit dépoſé dans ſes archives, & rendra en même temps exécutoires les extraits de ce rôle qui lui auront été envoyés par le Bureau intermédiaire, pour chaque paroiſſe ou communauté : ces extraits ſeront enſuite adreſſés par le Bureau intermédiaire à chaque Aſſemblée municipale, pour être mis en recouvrement. Par ce moyen, le taux uniforme réglé par l'Aſſemblée d'Élection, recevra plus facilement fon application; la dépenfe de la confection d'un rôle particulier fera épargnée aux Affemblées municipales, & cependant chaque contribuable demeurant dans une paroiffe, paiera fes impofitions dans la même paroiffe, felon les intentions de Sa Majefté.

Le nombre des triples expéditions des rôles qui avoient été prefcrites par l'article IV, fera infiniment diminué, d'après ce que Sa Majefté aura ftatué définitivement fur l'article III; ainfi le bien & l'économie à opérer fur cette difpofition, réfultera également du vœu qui fera préfenté à Sa Majefté par l'Affemblée Provinciale.

Les précautions indiquées par l'article V, ont pour objet de prévenir les divertiffemens de deniers; fi l'exécution peut en paroître difficile dans les commencemens pour les petites paroiffes, elle s'établira fucceffivement par l'habitude & les inftructions des Affemblées fupérieures : & les avantages en font fi frapans pour tous les contribuables, que l'Affemblée Provinciale ne négligera certainement aucuns moyens auprès des Affemblées municipales pour affurer l'exacte obfervation de ces vérifications.

A l'égard des réparations ou reconftructions des nefs des Églifes ou des Presbyteres, dont il eft fait mention en l'article IX, lorfque ces réparations feront demandées par l'Affemblée municipale de la paroiffe, elle s'adreffera à l'Affemblée ou Bureau intermédiaire d'Élection, qui nommera les Ingénieurs ou Sous-Ingénieurs du département, pour dreffer les devis & détails eftimatifs.

Lorfque la demande fera formée par une partie feulement des habitans, ou par le Curé feul, le Mémoire fera préfenté au Bureau intermédiaire d'Élection qui le fera communiquer à l'Affemblée municipale. Si l'Affemblée municipale confent aux reconftructions ou réparations demandées, le Bureau intermédiaire chargera l'Ingénieur de dreffer les devis. S'il y a contradiction ou oppofition de la part de l'Affemblée municipale, alors, dans le cas ou l'afaire ne pouroit être terminée par le Bureau intermédiaire par voie de conciliation, elle deviendroit contentieuse, & le Bureau intermédiaire renverroit les Parties à se pourvoir par-devant M. l'Intendant.

Avant son jugement, M. l'Intendant poura nommer tel Expert qu'il jugera à propos, pour constater l'état des lieux, & éclairer sa religion; mais son jugement rendu, il commettra toujours pour dresser les devis, l'Ingénieur du département.

Les Ingénieurs, Inspecteurs & Sous-Ingénieurs de la Province, feront tous les devis dont ils seront chargés, sans aucune rétribution particuliere pour aucune de ces opérations; ce qui tournera au soulagement des Communautés, sauf à l'Assemblée Provinciale à avoir égard, dans la fixation des traitemens de ces Ingénieurs & des gratifications qui seront par elle proposées en leur faveur, au supplément de travail qui résultera pour eux de ces nouvelles occupations.

L'article X sera exécuté selon sa forme & teneur; Sa Majesté exhorte seulement l'Assemblée Provinciale à composer dans la ville où est la résidence de M. l'Intendant, un Conseil de trois Avocats au plus, qui seront rétribués par la Province & choisis par l'Assemblée Provinciale. Les Avocats qui composeroient ce Conseil, ne pouroient néanmoins être nommés par l'Assemblée que pour deux ans au plus, sauf à les continuer pour deux autres années, & ainsi de suite s'il y avoit lieu, d'après le compte qui seroit rendu par la Commission intermédiaire, de leur exactitude & de l'utilité de leur travail pour les Communautés de la Province.

Les Communautés d'habitans seroient tenues d'envoyer les pieces ou mémoires relatifs aux contestations dans lesquelles elles auroient intérêt, à la Commission intermédiaire Provinciale, qui les feroit examiner par lesdits Avocats, & leur consultation remise ensuite à la Commission intermédiaire, sera par elle renvoyée auxdites Communautés d'habitans pour être jointe à la requête que ces Communautés pouroient alors présenter à M. l'Intendant, pour

obtenir de lui, s'il le jugeoit convenable, la permiſſion de plaider.
Les Communautés d'habitans ſeroient ainſi diſpenſées de ſe procurer
la conſultation d'aucun autre Avocat.

Par l'article XI, Sa Majeſté avoit autoriſé les Aſſemblées municipales à délibérer ſur la fixation des traitemens de leurs Syndics &
de leurs Gréfiers; mais Sa Majeſté déſire que l'Aſſemblée Provinciale examine s'il ne ſeroit pas poſſible de n'acorder aucun traitement fixe aux Syndics & Gréfiers, ſauf à leur allouer, à la fin de
chaque année, les dépenſes qu'ils juſtifieroient avoir faites pour
l'intérêt de la Communauté.

§. 2.

Des Aſſemblées d'Élection.

LE ROI a ordoné, par l'article I.er, qu'il ne ſeroit fait aucune
levée de deniers qu'elle n'eût été préalablement ordonée par ſon
Conſeil, lorſque la dépenſe excéderoit Cinq cens livres, ou par le
Commiſſaire déparci, lorſqu'elle ſeroit au deſſous de cette ſomme.

Sa Majeſté voulant concilier avec ce qu'Elle doit à ſon autorité,
les témoignages de confiance qu'Elle eſt diſpoſée à acorder à ſon
Aſſemblée Provinciale, veut bien conſentir à ce que les dépenſes
qui ſeroient inférieures à Cinq cens livres, ſoient impoſées ſur les
Communautés, lorſqu'elles auront été approuvées par l'Aſſemblée
Provinciale, ou ſa Commiſſion intermédiaire, dont la délibération
priſe à cet effet ſera viſée par M. l'Intendant; mais l'intention de
Sa Majeſté eſt que, tous les ſix mois, il ſoit adreſſé au Conſeil,
par l'Aſſemblée Provinciale, un projet d'Arrêt, à l'effet de valider
leſdites impoſitions.

En ordonant par l'article V, que les Aſſemblées d'Élection ſe
conformeroient aux ordres qui leur ſeroient adreſſés, ſoit au nom
de Sa Majeſté, ſoit par l'Aſſemblée Provinciale, Sa Majeſté n'a
point entendu changer l'ordre de correſpondance qu'Elle a établie.

Ses intentions ne parviendront jamais à l'Affemblée d'Élection que par l'Affemblée Provinciale; mais Elle a voulu faire connoître que les Affemblées d'Élection feroient tenues de fe conformer non feulement à ce que Sa Majefté auroit expreffément ordoné, mais encore à ce que l'Affemblée Provinciale auroit cru jufte & convenable de leur prefcrire, quand bien même elle n'y auroit point été précédemment autorisée par un ordre fpécial de Sa Majefté.

§. 3.

De l'Affemblée Provinciale.

TOUTES les dépenfes qui feront délibérées par l'Affemblée Provinciale, conformément à l'article I.er, ne feront point pour cela un objet d'impofition nouvele : l'intention de Sa Majefté étant de remettre à la difpofition de l'Affemblée Provinciale, l'emploi des fonds déja imposés, apartenans à la Province, comme il fera ci-après expliqué. L'Affemblée Provinciale n'auroit à propofer d'impofitions pour les dépenfes de la Province, au-de-là de ces fonds, que dans le cas où ils ne lui paroîtroient pas fuffifans pour fubvenir aux befoins indifpenfables de ladite Province.

§. 4.

Des fonctions refpectives de l'Intendant de la Province & de l'Affemblée Provinciale.

LES Commiffion & Bureaux intermédiaires ne pouvant prendre aucune délibération contraire à ce qui leur aura été prefcrit par les Affemblées qu'ils repréfentent, & celles qu'ils prendroient ne pouvant être relatives qu'à l'exécution de celles de l'Affemblée déja connues du Confeil & de fon Commiffaire départi, ou à des dépenfes de circonftances imprévues, pour lefquelles l'autorifation de Sa Majefté, fur l'avis du fieur Intendant, eft néceffaire, Sa Majefté difpenfe les Commiffion & Bureaux intermédiaires de l'exécution de l'article V.

Sa

Sa Majesté, en dévelopant ses intentions sur l'exécution des articles VI & VII, veut que M. l'Intendant & l'Assemblée Provinciale se communiquent respectivement tous les éclaircissemens dont ils auront réciproquement besoin pour le plus grand bien du service de Sa Majesté & celui de la Province ; n'entendant au surplus Sa Majesté interdire à l'Assemblée, les observations qu'elle estimera utiles au bien de la Province, sur tous les objets précédemment autorisés qui n'auroient point encore reçu leur entiere exécution.

Lorsque la Commission intermédiaire de l'Assemblée Provinciale connoîtra plus particuliérement les objets d'Administration qu'elle aura à traiter, elle sera à portée de reconoître en quoi consistent les objets de correspondance courante & habituele qui doivent être adressés au Conseil, pour la plus grande célérité du service, par la voie de M. l'Intendant.

Dans le cas où M. l'Intendant croiroit devoir présenter au Conseil des observations dont la rédaction exigeroit quelque délai, il ne poura, par ce motif, retarder l'envoi des dépêches qui lui auront été remises par la Commission intermédiaire, sauf à annoncer les observations ultérieures qu'il se proposera d'envoyer.

Pour résumer, la correspondance de forme & celle qui a lieu chaque année, aux mêmes époques, pour les opérations du département & autres, aura lieu par la voie de M. l'Intendant. La Commission intermédiaire répondra aussi à toutes les lettres qui lui auront été écrites par les Ministres de Sa Majesté ou ses Intendans des Finances, par la voie de M. l'Intendant, sinon elle lui fera remettre des copies de ses réponses. A l'égard de toutes les lettres qu'elle sera dans le cas d'écrire la premiere, elle aura l'option de les adresser directement, ou par la voie de M. l'Intendant.

Relativement aux demandes formées par les Contribuables en matiere d'imposition & afaires contentieuses, l'intention de Sa Majesté est que les vingt-huit premiers articles de la troisieme

G

Section du Réglement du Conseil du six Juin 1785, rendu pour la Province de Berry, soient provisoirement exécutés selon leur forme & teneur.

EXTRAIT du Réglement rendu pour la Province du Berry, le 6 Juin 1785.

SECTION TROISIEME.

ARTICLE PREMIER.

Demandes en décharge d'impofition pour caufes acciden-teles.

LES demandes en décharges d'impofition pour caufe d'incendie, grêle, gelée inondation, domages caufés par le feu du ciel & autres intempéries, perte de Beftiaux, nombreufe famille, infirmités, &c. ne feront faites qu'à la Commiffion intermédiaire.

II.

Pour divifion de cote, mutation & doubles emplois.

LES demandes pour caufe de divifion ou mutation de cote de Vingtiemes & pour doubles emplois, feront faites à la Commiffion intermédiaire.

III.

Pour non va-leurs.

LORSQU'IL fe rencontrera, dans quelques rôles, des cotes inexigibles, les Collecteurs s'adrefferont également à la Commiffion intermédiaire pour obtenir que ces non-valeurs leur foient alloués.

IV.

Principes propres à chaque nature d'impofi-tion obfervés.

LA Commiffion intermédiaire, en ftatuant fur ces différentes demandes & autres dont les motifs feroient du même genre, aura égard à la nature, aux regles & aux principes de chacune des impofitions fur lefquelles les contribuables pourront fe pourvoir.

V.

Dans quelle

LORSQUE la Commiffion intermédiaire ne croira pas devoir

acueillir la demande en décharge, modération ou non-valeur, *forme les susdites demandes rejetées.* formée pour les causes accidenteles ou momentanées ci-dessus indiquées, sur les fonds de la Capitation ou des Vingtiemes, elle répondra le Mémoire à elle présenté, d'un délibéré portant *qu'il n'y a lieu à la décharge, modération ou non-valeur demandée, sauf au Suppliant à se pourvoir au Conseil par voie d'administration.*

V I.

DANS le cas, au contraire, où la Commission aura égard aux *Dans quelle forme les susdites demandes acueillies.* représentations qui lui auront été faites, elle expédiera sur chaque demande, l'ordonance de décharge ou modération nécessaire, & elle l'adressera au Receveur particulier des Finances.

V I I.

LA Commission intermédiaire informera le Contribuable de la *Formes à observer pour profiter des ordonances de décharges ou modérations.* décharge ou modération qu'elle lui aura acordée, & le préviendra en même temps de la nécessité de profiter de cette ordonance, en la quitançant & se mettant en regle pour le paiement du surplus qui lui resteroit encore à aquiter sur son imposition, dans le délai de deux mois au plus tard, sinon & ce délai passé, que l'ordonance sera de nul effet. La même disposition sera insérée dans le texte même de l'ordonance.

V I I I.

TOUTES les ordonances de décharges & modérations, feront *Comment les ordonances doivent être quitancées.* quitancées par les Contribuables au profit desquels elles auront été expédiées; & à l'égard de ceux qui ne sauroient pas écrire, ils seront obligés de faire certifier au bas de l'ordonance, par le Curé, le Vicaire ou deux principaux Habitans, qu'il leur a été tenu compte du montant de la décharge ou modération à eux acordée.

I X.

LORSQU'UN Contribuable, taxé d'office à la Taille, voudra *TAXES D'OFFICE.*

Comment & dans quel délai se pourvoira le taxé d'office. se pourvoir contre ladite taxe d'office, il sera tenu de s'adresser d'abord à la Commission intermédiaire, & de lui présenter à cet effet sa requête dans les deux mois, à compter du jour de la vérification du rôle.

X.

Comment les demandes seront instruites. POUR se mettre en état de statuer sur ladite requête, par voie de conciliation, la Commission intermédiaire se fera représenter les renseignemens d'après lesquels elle avoit déterminé la taxe d'office, se procurera de nouveaux éclaircissemens par ses Délégués ou Correspondans, entendra les Syndics, Habitans & Collecteurs de la paroisse, auxquels elle fera communiquer la demande, & fera généralement tout ce qui dépendra d'elle pour asseoir son opinion en connoissance de cause.

X I.

Délibéré de la Commission intermédiaire pour réduire la taxe d'office. LORSQUE la Commission intermédiaire croira devoir acueillir la demande du Contribuable, & modérer la taxe d'office, elle répondra la requête d'un délibéré qui fixera la réduction de la cote, tant pour le principal de la Taille que pour les accessoires & la Capitation, suivant la formule dont le modele est annexé au présent Arrêt.

X I I.

Délibéré pour la confirmer, sauf à se pourvoir devant M. l'Intendant. DANS le cas au contraire où la Commission intermédiaire n'auroit point égard à la demande du Contribuable, alors, en répondant la requête d'un délibéré conforme au modele également annexé au présent Arrêt, elle confirmera la taxe d'office, sauf au contribuable à se pourvoir dans la forme contentieuse par-devant le sieur Intendant.

X I I I.

Idem, lorsque ce seront les Habitans qui se LA même forme sera observée, lorsque ce seront les Habitans qui se pourvoiront, en leur nom, contre les taxes d'office; ils seront également tenus de s'adreſſer d'abord à la Commiſſion intermédiaire, qui fera communiquer la demande au Particulier taxé d'office.

pourvoiront contre l1 taxe d'office.

XIV.

LORSQUE la Commiſſion intermédiaire aura ſtatué, dans la forme ordonée par les articles précédens, ſur les oppoſitions aux taxes d'office, il ſera libre aux Parties ou de s'en tenir à ce que la Commiſſion intermédiaire aura décidé, ou de ſuivre, ſi elles le préferent, la voie contentieuſe par-devant le ſieur Intendant & Commiſſaire départi, ſuivant l'article 15 du Réglement du 23 Août 1783 (a).

Voie contentieuſe par-devant M. l'Intendant.

XV.

SI les Parties ſe déterminent à ſuivre la voie contentieuſe, elles feront tenues de ſe pourvoir par-devant le ſieur Intendant & Commiſſaire départi, dans le mois, à compter du jour de la notification qui leur aura été faite du délibéré de la Commiſſion intermédiaire, paſſé lequel temps elles n'y feront plus admiſes.

Dans quel délai.

XVI.

DANS le cas où la Commiſſion intermédiaire auroit différé de ſtatuer par voie de conciliation ſur des requêtes à elle adreſſées pour taxe d'office, dans le délai de deux mois, à compter de la

Autre cas pour la voie contentieuſe, ſoit devant M. l'Intendant, ſoit à la Cour des Aides.

(a) ARTICLE 15 du Réglement du 23 Août 1783. Lorſque les Contribuables ſe croiront dans le cas de réclamer ſur la fixation de leurs impoſitions, contre des taxes d'office, &c. ils feront tenus de s'adreſſer d'abord à la Commiſſion intermédiaire, qui y ſtatuera par voie de conciliation, s'il eſt poſſible, ſans préjudicier à la forme contentieuſe que les Contribuables pourront ſuivre, s'ils la préferent, ainſi qu'il eſt plus amplement expliqué en l'article 7 du préſent Réglement.
ARTICLE 7. Le Commiſſaire départi aura ſeul Cour & Juriſdiction contentieuſe lorſque les Contribuables ſe détermineront à procéder par voie de Jugement, ſur la fixation de leurs impoſitions, contre des taxes d'office, &c. ſauf l'appel au Conſeil ou aux Cours ſupérieures qui en doivent connoître ſuivant les Réglemens, & ſans préjudice aux droits des Tribunaux inférieurs pour les cauſes qui ſont de leur compétence.

date de la communication qui aura été donnée aux Habitans, de la requête du taxé d'office, ou au taxé d'office, de la requête des Habitans, les Parties pourront se pourvoir par-devant le sieur Intendant & Commissaire départi, par la voie contentieuse, ou se rendre appelantes à la Cour des Aides, de la taxe d'office faite par la Commission intermédiaire.

X V I I.

Comment seront formées les demandes par voie contentieuse.

LES Parties qui voudront se pourvoir par-devant le sieur Intendant & Commissaire départi, contre des taxes d'Office faites par la Commission intermédiaire, & ensuite confirmées par elle, ou à l'égard desquelles elle n'auroit point statué dans le délai de deux mois, prescrit par l'article précédent, formeront leur opposition par une simple requête adressée audit sieur Intendant & Commissaire départi.

X V I I I.

Comment elles seront instruites.

LE sieur Intendant donnera communication de la requête à la Commission intermédiaire, par la voie du Procureur-Général-Syndic, entendra les motifs de ladite Commission intermédiaire, se fera remettre les réponses faites par les Habitans contre le taxé d'office plaignant, ou par le taxé d'office contre la Communauté plaignante, & ces motifs & réponses seront laissés audit sieur Intendant & Commissaire départi, pour être par lui envoyés en original, en cas d'appel à la Cour des Aides.

X I X.

CAPITATION. Demandes formées par des non-taillables pour surtaxe.

LES Contribuables compris dans les rôles de la Capitation arrêtés au Conseil, pour les Nobles, Privilégiés, Officiers de Justice & Employés des Fermes, qui croiront avoir à se plaindre de la surtaxe de leurs cotes, s'adresseront à la Commission intermédiaire.

X X.

Si la Commiſſion intermédiaire ne trouve pas leurs repréſentations fondées, elle répondra leur requête d'un délibéré portant *qu'il n'y a lieu à la modération demandée pour cauſe de ſurtaxe, ſauf à ſe pourvoir au Conſeil.*

Délibéré de la Commiſſion intermédiaire, ſi la demande ne lui paroît pas fondée.

X X I.

Les Contribuables ainſi déboutés, qui voudront en effet ſe pourvoir au Conſeil, ne pourront le faire que par un ſimple Mémoire ou Placet adreſſé au ſieur Contrôleur Général des Finances, ou à l'Intendant au département des impoſitions, ou enfin au Commiſſaire départi, lequel, dans ce dernier cas, fera parvenir le Mémoire du Contribuable au Conſeil, avec ſon avis & les obſervations de la Commiſſion intermédiaire, qu'il ſe fera procurées par le Procureur-Général-Syndic; il ſera enſuite ſtatué ſur le tout par le Conſeil, ainſi qu'il appartiendra.

Formes pour ſe pourvoir au Conſeil.

X X I I.

Les rôles de Capitation des villes franches de Bourges & d'Iſſoudun, continueront d'être faits ſur les mandemens & ſous l'inſpection de la Commiſſion intermédiaire; mais ils ne ſeront mis en recouvrement, à compter de l'exercice 1785, qu'après avoir été vérifiés par ladite Commiſſion intermédiaire, & rendus exécutoires par le ſieur Intendant & Commiſſaire départi, lequel les fera enſuite repaſſer, par la voie du Procureur-Général-Syndic, à la Commiſſion intermédiaire, qui les fera remettre aux Receveurs particuliers de chaque Élection.

Rôle de Capitation des villes franches.

X X I I I.

Les Contribuables compris auxdits rôles, qui ſe croiront dàns le cas de former une ſimple demande en ſurtaxe, ſeront tenus de s'adreſſer à la Commiſſion intermédiaire, laquelle, après avoir

Demandes relatives auxdits rôles.

entendu les Officiers municipaux, Afséeurs & Répartiteurs, & s'être procuré les renseignemens nécessaires, poura acorder la réduction qu'elle trouvera juste. Si la demande ne lui paroît pas fondée, elle répondra alors la requête d'un délibéré portant *qu'il n'y a lieu à la réduction, sauf à se pourvoir au Conseil;* & en ce cas, les Contribuables déboutés pouront suivre l'une des formes indi-quées par l'article 21.

X X I V.

Réclamations contentieuses sur la Capitation.

QUANT à toutes les autres réclamations relatives à la cote même de la Capitation, qui inculperoient la bonne foi des Afséeurs & Répartiteurs, ou qui seroient fondées sur quelque contravention au mandement, ou enfin qui pouroient donner lieu au contentieux, les Contribuables se pourvoiront devant le sieur Intendant & Commissaire départi, qui prononcera contradictoirement, ainsi qu'il apartiendra, sauf l'appel au Conseil : Enjoint Sa Majesté à la Commission intermédiaire, de renvoyer devant ledit sieur Commissaire départi, les plaignans qui, dans les cas exprimés par le présent article & autres du même genre, se seroient pourvus devant elle.

X X V.

VINGTIEMES. Demandes pour cause de surtaxe.

LORSQU'UN Propriétaire se croira dans le cas de réclamer contre la fixation du taux de ses Vingtiemes, il sera tenu de s'adresser d'abord à la Commission intermédiaire, qui, après avoir pris l'avis des Commissaires répartiteurs, & s'être procuré tous les autres renseignemens nécessaires, poura ordoner la réduction qui lui paroîtra juste.

X X V I.

Délibéré de la Commission intermédiaire, si la demande ne lui paroît point fondée.

DANS le cas où la Commission intermédiaire ne croira pas devoir acueillir les représentations qui lui seront faites, elle répondra la requête d'un délibéré, portant *qu'il n'y a lieu à réduction, sauf*

au

au Suppliant à se pourvoir dans la forme contentieuse, suivant l'article 15 du Réglement du 23 Août 1783.

X X V I I.

Sı le Propriétaire se pourvoit en effet dans la forme conten- tieuse par-devant le sieur Intendant & Commissaire départi, ledit sieur Intendant communiquera sa requête à la Commission inter- médiaire, par la voie du Procureur-Général-Syndic, & alors la Commission intermédiaire lui fera remettre les motifs qui auront déterminé l'imposition, l'avis des Commissaires répartiteurs, & enfin les observations d'après lesquelles elle aura persisté, par son déli- béré, à maintenir la fixation de l'imposition.

Voie conten- tieuse par-devant M. l'Intendant.

X X V I I I.

Sı le jugement qui interviendra de la part du sieur Intendant & Commissaire départi doit donner lieu à une décharge ou réduction quelconque, le jugement sera raporté par le Propriétaire à la Com- mission intermédiaire, qui fera en conséquence expédier l'ordonance de décharge ou réduction nécessaire.

En conséquence du Jugement de M. l'Intendant, expédition de l'ordonance de décharge ou ré- duction.

MODELE de délibéré de la Commission intermédiaire pour la réduction d'une taxe d'office.

Voyez article 11, Section III.

Délibéré par nous Députés composant la Commission intermédiaire de l'Administration Provinciale de . . . . . que la taxe d'office du sieur . . . . réglée à . . . . dans le rôle de la paroisse de . . . . pour 178 . . sera réduite pour le principal de la Taille, à la somme de . . . . & en proportion pour les accessoires à . . . . & pour la Capitation à . . . . . desquelles sommes ainsi réduites, l'excédant sera rejeté en l'année suivante sur toute la Communauté, sauf aux habitans de ladite paroisse de . . . . . auxquels le préfent Délibéré sera signifié à la requête dudit sieur . . . . à se pourvoir, s'ils le préférent, dans la forme contentieuse, par-devant M. l'Intendant, suivant l'article 15 du Réglement du 23 Août 1783.

H

MODELE de délibéré de la Commiſſion intermédiaire lorſqu'elle confirmera la taxe d'office.

Voyez article 12, Section III.

DÉLIBÉRÉ par nous Députés compoſant la Commiſſion intermédiaire de l'Adminiſtration Provinciale d . . . . . . que la taxe d'office du ſieur . . . . au rôle des Tailles de la paroiſſe de . . . . pour 178 . ſera exécutée ſelon ſa forme & teneur; en conſéquence, ledit ſieur . . . . tenu d'aquiter ladite taxe d'office, ſauf à lui à ſe pourvoir dans la forme contentieuſe, s'il le préfere, par-devant M. l'Intendant, ſuivant l'article 15 du Réglement du 23 Août 1783.

Dans le cas où il s'exécuteroit, ainſi que l'avoit prévu l'article XI, des ouvrages, partie ſur les fonds du Roi, & partie ſur les fonds de la Province, Sa Majeſté a conſidéré que la ſurveillance de ſon Commiſſaire départi ſeroit plus utile au bien de ſon ſervice, lorſque ſon avis ſeroit poſtérieur à la délibération de la Commiſſion intermédiaire : en conſéquence, l'intention de Sa Majeſté eſt que ſon Commiſſaire départi ne prene point part aux délibérations qui ſeroient priſes par la Commiſſion intermédiaire ſur les ouvrages de ce genre ; mais qu'aucune de ces délibérations ne puiſſe avoir ſon effet qu'après avoir été homologuée par lui, s'il y a lieu ; & qu'enfin toutes les ordonances de paiement ſur les fonds du Roi ſoient par lui délivrées, & enſuite par lui renvoyées à la Commiſſion intermédiaire, pour être viſées par elle, & remiſes à l'Adjudicataire. A l'égard des paiemens ſur les fonds de la Province, ils auront lieu, comme il ſera expliqué ci-après, à l'article des Ponts & Chauſſées.

Enfin, ſur les articles XIII & XIV, Sa Majeſté veut pareillement que les comptes ſoient examinés & vérifiés par la Commiſſion intermédiaire, à laquelle M. l'Intendant n'aſſiſtera point ; mais ces comptes lui ſeront enſuite remis, pour être par lui réviſés & clôs & arrêtés par ſon ordonance.

TROISIEME PARTIE.

Impofitions ordinaires.

L'INTENTION de Sa Majefté eft que M. l'Intendant remette à l'Affemblée Provinciale, 1.°, Une copie du Brevet général de l'année prochaine 1788.

2.°, Un Tableau contenant la diftribution, par Élection, de la Taille, des Impofitions acceffoires de la Taille & de la Capitation Taillable; ce qui compofe le montant des commiffions expédiées pour les Impofitions Taillables, & le montant, auffi par Élection, de la Capitation des Nobles, Privilégiés, &c. pour laquelle il eft formé des rôles qui font arrêtés au Confeil; duquel Tableau le total fera égal à celui des fommes portées au Brevet général.

3.°, Une copie pour chaque Élection, du département de 1788.

4.°, Un état qui fera connoître le montant des fonds apartenans à la Province, pour la dépenfe des Ponts & Chauffées; ledit état conforme à celui qui a été formé en exécution de l'article I.er de l'Arrêt du 6 Novembre 1786.

5.°, Un état des fommes impofées, avec les Impofitions acceffoires de la Taille pour les dépenfes à faire dans la Province, lefquelles fommes compofent le fonds connu fous la dénomination des *fonds variables*; dans lequel état feront diftinguées les dépenfes militaires & autres relatives au fervice de Sa Majefté, qui paroîtront devoir continuer d'être à la difpofition de M. l'Intendant.

6.°, Un état des fonds qui font partie de la Capitation, & connus fous la dénomination des *fonds libres de la Capitation*; dans lefquels doivent pareillement être diftingués les frais de bureaux de l'Intendance, & autres dépenfes de ce genre qui devront continuer de dépendre de l'Adminiftration de M. l'Intendant.

Si M. l'Intendant ne pouvoit remettre tous ces états à l'Affemblée

H ij

à l'ouverture de fes féances, il les lui fera remettre dans les huit premiers jours de fa tenüe.

D'après tous ces renfeignemens, l'Affemblée Provinciale connoîtra la pofition de la Province fous le raport des impofitions, & fera à portée de connoître les bâfes actueles de la répartition.

Elle recherchera les moyens de l'améliorer, fera les comparaifons qui lui paroîtront poffibles d'Élection à Élection, indiquera aux Affemblées d'Élection comment elles devront faire par elles-mêmes, ou par leurs Bureaux intermédiaires, celles de paroiffe à paroiffe, pour perfectioner de plus en plus la répartition.

Elle examinera pareillement l'objet des contraintes relatives au recouvrement, recherchera les moyens de les fimplifier ou de les adoucir, s'il y a lieu.

Enfin, elle ne négligera rien, principalement en ce qui concerne la répartition des impofitions qui porte fur la clâffe la moins aifée, pour feconder les vues dont Sa Majefté eft animée, pour qu'aucun de fes fujets ne paye dans une proportion plus forte que les autres Contribuables.

QUATRIEME PARTIE.

Vingtiemes.

PAR fon Édit du mois de Septembre dernier, le Roi a ordoné la perception de l'impofition des Vingtiemes dans toutes les Provinces de fon Royaume, felon les véritables principes de cette impofition établie par l'Édit de Mai 1749.

Par les difpofitions de l'Édit de 1749, tous les biens-fonds du Royaume avoient été foumis à cette impofition, fans aucune excéption; les apanages des Princes & les domaines engagés y étoient affujétis. Ce n'eft que poftérieurement & par des actes particuliers d'adminiftration, que la forme & l'affiete de l'impofition ont varié à l'égard d'une partie des Contribuables.

Les circonftances préfentes exigeant un fupplément de revenus, Sa Majefté a reconu que l'impofition des Vingtiemes perçue d'une maniere uniforme, offroit un moyen d'autant plus jufte de fe le procurer, que ce moyen ne fera que rétablir la proportion de l'impo-fition, à l'égard de ceux des Propriétaires qui ne l'aquitoient qu'in-complétement, fans qu'il en réfulte pour ceux qui payoient exacte-ment les Vingtiemes & Quatre fols pour livre du premier Vingtieme de leur revenus, aucune efpece d'augmentation.

Ainfi, l'Édit du mois de Septembre ne contient réélement de difpofitions nouveles, que celles qui affujétiffent auffi à l'impofition des Vingtiemes, le domaine même de la Couróne; & font ceffer les exceptions qui s'étoient introduites à l'égard de quelques Proprié-taires; & il ne contient rien d'ailleurs qui n'ait déja été prefcrit par l'Édit de Mai 1749, & les Loix générales fubféquentes.

L'ordre à maintenir dans la rentrée des deniers Royaux ne pouvant point permettre que l'arrêté des Rôles dès l'année prochaine 1788, foit différé au-de-là de l'époque ordinaire du 1.er Janvier, il n'eût pas été poffible, dans un intervalle de temps auffi court, de termi-ner, avec les développemens & détails néceffaires, une opération générale qui ne doit avoir rien de vague ni d'arbitraïre. L'intention de Sa Majefté eft que tous les réfultats de ce travail portent fur des bâfes que les Contribuables eux-mêmes ne puiffent défavouer : Elle veut que la plus grande publicité démontre avec évidence, la juftelle & la précifion des travaux qui feront faits en exécution de fes ordres.

Sa Majefté a donc ordoné que pour l'année 1788, les Rôles des Vingtiemes feroient faits provifoirement pour être mis en recouvre-ment pendant les fix premiers mois feulement, dans la proportion de moitié des cotes de 1787, en fe réfervant de faire expédier, pour être mis en recouvrement au 1.er Juillet 1788, un Rôle définitif, qui contiendra les cotes véritablement proportionées aux revenus effectifs des biens qui y feront foumis, à la déduction des fommes qui auront été provifoirement payées en exécution du premier Rôle.

Les détails mis fous les ieux de Sa Majefté, l'ayant convaincue que la forme de répartition adoptée, quant à préfent, par le Clergé, pour celle du Don gratuit, étoit avantageufe aux Curés & Eccléfiaftiques pauvres, Sa Majefté a jugé de fa fageffe de ne point ôter à ce premier Corps de l'Etat fes formes anciennes; mais Elle veut que les revenus qui apartiennent au Clergé, foient auffi portés fur les Rôles des Vingtiemes, afin que, quoique énoncés pour *mémoire* feulement, on puiffe cependant connoître la jufte proportion de ce que ces biens pouroient payer à raifon de leurs revenus, par comparaifon avec les autres propriétés foncieres du Royaume, y compris ceux du propre domaine de Sa Majefté.

C'eft par l'effet de ces mefures que fa fageffe lui a infpirées, que le Roi trouvera dans la perception des Vingtiemes, les reffources qu'exigent les circonftances; mais l'intention de Sa Majefté n'eft pas de refufer à celles des Provinces de fon Royaume qui le défireroient, les avantages qu'elles pouroient apercevoir dans une fixation déterminée de cette impofition, après les avoir mifes à portée de connoître elles-mêmes la jufte proportion dans laquelle elles feroient dans le cas d'y contribuer.

Mais la faveur d'un abonnement ne poura être acordée qu'à celles dont les offres feroient relatives à leurs véritables facultés, & correfpondroient à la fomme que le Roi retireroit de l'impofition, s'il jugeoit à propos de la faire percevoir en exécution de fes ordres.

Sa Majefté fe portera d'autant plus volontiers à faire jouir les Provinces de fon Royaume de cette faveur, que par l'effet de l'abonnement, les recherches qui feroient néceffaires, n'auroient plus alors pour objet une augmentation de recette pour fon Tréfor royal, mais fimplement une juftice plus exacte dans l'affiete de l'impôt;

ce qui adouciroit, aux ieux des Contribuables, ces mêmes recherches indifpenfables pour atteindre le but propofé.

Pour connoître qu'elle feroit la proportion dans laquelle chaque
Province feroit tenue de contribuer aux produits de l'impôt, Sa
Majefté s'eft fait remettre, 1.°, l'état des Rôles de 1756 ; 2.°, celui
des Rôles de 1787 ; 3.°, des états particuliers des travaux faits par
l'adminiftration des Vingtiemes, & d'après lefquels les augmentations fucceffives ont été opérées.

L'examen de ces différens états a mis Sa Majefté à portée de
juger, par le produit des travaux faits, de celui qu'il étoit poffible
d'efpérer par l'effet des travaux qui reftent à faire ; & les calculs les
plus exacts, mais les plus modérés, ont fait connoître la quotité de
la fomme qui doit être aquitée par chaque Province, & qui doit
être le prix de fon abonement.

D'après tous ces détails, M. l'Intendant fera connoître à l'Affemblée Provinciale, que les Vingtiemes de la Province du Poitou,
perçus au profit de Sa Majefté, ont été eftimés devoir produire au
moins la fomme de deux millions trois cens foixante mille livres,
fauf à tenir compte à la Province, de celle de quatre cens quatre-
vingt-douze mille livres, qui a paru pouvoir être à la charge des
biens des Eccléfiaftiques.

Si le vœu de l'Affemblée étoit de folliciter un abonement de
pareille fomme, & qu'elle eût pris une délibération à cet effet,
cette délibération fera envoyée au Confeil par le Préfident de
l'Affemblée ; & lorfque l'abonement aura été acordé par le Roi,
M. l'Intendant donnera ordre au Directeur des Vingtiemes, de
remettre à l'Affemblée tous les renfeignemens qui auront fervi de
bâfe à la quotité de l'impofition, & de prendre les ordres de
l'Affemblée, qui fera alors chargée de la répartition de la fomme
à laquelle le Roi aura fixé l'abonement.

En énonçant le vœu d'obtenir un abonement, l'Affemblée

Provinciale poura adreffer à Sa Majefté & à fon Confeil, tels mémoires & calculs qu'elle croira devoir préfenter, à l'effet d'obtenir une modération fur la fomme annoncée ; & le Roi, d'après le compte qui lui en fera rendu en fon Confeil, y aura tel égard que Sa Majefté jugera convenable ; mais l'intention de Sa Majefté eft que l'Affemblée remette un double defdites obfervations à M. l'Intendant, & qu'elle envoie fa délibération affez tôt, pour que Sa Majefté puiffe lui faire connoître fes intentions définitives avant fa féparation.

Dans le cas où l'Affemblée ne fe détermineroit pas à demander au Roi l'abonement des Vingtiemes, M. l'Intendant annoncera à l'Affemblée, que Sa Majefté donnera les ordres néceffaires pour que les Rôles foient faits en la maniere acoutumée, & il l'affurera d'ailleurs qu'il fera pris les précautions les plus pofitives, 1.°, pour que les cotes qui auront été réglées par l'effet des vérifications générales faites avant 1787, ne puiffent être augmentées pendant la durée des vingt années poftérieures à celle dans laquelle chacune defdites vérifications générales auroit été mife en recouvrement ; 2.°, pour que les Propriétaires dont les taxes fe trouveront dans le cas d'être augmentées, ne foient en aucun cas expofés à payer au-de-là des deux Vingtiemes & Quatre fols pour livre du premier, de leurs revenus effectifs, aux déductions portées par les Loix & Réglemens.

CINQUIEME PARTIE.

Ponts & Chauffées.

SA MAJESTÉ a déja fait connoître, par fon Édit du mois de Juin 1787, & par fa Déclaration du 27 du même mois, que fon intention étoit de confier, dans chaque Province, aux Affemblées Provinciales, tout ce qui eft relatif à la confection & entretien

des

des Routes & autres ouvrages en dépendans, & qu'elles en fuſſent chargées, à compter de 1788.

Juſqu'à préſent, dans les Provinces & Généralités où Sa Majeſté vient d'établir des Aſſemblées Provinciales, & mêmes dans celles du Berry & de la haute Guiene, la dépenſe des travaux des Routes avoit été regardée comme une dette commune qui devoit être aquitée par toute la Province, & répartie ſur les Contribuables dans une proportion uniforme ; mais une des principales vue de Sa Majeſté, ſeroit que déſormais les Aſſemblées Provinciales conſidéraſſent toujours les Routes à ouvrir, perfectioner & entretenir, ſous le raport de l'intérêt plus ou moins direct qu'ont à ces Routes les Communautés, les Élections ou la Province qui doivent en ſupporter la dépenſe.

De ce principe fondé en raiſon & juſtice, découleroient des diſtinctions également juſtes, pour la diſtribution du paiement de la dépenſe entre les parties intéreſsées, ſuivant la meſure de l'intérêt qu'elles auroient à l'exécution de tel ou tel ouvrage.

Ainſi, par exemple, un chemin qui ne s'étend que ſur le territoire d'une ſeule Ville ou d'une ſeule Communauté, & qui a uniquement pour objet de lui procurer une communication avec une Route plus importante pour le débouché de ſes productions, doit être à la charge de cette Ville ou Communauté ſeulement.

Tel autre chemin intéreſſe quatre ou cinq Communautés, s'il traverſe le territoire de ces quatre ou cinq Communautés, & eſt pour elle un débouché commun.

S'agit-il d'une Route qui traverſe toute une Élection, Département ou Diſtrict, dans une direction aſſez étendue pour qu'elle aboutiſſe à ſes limites, cette Route doit être conſidérée comme apartenant à toute l'Élection, Département ou Diſtrict, puiſque, par ſes embranchemens, elle doit vivifier la totalité ou une très-grande partie de ſon étendue.

I

Cette Route intéressera deux ou trois Élections, Départemens ou Districts, si elle est tellement dirigée qu'elle ne soit utile qu'à ces deux ou trois Élections, Départemens ou Districts.

Enfin, dans toutes les autres suppositions, les Routes doivent apartenir à toute la Province.

Ces distinctions étant ainsi posées & bien établies, elles serviroient, pour ainsi dire, de poids & de mesure pour régler la contribution à la dépense.

Ainsi, une Communauté, dans la premiere des suppositions précédemment expliquées, ou quatre ou cinq Communautés, dans la seconde, payeroient à elles seules, un chemin qui n'intéresseroit qu'elles seules.

Dans le cas où une Route intéresseroit toute une Élection, d'abord, la Ville ou la Communauté, ou les quatre ou cinq Communautés sur le territoire desquelles s'exécuteroient les ouvrages, n'y contribueroient que jusqu'à concurrence de la somme fixe qui seroit réglée pour chaque paroisse, ou, ce qui seroit peut-être préférable, que jusqu'à concurrence d'une portion déterminée de leurs impositions foncieres, comme seroit le quart, le cinqùieme, le sixieme, &c. ainsi que le proposeroient les Assemblées Provinciales. Cette premiere contribution de la part de la Communauté ou des Communautés plus directement intéressées, étant ainsi prélevée sur le montant de la dépense, le surplus seroit réparti sur toute l'Élection, par un marc la livre uniforme; & par l'effet de ce marc la livre général, les Communautés qui auroient déja eu à fournir leur contingent particulier, contribueroient encore dans la répartition générale, mais d'une contribution infiniment plus foible.

Les mêmes regles, les mêmes formes seroient observées dans les autres cas, où une Route intéresseroit non seulement une Élection, mais plusieurs, ou bien non seulement plusieurs Élections, mais toute la Province.

Tout ce qui vient d'être expliqué pour les chemins & les Routes, auroit fon application pour les acqueducs, ponceaux, ponts, canaux, &c.

Enfin, fi un pont ou une digue, ou un canal qui feroit entrepris dans une Province, avoit un caractere d'utilité qui pût faire regarder cet ouvrage comme intéreffant plufieurs Provinces ou tout le Royaume, & que la dépenfe en excédât une proportion quelconque déterminée par Sa Majefté, d'après le montant des Impofitions foncieres de la Province, Sa Majefté confentiroit, fur la demande de l'Affemblée, à y contribuer pour le furplus.

Une derniere obfervation effentiele, c'eft que, dans le cas où une Affemblée fupérieure fe chargeroit de fuppléer au contingent d'une Communauté inférieure, alors cette Affemblée fupérieure feroit chargée de la furveillance & direction de l'ouvrage, comme s'il étoit le fien propre.

Sa Majefté défire que l'Affemblée Provinciale de la Province du Poitou, convoquée par fes ordres, s'occupe de ces vues; qu'elle avife aux moyens de les réalifer, & qu'elle en faffe l'objet de fes délibérations pendant la prochaine tenue. Sa Majefté fera examiner les délibérations qui feront prifes fur cet objet par l'Affemblée, & lui fera connoître fes intentions pour 1789.

Mais pour l'année 1788, l'Affemblée Provinciale s'occupera provifoirement de la confection des Routes & de tous les travaux y relatifs, fuivant l'ufage qui, dans les Affemblées Provinciales déja exiftantes en Berry & en haute Guiene, mettoit tous les travaux quelconques à la charge de l'univerfalité de la Province, à la feule exception des dépenfes de Communautés purement locales : & pour que l'Affemblée Provinciale puiffe fe mettre fur le champ en activité, conformément au régime du Berry & de la haute Guiene, telles font les intentions de Sa Majefté.

1.°, L'Affemblée Provinciale ou fa Commiffion intermédiaire, aura fous fes ordres immédiats, les Ingénieurs, Infpecteurs, Sous-Ingénieurs & Éleves détachés des Ponts & Chaufsées. Elle leur prefcrira ce qu'elle jugera convenable pour la rédaction des projets des travaux à éxécuter, & pour la fuite & exécution de ces travaux; elle rendra compte de leurs fervices au Contrôleur Général des Finances : enfin les gratifications qui devront leur être acordées, feront réglées fur fes propofitions.

2.°, Indépendament defdits Ingénieurs, Infpecteurs, Sous-Ingénieurs & Éleves, l'Affemblée Provinciale poura établir des Conducteurs ou Piqueurs à fa nomination, par-tout où elle le croira néceffaire, & elle poura les deftituer, en cas de mécontentement.

3.°, Les Ingénieurs feront chargés de la rédaction des projets de tous les ouvrages quelconques à exécuter dans la Province, dont la dépenfe devra être à la charge de ladite Province ou des Villes & Communautés.

4.°, L'Affemblée Provinciale fe fera remettre par l'Ingénieur en chef, pendant le cours de fes féances, une carte de la Province, indicative des Départemens actuels de chaque Infpecteur ou Sous-Ingénieur, des Routes entiérement finies & mifes à l'entretien, de celles qui font à perfectioner, de celles récemment ouvertes ou feulement projetées, & enfin des ouvrages d'arts y relatifs. Elle fe fera d'ailleurs remettre tous les autres détails & renfeignemens néceffaires pour bien connoître la fituation actuele de la Province fur l'objet des communications.

5.°, L'Affemblée délibérera enfuite fur ceux des travaux qui devront être exécutés en l'année 1788, & réglera le nombre, la diftribution & l'emplacement des âteliers qui feront divisés autant qu'elle le croira poffible & convenable.

6.°, L'Ingénieur en chef, ou les Infpecteurs & Sous-Ingénieurs, d'après les inftructions qu'il leur tranfmettra, s'occuperont en conséquence de rédiger avec tout le foin & la diligence poffibles, les projets néceffaires. Tous ces projets raffemblés & examinés par l'Ingénieur en chef, feront par lui préfentés à l'Affemblée Provinciale ou à fa Commiffion intermédiaire, avant le 15 Décembre prochain.

7.°, La Commiffion intermédiaire Provinciale adreffera tous ces projets, plans & devis, au Contrôleur Général des Finances, avant le 15 Janvier 1788, pour être examinés au Confeil & approuvés dans la forme ordinaire.

8.°, En conféquence, Sa Majefté recomande fpécialement à l'Affemblée Provinciale, convoquée par fes ordres, de s'occuper dès fes premieres féances, de tout ce qui fera relatif à la forme de répartition, quotité & verfement de la contribution des Chemins ; de confidérer cet objet comme un des points les plus importans de fes délibérations, & de préfenter à cet égard un vœu précis pour l'année 1788.

9.°, Lorfque, fur la délibération de l'Affemblée Provinciale, le Roi aura fait connoître fes intentions & approuvé les projets, plans & devis, la Commiffion intermédiaire de l'Affemblée Provinciale procédera par elle-même ou par les Bureaux intermédiaires qu'elle aura délégués à cet effet, aux adjudications des travaux dont les Procès verbaux feront enfuite tous réunis & dépofés au Grêfe de la Commiffion intermédiaire.

10.°, Les adjudications de travaux de chaque âtelier fe feront à celui ou à ceux qui feront la condition meilleure, à la charge, par les Adjudicataires, d'exécuter exactement les devis, fans s'en écarter, fous quelque prétexte que ce foit, de renoncer à toute forte d'indemnité pour raifon des cas fortuits ou autre caufe; & de ne recevoir aucune fomme par forme d'avance ou à compte, que les travaux ne foient commencés.

11.°; Nul ne poura se présenter pour les travaux, ni même être admis à faire des offres, s'il n'est reconu capable & solvable, au jugement de la Commission intermédiaire, qui jugera pareillement de la solvabilité de sa Caution.

12.°, Les adjudications seront annoncées quinze jours à l'avance, par des affiches ou publications dans les paroisses, afin que les Assemblées municipales prennent connoissance des travaux des âteliers; que leurs Syndics soient à portée de les indiquer aux différens Entrepreneurs de leur canton, & de procurer ainsi, pour l'intérêt commun, les moyens d'obtenir les soumissions les plus avantageuses. Les mêmes affiches indiqueront dans quel lieu les Entrepreneurs disposés à se présenter à l'adjudication, pouront prendre connoissance, au moins huit jours à l'avance, des devis & clauses de ladite adjudication. Enfin les adjudications seront faites publiquement au jour indiqué.

13. Le total des différens devis ne devant point s'élever au-de-là du montant total de la somme à laquelle la contribution sera fixée, l'intention de Sa Majesté est que la prochaine Assemblée Provinciale prévoie le cas où le rabais des adjudications, sur le montant de l'estimation des devis, produiroit des revenantbons, pour aviser à la maniere dont sera appliqué l'objet desdits rabais, soit en diminution du contingent des Communautés appelées à l'adjudication qui aura procuré ledit rabais, soit en supplément d'ouvrages dans la même année, à moins que ladite Assemblée ne juge plus convenable de tenir ces fonds en réserve pour l'année suivante.

14.°, Dans le cas où il y auroit nécessité & utilité de faire quelques changement dans l'exécution des devis, il en sera rendu compte à la Commission intermédiaire, par l'Ingénieur en chef, & aucun changement ne poura être fait qu'en vertu des ordres par écrit de ladite Commission intermédiaire.

15.°, Les travaux feront fuivis par l'Ingénieur en chef de la Province, & les Infpecteurs & Sous-Ingénieurs, & à cet effet, les divers âteliers par eux vifités le plus fouvent qu'il fera poffible.

16.°, Sa Majefté autorife la Commiffion intermédiaire Provinciale, à délivrer des mandats d'à compte au profit des Adjudicataires, jufqu'à concurrence des deux tiers pour les ouvrages d'arts, & des quatre cinquiemes pour les travaux des Routes.

17.°, Les mandats d'à compte ne feront délivrés par la Commiffion intermédiaire, aux Adjudicataires, qu'à fur & à mefure de l'avancement des ouvrages, & lorfqu'elle fe fera affurée de leurs progrès, par les certificats de l'Ingénieur en chef ou des Sous-Ingénieurs, ou enfin, en leur abfence, des Conducteurs des ouvrages.

18.°, Il fera procédé à la réception des ouvrages, par la Commiffion intermédiaire ou par les Bureaux intermédiaires qu'elle aura délégués à cet effet, au jour qui fera indiqué par elle ou par lefdits Bureaux intermédiaires. L'Ingénieur en chef ou les Sous-Ingénieurs, fe tranfporteront à cet effet fur les Routes, & y feront faire, aux frais des Entrepreneurs, en préfence de tels des Membres de la Commiffion ou des Bureaux intermédiaires, qui pourront être délégués à cet effet, les fondes qui feront néceffaires pour s'affurer de la bonne conftruction & de la qualité des matériaux, conformément au devis. Lefdits Ingénieurs en drefferont leur raport, pour mettre la Commiffion intermédiaire ou les Bureaux intermédiaires par elle délégués à cet effet, à portée de faire ladite réception, dont le Procès verbal, pour chaque âtelier, fera dépofé au Grêfe de l'Affemblée Provinciale.

19.°, A fur & à mefure que lefdits Procès verbaux feront clôs & arrêtés, la Commiffion intermédiaire en enverra des extraits, fignés d'elle, à M. l'Intendant, avec un bordereau détaillé des mandats d'à compte par elle expédiés, jufqu'à concurrence des deux tiers ou des quatre cinquiemes. M. l'Intendant, fur le vu de ces deux pieces, expédiera pour chaque âtelier, une ordonance finale, par laquelle, validant les paiemens d'à compte faits en vertu des mandats de la Commiffion intermédiaire, qu'il rapélera & détaillera dans fes ordonances, il ordonera le paicment du dernier tiers ou du dernier cinquieme qui reftera dû fur le prix de l'adjudication.

Ladite ordonance finale pour chaque âtelier, remife enfuite par M. l'Intendant à la Commiffion intermédiaire, fera visée par elle & délivrée à l'Adjudicataire.

L'ASSEMBLÉE Provinciale de la Province du Poitou, après avoir entendu les intentions du Roi, fur les divers objets détaillés dans les Inftruᶜtions que Sa Majefté fait adreffer à fon Commiffaire, pour lui être notifiées, fentira qu'elle doit la plus vive reconoiffance aux témoignages de confiance dont l'honore Sa Majefté, en voulant bien être éclairée par fon zele fur le foin qui lui eft le plus cher, celui d'améliorer de plus en plus le fort de fes Peuples.

Animée du défir de feconder fes intentions paterneles, l'Affemblée ne perdra jamais de vue l'importance & l'étendue des travaux qui doivent l'occuper; & jamais elle n'oubliera qu'elle s'eft imposé deux devoirs effentiels & facrés, en contraᶜtant la double obligation de juftifier la confiance du Roi, & de répondre aux vœux & aux efpérances de fes Peuples.

D'après les ordres du Roi, 4 Novembre 1787.

Signé, LAMBERT.

Pour copie,

DE NANTEUIL.

La féance a été indiquée au lendemain, Mardi, 13 Novembre.

Signé, † M. L. Évêque de Poitiers.

GIRAUDEAU, *Secrétaire-Gréfier.*

Du

Du Mardi, 13 Novembre, à neuf heures du matin.

Tous les Membres de l'Assemblée, rendus au Palais Épiscopal, se sont mis en marche dans l'ordre suivant.

MM. les Procureurs-Généraux-Syndics, précédés des Huissiers, M. le Président, MM. de l'ordre du Clergé à la droite, MM. de l'ordre de la Noblesse à la gauche, & ensuite MM. de l'ordre du Tiers-État sur les deux lignes, au bruit de l'artillerie, & la Milice bourgeoise étant sous les armes, l'Assemblée est arivée à la principale porte de l'Église Cathédrale, où elle a été reçue par le Chapitre en Corps, & complimentée par M. le Doyen. M. le Président a remercié le Chapitre au nom de l'Assemblée, & Messieurs sont allés prendre les places qui leur avoient été préparées dans la nef. M. le Commissaire du Roi, prévenu de la Cérémonie & invité d'y assister, s'est placé dans un fauteuil au milieu de l'Assemblée. La Messe a été célébrée par M. le Président. M. l'Abbé d'Aviau, Vicaire-Général du Diocèse, a prononcé un Discours analogue à la circonstance. La Messe finie, Messieurs sont rentrés au Palais Épiscopal dans l'ordre qu'ils avoient d'abord observé.

La séance a été indiquée au lendemain, 14 Novembre, à neuf heures du matin.

Signé, † M. L. Évêque de Poitiers.

GIRAUDEAU, *Secrétaire-Gréfier.*

Du Mercredi, 14 Novembre, à neuf heures du matin.

Lecture a été faite du Procès verbal des précédentes séances.

L'Assemblée a remercié M. le Président d'avoir officié la veille; elle a nommé une Députation pour aller témoigner à M. l'Abbé d'Aviau, la satisfaction qu'elle avoit eue de l'entendre.

Une autre Députation a été chargée de remercier, dans la per-

K

fonc de M. le Doyen, le Chapitre de la Cathédrale, de la réception qu'il avoit faite à l'Assemblée.

M. le Maire a également été remercié des soins qu'il avoit pris pour rendre la Cérémonie plus augufte & plus pompeufe.

MM. de l'Affemblée de l'Élection de Poitiers ayant fait annoncer leur Députation, quatre Membres de l'Affemblée on été nommés pour les aller recevoir au haut de l'efcalier, M. l'Abbé de Lentilhac, Préfident de ladite Affemblée, M. le Chevalier de Vareilles-Sommieres, M. Lamarque & M. Lanot, qui compofoient la Députation, ont été introduits dans la Salle, & fe font placés fur des fiéges qui leur avoient été préparés en avant du Bureau de MM. les Procureurs-Syndics; M. l'Abbé de Lentilhac, portant la parole, a dit : » Qu'il s'eftimoit heureux d'être l'Interprete des » fentimens de l'Affemblée qu'il avoit l'honeur de préfider; qu'elle » l'avoit chargé d'offrir à l'Affemblée Provinciale, l'hommage de » fa déférence & de fon dévoûment, & de l'affurer que, dans tous » les temps, elle s'empresseroit de concourir, fous fes ordres, au » bonheur de la partie intéreffante de cette Province dont le foin » lui étoit particuliérement confié ».

M. le Préfident a répondu que l'Affemblée avoit la plus grande confiance dans le zele de l'Affemblée de l'Élection de Poitiers; qu'elle ne doutoit point du fuccès de fes travaux, & qu'elle la félicitoit d'être préfidée par un Chef également connu par fon zele & fes talens.

MM. de l'Affemblée de l'Élection retirés, l'Affemblée a nommé deux Députés pour aller la remercier dans la perfone de M. l'Abbé de Lentilhac, fon Préfident.

M. le Préfident a enfuite proposé de procéder à la nomination des places vacantes. Les fuffrages recueillis dans l'ordre & la forme preferits, ont été élus au fcrutin, favoir; dans l'ordre du Clergé, pour l'Élection de Saint-Maixent, 1.°, Dom Mazet, Religieux

Bénédictin de la Congrégation de Saint Maur, Hiftoriographe du Comté & Apanage du Poitou, & fondé de procuration de l'Abbaye de Saint-Maixent;

2.°, Dans l'ordre de la Nobleffe, pour la même Élection, M. Chevalier, Marquis de la Coindardiere;

3.°, Dans l'ordre de la Nobleffe, pour l'Élection de Confolens, M. le Marquis de Nicuil, Chef d'Efcadre des Armées Navales, Infpecteur des Troupes de la Marine, Chevalier, Commandeur de l'Ordre de Saint Lazare, & Comte de Confolens;

4.°, Dans l'ordre du Tiers-État, pour l'Élection des Sâbles, M. de Saivre des Guerches, Lieutenant Particulier du Siége de Fontenai, Propriétaire dans l'Élection des Sâbles;

5.°, M. Gaultier de la Moinerie a été unanimement propofé pour remplir la place vacante dans la Commiffion intermédiaire ; mais comme le Réglement du 4 de ce mois prefcrit de ne nommer aucun Membre du Bureau des Finances aux places vacantes dans les Commiffions intermédiaires, l'Affemblée a cru devoir fufpendre cette nomination; & cependant, atendu l'utilité qu'elle efpere retirer du zele & des connoiffances de M. Gaultier de la Moinerie, elle a prié M. le Préfident d'écrire à M. le Contrôleur Général, pour l'engager à fupplier Sa Majefté de daigner l'autorifer à faire ladite nomination pour cette fois feulement, & fans tirer à conféquence.

M. le Préfident a propofé la compofition des Bureaux telle qu'elle eft ordonée par le Réglement du 4 de ce mois.

Sur quoi il a été obfervé que le Bureau des Impofitions embraffant des parties très-étendues, il feroit convenable de le divifer en deux, afin de faciliter le travail.

L'Affemblée, perfuadée de la juftefle de cette obfervation, a arrêté, fous le bon plaifir de Sa Majefté, que ce Bureau feroit partagé en deux, l'un des Tailles, Capitation-Taillable & autres Impofitions acceffoires ; l'autre des Vingtiemes.

K ij

En conséquence, la compoſition des Bureaux a été faire de la maniere ſuivante :

BUREAU DES TAILLES,

Capitation - Taillable & autres Impoſitions acceſſoires.

M. le Marquis de la Meſſeliere.
M. l'Abbé de la Faire.
M. l'Abbé Riguet.
M. le Comte de Chaſteignier.
M. Lamarque.
M. Dabbaye.
M. Richard.
M. Gourſault de Merlis.
M. Rouget de Gourcez.

BUREAU DES VINGTIEMES.

M. l'Abbé de Lentilhac.
M. l'Abbé Decreſſac.
M. le Marquis de Regnon.
M.
M. le Marquis de Mauroy.
M. Duval de la Vergne.
M. Chauvin, Sénéchal d'Argenton.
M. de la Salle.
M. Dubois.

BUREAU DES FONDS

de la Comptabilité & du Réglement.

Monſeigneur l'Évêque de Luçon.
M. l'Abbé de Freſne.
M. le Comte d'Iverſay.
M. le Marquis de Nieuil.

M. Bouron.
M. Chabiel de Moriere.
M. Bouraſſeau.
M. Coutouly de la Vergne.

BUREAU DES TRAVAUX PUBLICS.

M. le Marquis de la Rochedumaine.
M. l'Abbé de Rozand.
M. Perrinet, Prieur - Curé de Châtillon.
M. le Comte de Chabot.

M. de la Moinerie.
M. Redon de Beaupreau.
M. Saivre des Guerches.
M. Chauvin, Avocat à Niort.
M. Pougeard du Limbert.

BUREAU D'AGRICULTURE,
de Commerce & Bien public.

M. le Marquis de Saint-Sulpice.	M. Dupont.
M. l'Abbé Brissart.	M. Perreau.
Dom Mazet.	M. Cadou.
M. le Comte de Montbrun.	M. Creuzé de la Touche.

La séance a été indiquée à cinq heures du soir de ce jour.

Signé, † M. L. Évêque de Poitiers.

GIRAUDEAU, *Secrétaire-Gréfier.*

Du Mercredi, 14 Novembre, à cinq heures du soir.

M. le Baron de Lezardiere, Procureur-Général-Syndic de la Noblesse, a exposé que des afaires nécessitées par son changement de domicile, ne lui ayant pas permis de s'occuper de celles relatives à l'Administration Provinciale, il prioit l'Assemblée de se contenter des courtes observations qu'il alloit avoir l'honeur de lui faire ; elles ont eu pour objet, l'irrégularité de la formation de plusieurs Assemblées municipales, & les moyens d'y remédier ; il a ensuite rendu compte de la demande formée par plusieurs Membres de l'Élection de Châtillon, pour la translation du Bureau intermédiaire de cette Élection dans la ville de Montaigu.

L'Assemblée a ordoné que le tout fût renvoyé au Bureau du Réglement & de la Comptabilité, pour avoir son avis.

M. Thibaudeau, Procureur-Général-Syndic du Tiers-État, a dit :

MESSIEURS,

Votre première Assemblée chargea la Commission intermédiaire de prendre les instructions relatives aux objets dont l'Administration Provinciale devoit s'occuper ; mon séjour habituel dans cette ville,

m'a mis en état de recueillir les Mémoires qui peuvent donner
des éclairciffemens fur les Impofitions de la Province; en vous les
préfentant, j'ai jugé convenable d'y joindre un raport fur les principaux objets confiés à vos foins.

Ce raport ne peut être regardé que comme un effai; il auroit
fallu, pour le perfectioner, des connoiffances particulieres que je
n'ai pu acquérir, livré jufqu'à ce moment à des occupations étran-
gcres à ce genre de travail; mais le défir de me rendre utile à mes
Concitoyens, & de mériter un jour la confiance dont vous m'avez
honoré, m'a fait rechercher avec ardeur tous les moyens de remplir
vos vues. J'ai fenti, par mes premiers effais, que rien ne donne plus
d'effor à l'imagination, & ne dévelope mieux les talens les plus
communs, que l'importance des objets qui nous font confiés; mais
je compte principalement, Meffieurs, fur le fecours de vos lumieres
& fur votre indulgence.

Vos avis, vos décifions rectifieront ce qu'il y aura d'imparfait dans
mes travaux: réunis par les mêmes principes, que de bien ne pouvons-
nous pas opérer! Un Corps qui ne meurt jamais, toujours animé du
même efprit, n'ayant d'autre objet que le bonheur & la profpérité
publique, doit néceffairement parvenir à cette fin fi défirable. Que
de projets utiles font reftés enfévelis dans la pouffiere des Bureaux,
ou ont échoué dans la pratique, parce que les chefs de l'Adminiftration, quelqu'éclairés & bien intentionés qu'ils fuffent, n'ont pas
eu affez de loifir pour y réfléchir, ou n'ont pas été en place affez
long-temps pour en furveiller l'exécution. Un Corps toujours permanent, toujours en activité faifit le moment & les circonftances;
& lorfqu'elles ne font pas favorables, il ne perd pas de vue fon
objet, il efpere des temps plus heureux.

Telle fera votre marche, Meffieurs; mais quelques pures que foient
vos intentions, quelques éforts que vous puiffiez faire, en vain vous
flateriez-vous de contenter tous les efprits, les Adminiftrations de

la Guiene & du Berry, dont l'utilité est aujourd'hui généralement reconue, n'ont-elles pas éprouvé les plus grandes contradictions ? N'a-t-on pas même porté la licence jusqu'à déchirer, par des libelles imprimés, les Membres respectables qui les composent ?

Les institutions les plus utiles peuvent donner lieu à quelques plaintes & à des mécontentemens particuliers ; les passions des hommes sont si ingénieuses, ont tant d'activité, qu'elles parvienent quelquefois à dénaturer les Loix les plus sages : les établissemens humains ne sont pas susceptibles d'une perfection absolue ; les meilleurs sont ceux qui entraînent moins d'inconvéniens.

La Nation désiroit depuis long-temps des Administrations Provinciales ; on en doit le premier établissement aux soins d'un Ministre ami du peuple, qui nous assure qu'il regrete principalement dans sa retraite, de n'avoir pu concourir à leur perfection. Le Gouvernement convaincu de leur utilité, n'a cependant voulu se déterminer qu'avec le secours de l'expérience qui ne trompe jamais ; la dernière Assemblée des Notables a demandé que les Administrations Provinciales, formées depuis plusieurs années, à titre d'essai, dans deux Provinces, fussent admises dans tout le Royaume ; la Nation doit donc avoir la plus grande confiance dans des établissemens qui font son ouvrage. Le peuple sera assuré de trouver par-tout des défenseurs qui veilleront à ses intérêts & le soutiendront dans tout ce qui sera juste.

Si le Prince n'a confié aux Assemblées Provinciales qu'une partie de l'Administration de la chose publique, ne pouvons-nous pas penser que c'est également à titre d'essai ; & que si, comme il y a lieu de le croire, le succès répond à ses désirs, toutes les autres Impositions & droits de perception seront dans la suite également confiés à leur surveillance.

Vous le savez, Messieurs, on a reproché dans tous les temps aux Administrateurs chargés de la perception des revenus publics, un esprit fiscal qui a quelquefois contrarié les meilleures intentions des

Rois; mais fans aprofondir jufqu'à quel point ce reproche peut être mérité, il n'eft point à craindre pour nous; enfans de la même famille, nous travaillons pour le bien commun; toujours guidés par des principes de devoir & d'équité, nous ferons rendre au Prince le tribut qui lui apartient, fans le moindre intérêt perfonel.

Organes & repréfentans de cette vaſte Province, nous porterons aux pieds du Trône, l'hommage de fon amour pour fon Roi, de fon zele pour fon fervice, fans lui laiſſer ignorer l'épuifement qu'elle éprouve & par l'excès des Impôts & par les frais de recouvrement. Ne doutons pas, Meſſieurs, qu'un ſi bon Maître n'écoute avec atendriſſement nos plaintes refpectueufes, & que fa bienfaifance ne lui fuggere les moyens d'en tarir la fource; fa parole toujours inviolable y eſt engagée; lui-même la renouveloit, il n'y a pas long-temps, à une de fes Cours Souveraines, dans ces termes ſi touchans : » J'ai » acordé à mon peuple des Adminiſtrations propres à me faire » connoître le vœu & les befoins de toutes les Provinces de mon » Royaume; je ne me refuferai jamais à tout ce que leurs befoins » exigeront ».

S'il eſt une contrée dévaſtée dans le Poitou, vous y répandrez les bienfaits du Prince & ceux que produiront vos économies; ainſi, le cultivateur, fouvent dépouillé au nom du Roi, du plus étroit néceſſaire, n'entendra déformais prononcer ce nom facré que pour éprouver les effets de fa bienfaifance; il payera fans murmure les impofitions néceſſaires, qu'il verra parvenir fans détours à leur deſtination. La vigilance des Aſſemblées Provinciales, le choix des perfones qui les compofent, ranimeront la confiance du peuple.

Tout contribue à infpirer ce fentiment. Nous voyons à la tête de votre Adminiſtration, un Chef dont les talens & les vertus s'étoient déja faits connoître dans le gouvernement de ce Diocêfe; il facrifie tous les jours fon repos & fa fanté dans les travaux de l'une & l'autre Adminiſtration; faifons tous nos éforts pour diminuer le fardeau

du

du travail qui nous eft commun avec lui ; la reconoiffance, notre propre intétêt à fa confervation nous en font une loi.

Nous avons auffi l'avantage d'avoir pour Commiffaire du Roi, un Magiftrat qui, depuis plufieurs années, n'eft occupé que du bonheur de cette Province. Pere du peuple qu'il a nouri dans des temps de calamité, il a mérité que notre Capitale tranfmît fur le bronze, fon nom & fes vertus à la poftérité (*a*).

Tous ceux qui forment cette Affemblée font autant de coopérateurs du bien public. Pourquoi faut-il que la fatisfaction que nous avons de les voir réunis, foit troublée par le fouvenir de la perte que nous avons faite ? Un citoyen bienfaifant, un militaire diftingué par fes fervices (*b*), nous avoit été deftiné ; la mort nous l'a enlevé dès le premier pas qu'il faifoit dans la câriere ; il vous a été facile de le remplacer dans un ordre où, pour trouver quelqu'un qui lui reffemblât, vous n'avez eu que l'embaras du choix.

Mais je m'aperçois, Meffieurs, que l'effufion de mes fentimens particuliers m'entraîne & m'écarte des objets que je vous avois annoncés ; j'y reviens pour vous préfenter les Mémoires que j'ai recueillis pour votre Adminiftration & le raport que j'ai à vous faire.

Je commencerai par vous rendre compte de ce qui s'eft fait, relativement à l'Adminiftration de cette Province, depuis la séance du mois d'Août dernier, ce qui devroit comprendre l'analyfe de tous les Procès verbaux d'Élection ; comme plufieurs ne nous font parvenus que peu de jours avant votre Affemblée complete, la Commiffion intermédiaire n'a pas eu un temps fuffifant pour faire, fur ces Procès verbaux, les obfervations prefcrites par les Réglemens ; nous n'avons pu nous occuper que de ceux des Affemblées de Poitiers & de Fontenai, cette derniere préfidée par un Prélat (*c*)

(*a*) Médaille frapée en 1786, au nom de M. de Nanteuil, Intendant du Poitou.
(*b*) M. le Comte de Nieuil.
(*c*) M. l'Évêque de Luçon.

L

que vous avez le bonheur d'avoir dans votre Adminiftration ; fes travaux dans le cours de l'Affemblée d'Élection de Fontenai, font de nouvelles preuves de la bonté de fon cœur & de l'étendue de fes connoiffances.

Les Procès-verbaux de l'Affemblée d'Élection de Poitiers préfentent également des opérations intéreffantes, dirigées par un Préfident (*a*) que la Province voit avec fatisfaction revenir dans fon fein , ajouter fes travaux pour le bien public, au bien particulier qu'il a déja fait dans ce Diocèfe.

Vous verrez dans les autres Procès verbaux d'Élections, un concours de lumieres, de bonne volonté, & les meilleures difpofitions pour le fuccès de votre Adminiftration.

Après avoir rendu un compte fommaire de ces Procès verbaux, M. Thibaudeau, Procureur-Syndic, a dit : Je vais, Meffieurs, commencer mon raport fur différentes parties d'Impofitions qui fe perçoivent dans cette Province.

Premiérement, fur les Vingtiemes : il contiendra l'origine des Vingtiemes, les différentes variations que cette Impofition a éprouvées, les augmentations des Vingtiemes dans cette Province, la maniere dont les vérifications ont été faites, le produit des vérifications, le montant actuel des Vingtiemes qui fe perçoivent dans le Poitou, la forme & la diftinction des Rôles, le relevé des frais de perception.

Secondement, fur les Tailles : l'origine de la Taille, la tentative inutile faite à Niort en 1718, pour percevoir la Taille en nature de fruits, le montant actuel de la Taille levée fur la Province en vertu du premier & fecond Brevet, le détail des quatre articles de dépenfe auxquels le montant du Brevet principal eft deftiné, & le détail des dix-huit articles de dépenfe qui entrent dans le Brevet accef-

(*a*) M. le Comte de Lentilhac.

foire ; la fomme que le Roi laiffe à la Province pour le moins imposé ; la forme de la répartition de ce foulagement acordé au peuple.

La forme actuele de la perception de la Taille en Poitou, les titres d'exemption de Taille de la ville de Poitiers, ceux invoqués par cinq paroiffes de l'Élection de Confolens, qui, jufqu'à préfent, avoient joui de cette exemption. Les priviléges des Ifles & des Marches communes de Poitou & de Bretagne.

Troifiémement, fur la Capitation : l'origine de cette Impofition, le montant de la contribution du Poitou ; la diftinction de la Capitation payée par les Taillables, & de celle des Nobles & Privilégiés ; les différens articles qui font entrés dans le Brevet de la Capitation.

La diftinction de la partie de la Capitation qui fe verfe au Tréfor Royal, d'avec celle que le Roi laiffe pour être employée aux befoins de la Province ; ce qu'on nomme les fonds libres & les fonds variables, l'emploi de ces fonds ; la forme de la répartition de la Capitation des Nobles, Privilégiés & Employés des Fermes, les Rôles qui font faits à ce fujet ; les moyens de rétablir l'égalité dans la répartition de cette Impofition.

Quatriémement, fur les Corvées & les grandes Routes : l'origine de la Corvée en nature, les abus qu'elle entraînoit ; les différens événemens qui ont amené la converfion de la Corvée en Impofition, les Ordonances rendues à ce fujet ; la pratique actuele des chaufsées d'empierrement, les regles prefcrites pour ces ouvrages.

L'analyfe des différens travaux faits par les Ingénieurs pour les devis ; la forme des adjudications ; les pratiques infidieufes qu'on reproche aux Entrepreneurs ; le nombre, les qualités, les apointemens des différentes perfones employées au travail des Routes.

Le montant de la fomme qui fe perçoit fur la Province pour la Corvée, la forme de la répartition fur toutes les Paroiffes.

Les âteliers de charité ; les fommes qui ont été données à cette

Province dans les années précédentes pour ces travaux, les Régle-mens faits à ce fujet par M. Turgot.

Cinquiémement, les moyens de faire ceffer la mendicité; les Loix publiées par le Gouvernement à ce fujet; le régime des Dépôts; les inconvéniens qui peuvent réfulter de l'avidité de quelques Entre-preneurs; l'aperçu des établiffemens de charité formés dans plufieurs Villes.

Sixiémement, l'état des manufactures de la Province, d'après le Mémoire qui a été fourni par l'Infpecteur;

Septiémement, les dons gratuits & octrois perçus au profit du Roi.

Tel eft, Meffieurs, le précis du raport que nous avons à vous faire; il ne peut qu'être d'une étendue confidérable, eu égard aux détails dans lefquels il a paru convenable d'entrer dans ce commencement d'Adminiftration. Nous penfons que ce raport eft trop volumineux pour être imprimé avec votre Procès verbal: il contient d'ailleurs des Mémoires que nous n'avons pu vérifier entiérement dans le peu de temps qui s'eft écoulé depuis votre Affemblée du mois d'Août dernier; nous vous propoferons feulement d'arrêter qu'il fera dépofé au Grêfe, pour y avoir recours en cas de befoin.

M. Thibaudeau, Procureur-Syndic, a commencé fon raport fur les Vingtiemes; la continuation en a été renvoyée à la séance fuivante, qui a été indiquée à demain, neuf heures du matin.

Signé, † M. L. Évêque de Poitiers.

GIRAUDEAU, *Secrétaire-Gréfier.*

Du Jeûdi, 15 Novembre, à neuf heures du matin.

Lecture a été faite du Procès verbal de la précédente séance.

M. le Préfident a annoncé que MM. du Préfidial devoient venir complimenter l'Affemblée, & a nommé quatre Députés pour aller les recevoir au haut de l'efcalier.

M. Deveillecheze de la Mardiere, Doyen des Confeillers, MM. Lanot, Rampillon & Coutineau, repréfentans le Corps du Préfi-dial, introduits dans la Salle des féances, ont falué l'Affemblée, fe font placés fur des fiéges en face de M. le Préfident; & M. Deveillecheze de la Mardiere a prononcé un difcours, dans lequel il a félicité la Province, de la formation d'une Affemblée dont les fonctions n'ont pour objet que fon bonheur, & qui promet, par fa compofition, tous les biens que les peuples peuvent atendre d'une fi fage inftitution.

M. le Préfident a prié M. Deveillecheze de la Mardiere, de porter à fa Compagnie les remercîmens de l'Affemblée.

MM. du Préfidial fe font levés, & ont été reconduits par les mêmes Députés.

M. Thibaudeau, Procureur-Général-Syndic du Tiers-État, a continué fon raport fur la Taille & les Corvées.

La féance a été renvoyée à cinq heures du foir de ce même jour.

Signé, † M. L. Évêque de Poitiers.

GIRAUDEAU, *Secrétaire-Gréfier.*

Du Jeûdi, 15 Novembre, à cinq heures du foir.

Lecture a été faite du Procès verbal de la précédente féance.

M. le Préfident a nommé deux Députés pour aller remercier le Préfidial, dans la perfone de M. Deveillecheze de la Mardiere.

M. Thibaudeau, Procureur-Général-Syndic, a continué fon raport fur les moyens de faire ceffer la mendicité, fur les manufa-ctures, les dons gratuits & octrois, & l'a enfuite terminé par des vues générales fur les différentes améliorations dont cette Province peut être fufceptible.

L'Affemblée lui a témoigné la fatisfaction qu'elle avoit de fon travail; & comme la quantité de recherches qu'a exigé ce raport, a obligé M. le Procureur-Syndic de lui donner une grande étendue, l'Assemblée, regrétant de ne pouvoir le rendre public par l'impression, a arrêté qu'il seroit déposé dans ses Archives pour y avoir recours en cas de besoin.

La séance a été indiquée au lendemain, neuf heures du matin.

Signé, † M. L. Évêque de Poitiers.

G I R A U D E A U, *Secrétaire-Gréfier.*

Du Vendredi, 16 Novembre, à neuf heures du matin.

Lecture a été faite du Procès verbal de la précédente séance.

MM. les Députés ont rendu compte des différentes commissions dont ils avoient été chargés. L'Assemblée s'est séparée pour aller travailler dans les Bureaux.

La séance a été indiquée au lendemain, neuf heures du matin.

Signé, † M. L. Évêque de Poitiers.

G I R A U D E A U, *Secrétaire-Gréfier.*

Du Samedi, 17 Novembre, à neuf heures du matin.

Lecture a été faite du Procès verbal de la précédente séance.

M. le Président a indiqué la prochaine séance au Lundi, 19 de ce mois, & l'Assemblée s'est séparée pour aller travailler dans les Bureaux.

Signé, † M. L. Évêque de Poitiers.

G I R A U D E A U, *Secrétaire-Gréfier.*

Du Lundi, 19 Novembre, à neuf heures du matin.

Lecture a été faite du Procès verbal de la précédente séance.

L'Assemblée a arrêté que le discours prononcé par M. le Commissaire du Roi, à l'ouverture de ses séances, contenant des instruétions utiles fur les opérations dont elle étoit chargée, & des projets avantageux à la Province, & dont il avoit bien voulu remettre copie à M. le Préfident, feroit dépofé dans les Archives du Grêfe de l'Adminiftration.

M. le Préfident a enfuite lu une lettre de M. le Marquis de la Coindardiere, par laquelle il le prie de préfenter à l'Affemblée, fes remercîmens de la confiance qu'elle lui a témoigné, en le nommant l'un de fes Membres, & de l'affurer qu'il regrete infiniment de ne pouvoir accepter l'honeur qu'elle lui a fait.

M. le Préfident a propofé de remplacer M. le Marquis de la Coindardiere; les fuffrages recueillis dans l'ordre & la forme prefcrits, M. le Comte de Mouffy-la-Contour, Seigneur de l'Épinay, a été nommé Député, dans l'ordre de la Nobleffe, pour l'Élection de Saint-Maixent.

La prochaine féance a été indiquée au lendemain, neuf heures du matin, & l'Affemblée s'eft féparée pour aller travailler dans les Bureaux.

Signé, † M. L. Évêque de Poitiers.

G I R A U D E A U, *Secrétaire-Gréfier.*

Du Mardi, 20 Novembre, à neuf heures du matin.

Lecture a été faite du Procès verbal de la précédente féance.

Monfeigneur l'Évêque de Luçon, au nom du Bureau du Réglement, a rendu compte, à l'Affemblée, de quelques difficultés qui s'étoient élevées dans plufieurs Paroiffes, relativement à la formation des Municipalités.

L'Affemblée a été d'avis, fur la premiere, que le nommé Befagu, ayant été élu le premier & dans la forme légale, il devoit refter Syndic de la paroiffe de Cifsé, à l'exclufion du nommé Barron, dont la nomination avoit été faite irréguliérement & fans aucune autorifation;

Sur là feconde, que le Seigneur haut-Jufticier de la paroiffe de Chaunay, n'eût-il dans cette paroiffe aucune autre propriété, devoit préfider la Municipalité préférablement au Seigneur foncier, jufqu'à ce qu'il ait plu à Sa Majefté d'en ordoner autrement ;

Sur la troifieme, que le fondé de procuration du Seigneur d'Enjambe, ne devoit point être admis dans une Municipalité dont fon fils étoit déja Membre, fauf à ce Seigneur à fe faire repréfenter par quelqu'autre perfone.

La féance a été indiquée au lendemain, neuf heures du matin, & l'Affemblée s'eft féparée pour aller travailler dans les Bureaux.

Signé, † M. L. Évêque de Poitiers.

G i r a u d e a u , *Secrétaire-Gréfier.*

Du Mercredi, 21 Novembre, à dix heures du matin.

Lecture a été faite du Procès verbal de la précédente féance. Le Bureau des Vingtiemes a fait le raport fuivant :

M e s s i e u r s ,

Vous avez chargé lé Bureau des Împofitions d'examiner,

1.°, S'il étoit véritablement utile pour la Province, de profiter de l'offre que Sa Majefté veut bien faire à l'Affemblée Provinciale, d'un Abonement pour les Vingtiemes de la Généralité, ou s'il eft de fon intérêt de laiffer fubfifter l'anciene forme, en s'expofant aux recherches qui n'ont pas été faites ;

2.°, Si les forces de la Province permettent de porter cette Impofition jufqu'au taux que Sa Majefté paroît défirer ;

3.°, Enfin, en fuppofant l'Abonement, quels font les moyens les plus fûrs pour parvenir à la connoiffance de la valeur de chaque propriété, afin de répartir également fur elle le poids de l'Impofition ?

Sur

Sur la premiere queftion, le Bureau penfe unanimement qu'en général, un Abonement feroit préférable à tous égards; nous fommes
établis, Meffieurs, pour venir au fecours des plus foibles propriétés,
prefque toujours les victimes des plus fortes. En effet, le feul bien
que nous puiffions faire dans les circonftances fâcheufes où fe trouve
l'État, c'eft d'en répartir les charges avec la plus jufte proportion,
&, par-là, dé rendre aux propriétaires fans apui, fans protection,
le courage & l'émulation que leur ôte l'inégalité fous laquelle ils
gémiffent : en vain, pour remédier aux maux que caufe la mifere
dont nous fommes témoins, réclamerions-nous un foulagement fur
la maffe totale des Impôts. Le Gouvernement ne manqueroit pas
de répondre que le moment n'eft pas favorable ; que le Roi, loin
de pouvoir fe livrer aux plus doux penchans de fon cœur, en allégeant le fardeau de fes peuples, eft obligé lui-même de faire le
facrifice d'une partie des attributs de fa Grandeur & de celle de fon
Augufte Famille; que ces retranchemens, ainfi que les fages précautions qu'il prend pour établir déformais dans fes Finances un
ordre invariable & économique, doivent convaincre fes fideles
fujets du défir fincere qu'il a depuis long-temps, de diminuer des
Impôts dont il fent tout le poids avec la plus profonde douleur.

A ce langage, Meffieurs, des cœurs véritablement François, qui
connoiffent & la bonté de leur Maître, & la fituation de fon
Royaume, peuvent-ils autre chofe qu'admirer & gémir de ne pouvoir pas fuivre tous les mouvemens qu'un fi bel exemple leur infpire.
Il eft donc vrai que fi d'un côté la plus douce efpérance doit foutenir notre courage, de l'autre, les befoins de l'État doivent retenir
nos plaintes, fufpendre nos réclamations, & nous faire, pour ainfi
dire, oublier pour un temps notre mifere : mais, fi le moment de
la vraie jouiffance n'eft pas encore arivé, celui de la juftice eft toujours préfent. Dépofitaires de l'autorité du Roi pour la répartition,
l'Abonement nous permettra de la faire avec toute l'équité dont

M

nous fommes capables, & par cette égalité bienfaifante, de rendre la vie à une multitude de propriétaires confumés de langueur & de befoins.

Il ne faut pas cependant le diffimuler, Meffieurs, ce nouvel ordre de chofes, en allégeant l'Impôt fur beaucoup de fonds trop grévés, augmentera les charges de plufieurs autres, qui à la vérité le font déja beaucoup, mais qui ne le font pas en proportion des premiers: les pôffeffeurs de ces fonds n'ont eu jufqu'ici d'autre intérêt que celui de fe fouftraire à la rigueur de l'Impôt, fans craindre de nuire à leurs voifins, dont la contribution ne pouvoit avoir rien de commun avec la leur. Mais l'Abonement irrévocablement fixé, pouroit-on foupçoner les mêmes incônvéniens? Retenus à la fois par la confcience & par l'honeur, quel propriétaire oferoit fe refufer à vos vues patriotiques? Et s'il étoit une âme affez vile pour rejeter fur autrui, une partie de l'impofition qu'elle fauroit devoir elle-même payer, fa mauvaife foi, fa fourberie devroient être affichées dans toutes les paroiffes qui l'avoifinent, & le trompeur déféré comme mauvais citoyen au Tribunal de la Patrie. Efpérons, Meffieurs, que ces fortes de fraudes feront infiniment rares par les précautions que vous infpirera votre fageffe, par l'exemple que s'emprefferont de donner tous les Membres de cette augufte Affemblée, & par l'honêteté des citoyens refpectables que l'inégale répartition pouroit regarder.

Mais avant de former une Délibération, peut-être ne ferez-vous pas fâchés, Meffieurs, de connoître l'avis du même Bureau fur cette autre queftion:

Les forces de la Province permettent-elles de porter les Vingtiemes au taux que paroît défirer Sa Majefté?

Vous le connoiffez tous, ce taux, & je n'ai pas befoin de vous dire que s'il ne les furpaffe pas entiérement (ces forces), il les épuife. Expofer avec candeur aux ieux du Pere de la Patrie, l'état de dépériſſement de cette Province, lui dire que dépourvue de communication *dans une grande partie de ſon territoire*, elle y languit ſans commerce, ſans manufactures & ſans vigueur ; qu'énervée par la miſere, & de plus ataquée ſucceſſivement, dans pluſieurs parties, de maladies épidémiques, qui y ſont encore aujourd'hui les plus grands ravages, elle a la douleur devoir décroître, chaque année, ſa population & ſes reſſources ; que cette diminution déſaſtreuſe eſt ſenſible au point que nombre de propriétaires ne trouvant plus, à quelque prix que ce puiſſe être, ni Fermiers ni Colons pour faire valoir des propriétés, qui jadis leur procuroient une honête aiſance, & le moyen de contribuer aux Impôts, ſont obligés de les laiſſer incultes ; que dix ou douze métairies, juſqu'à ce jour cultivées, vienent tout réccmment encore d'être abandonées dans la ſeule Élection de Poitiers, & vont augmenter l'étendue de landes & de déſerts qui nous entourent ; que preſque tous les propriétaires, à meſure qu'ils renouvelent leurs baux, ſe voient réduits à la néceſſité d'en baiſſer le prix ; que la mendicité, preuve trop convaincante de l'inſuffiſance des moyens de ſubſiſter, augmente tous les ans, loin de ſe *ralentir ;* que cette nuée de malheureux, qui devroient être à la charge de l'État, puiſqu'ils ſont ſes ſujets & ſes enfans, devienent en effet celle des propriétaires, obligés de partager avec eux leur ſubſiſtance ; enfin, que la ſource de tant de maux vient uniquement du poids accâblant des Impôts, qui, portés à leur comble, laiſſent la moitié de cette vaſte Province dans l'accâblement & la langueur, & ne permettent plus d'éforts.

Toutes ces vérités réunies dans un même tableau auſſi vrai qu'intéreſſant, & miſes ſous les ieux d'un Monarque compatiſſant, pouroient-elles ne pas toucher ſon cœur paternel ? Pouroient-elles ne pas exciter ſa bienfaiſance en meme temps que ſa juſtice ? Ne craignons donc pas, Meſſieurs, de nous en raporter à ſa bonté. Nous auroit-il honorés de tant de preuves de ſa confiance ? auroit-il dépoſé dans nos

M ij

mains les plus chers intérêts de ses peuples & les siens propres, s'il
eût pu concevoir des soupçons sur notre *délicatesse*, s'il nous eût cru
capables de le tromper ? Non, Messieurs, & se seroit trahir cette
même confiance, & nous en rendre indignes à jamais, que de lui
cacher des plaies profondes que lui seul peut sonder, que lui seul
peut guérir, & dont la guérison ne doit pas moins opérer son bonheur
que le nôtre.

Deux objets, Messieurs, doivent donc fixer ici notre attention ;
d'une part, les besoins de l'État, les vœux du Pere de la Patrie, qui
daigne nous les exposer lui-même, l'exemple qu'il nous donne, le
désir si naturel à des cœurs François de se sacrifier pour un Maître
chéri ; de l'autre, la foiblesse, le dépérissement de nos ressources, leur
ruine inévitable pour peu que les malheurs de cette Province se
prolongent. Au milieu de telles extrémités, Messieurs, le Bureau
aussi convaincu de votre courage que de l'épuisement de vos forces,
agité par les divers sentimens qui déchirent son cœur, croit ne pouvoir vous proposer autre chose que de supplier très-respectueusement
Sa Majesté, 1.°, de vouloir bien aboner les Vingtiemes à sa Province
du Poitou, parce que l'égale répartition que l'Assemblée peut établir
entre les contribuables, est le seul bien réel qu'elle puisse opérer
dans ces premiers momens ; 2.°, de daigner jeter un regard de bonté
sur l'état de cette Province, sur la stérilité d'une partie de son sol,
qu'une affligeante dépopulation étend de plus en plus sur les malheureux sans travail & sans subsistance, qui sont pour elle un surcroît
de charge par les secours qu'ils sollicitent sans cesse, & que l'humanité ne peut leur refuser. Enfin, sur l'augmentation de Trois cens
cinquante mille livres qu'elle a successivement supporté sur les
Vingtiemes depuis l'année 1772. Ses fideles sujets de la Province du
Poitou esperent qu'aussi persuadée de leur bonne volonté que de
leur impuissance, Elle voudra bien ne rien exiger au-de-là de leur
actuele contribution. Tel est, Messieurs, l'arrêté du Bureau sur les

deux queftions que vous avez bien voulu nous propofer ; mais quelque
parti que prene l'Affemblée , nous nous y réuniffons dès ce moment,
perfuadés qu'elle voudra bien rendre juftice à nos intentions,
& croire que nous n'avons rien négligé pour envifager, fous toutes les
faces, les queftions infiniment délicates renvoyées à notre examen.

Permettez-nous, Meffieurs, de folliciter, en finiffant, votre indulgence
fur un raport qui feroit peut-être moins indigne de l'attention
de cette augufte Affemblée, fi nous avions eu plus de temps pour
le rédiger.

L'Affemblée délibérant fur le raport ci-deffus, a unanimement
arrêté de fupplier Sa Majefté ;

1.°, De vouloir bien aboner les Vingtiemes à la Province du
Poitou, parce que l'égale répartition que l'Affemblée peut établir
entre les contribuables, eft le feul bien réel qu'elle puiffe opérer
dans ces premiers momens ;

2.°, De daigner jeter un regard de bonté fur l'état de cette Province,
fur la ftérilité d'une partie de fon fol, qu'une affligeante
dépopulation étend de plus en plus fur les malheureux fans travail,
fans fubfiftance, qui deviennent pour elle un furcroît de charge par
les fecours qu'ils follicitent fans ceffe, que l'humanité ne peut leur
refufer ; enfin, fur l'augmentation de 350000tt qu'elle a fucceffivement
éprouvé fur fes Vingtiemes depuis l'année 1772 ; qu'en cette
confidération, fes fideles fujets de la Province du Poitou efpérent
que Sa Majefté, auffi perfuadée de leur bonne volonté que de leur
impuiffance, voudra bien ne rien exiger au-de-là de leur actuele
contribution.

La féance a été indiquée au lendemain, 22 Novembre, à neuf
heures du matin.

L'Affemblée s'eft féparée pour aller travailler dans les Bureaux.

Signé, † M. L. Évêque de Poitiers.

GIRAUDEAU, *Secrétaire-Gréfier.*

Du Jeûdi, 22 Novembre, à neuf heures du matin.

Lecture a été faite du Procès verbal de la séance précédente.

La séance a été indiquée au lendemain, neuf heures du matin.

L'Affemblée s'eft séparée pour aller travailler dans les Bureaux.

Signé, † M. L. Évêque de Poitiers.

GIRAUDEAU, *Secrétaire-Gréfier.*

Du Vendredi, 23 Novembre, à neuf heures du matin.

Lecture a été faite du Procès verbal de la précédente séance.

M. le Marquis de la Rochedumaine, au nom du Bureau des Travaux publics, a fait la propofition d'atacher à l'Adminiftration, le fieur Paulleau, Géographe des Ponts & Chaufsées.

L'Affemblée délibérant à ce fujet, a reconu que le fieur Paulleau pouvoit lui être utile dans la partie des Travaux publics; elle a, en conséquence, unanimement décidé de le nommer Géographe & Agent de l'Adminiftration dans cette partie, & d'atacher à fa place, fous le bon plaifir de Sa Majefté, 1200tt d'apointemens & 300tt de gratification.

La séance a été indiquée au lendemain, 24 Novembre, à neuf heures du matin.

L'Affemblée s'eft séparée pour aller travailler dans les Bureaux.

Signé, † M. L. Évêque de Poitiers.

GIRAUDEAU, *Secrétaire-Gréfier.*

Du Samedi, 24 Novembre, à neuf heures du matin.

Lecture a été faite du Procès verbal de la séance précédente.

M. le Préfident a prévenu l'Affemblée de la Députation de Meffieurs de l'Hôtel-de-Ville; quatre de Meffieurs ont été nommés pour les aller recevoir au haut de l'efcalier.

Meffieurs de l'Hôtel-de-Ville introduits dans la Salle, & placés fur des fiéges en avant du Bureau de MM. les Procureurs-Syndics, M. Billocque, chef de la Députation, a complimenté l'Affemblée.

M. le Préfident lui a répondu, & la remercié au nom de l'Affemblée.

Meffieurs de l'Hôtel-de-Ville retirés, & reconduits par les mêmes Députés, deux Membres, l'un du Clergé & l'autre du tiers-État, ont été priés d'aller faluer le Corps de Ville dans la perfone de M. Billocque.

La séance a été indiquée au Lundi, 26 Novembre, & l'Affemblée s'eft séparée pour aller travailler dans les Bureaux.

Signé, † M. L. Évêque de Poitiers.

G i r a u d e a u, *Secrétaire-Gréfier.*

Du Lundi, 26 Novembre, à neuf heures du matin.

Lecture a été faite du Procès verbal de la précédente séance.

L'Affemblée s'eft séparée pour aller travailler dans les Bureaux.

La séance a été indiquée au lendemain, 27 Novembre, à neuf heures du matin.

Signé, † M. L. Évêque de Poitiers.

G i r a u d e a u, *Secrétaire-Gréfier.*

Du Mardi, 27 Novembre, à neuf heures du matin.

Lecture a été faite du Procès verbal de la séance précédente.

Le Bureau des Tailles a fait le raport fuivant :

M e s s i e u r s,

Appelés à des fonctions intéreffantes, mais nouveles pour nous, notre but eft d'améliorer le fort d'une Province dont une pa tie de l'Adminiftration eft confiée à nos foins. Les connoiffances nécessaires pour un travail aussi important & aussi varié dans ses détails, doivent manquer à la plupart de nous; & si nos occupations précédentes nous ont laissé apercevoir quelques abus, sans autorité pour y remédier, nos recherches n'ont pu avoir pour objet les moyens de les faire disparoître.

Nous nous sommes défiés de l'ardeur même de notre zele pour le bien public; une Administration naissante a besoin d'une circonspection réfléchie, qui, en retardant sa marche, lui donne le temps de recueillir les projets, de les combiner & de choisir.

Le Bureau des Impositions, chargé par vous de la partie de la Taille, accessoires d'icelle, Capitation-taillable & Imposition pour les Corvées, auroit désiré de pouvoir seconder vos vues, en raprochant l'instant où vous pourez jouir du glorieux titre de bienfaiteurs de la Province, par la juste distribution de l'Impôt, dont le poids très-lourd en lui-même, devient encore plus accâblant par l'inégalité de sa répartition. Nous nous sommes en conséquence livrés assidûment aux diverses recherches qu'exigeoit un objet aussi important. Si le résultat de nos travaux n'est pas à beaucoup près aussi complet que nous l'aurions voulu, nous ne pouvons être accusés de négligence; le défaut d'expérience a pu nous égarer dans des recherches inutiles, ou qui pouvoient être simplifiées : les détails immenses que renferment les objets que vous nous avez confiés, ont pu retarder nos travaux; mais notre zele pour la chose publique n'a jamais été ralenti.

Les recherches sur l'origine de la Taille, tiennent plutôt à l'histoire qu'à l'objet qui nous occupe; sans nous arrêter à en démêler l'époque, il nous suffit de savoir que cet Impôt fut rendu permanent & annuel par Charles V I I.

Ses Successeurs augmenterent insensiblement cet Impôt, qui, très-modique dans son commencement, fut réparti d'après des proportions vrai-semblablement très-fautives. Le Bureau n'a pu, malgré

gré fes recherches , fe procurer aucun renfeignement fur les bâfes
fuivies pour la répartition. Comme la Taille fut d'abord un objet
peu confidérable, elle excita peu de réclamations; fes augmentations
poftérieures furent réparties fur les premiers erremens, ou fur quelques renfeignemens particuliers, que les Généraux des Finances, &
les Élus qu'on établit alors, fe procurerent. Le défaut d'exactitude
dans ces renfeignemens, des confidérations particulieres, ou d'autres raifons, opérerent alors, comme aujourd'hui, une difproportion confidérable entre chaque Paroiffe & chaque Élection ; l'influence du crédit & de la protection dut opérer la même inégalité
dans la contribution de chaque taillable.

Les Ordonances de nos Rois à ce fujet, annoncent que les
plaintes & les réclamations devinrent très-fréquentes ; en conféquence, ils établirent, dans chaque canton, des Officiers pour prévenir l'arbitraire & la difproportion dans les répartitions ; ils indiqué-
rent, en même temps, plufieurs moyens qu'ils croyoient capables de
ramener l'Impôt à une jufte proportion : toutes ces précautions,
quoique très-fages, n'ont pu, jufqu'à préfent, produire le bien
qu'ils en atendoient.

La Monarchie ayant depuis acquis une plus grande confiftance
par la réunion des grands Fiefs à la Courone, & la ceffation de
la fervitude ayant donné à la Nation une partie de l'énergie dont
elle étoit fufceptible, les relations & l'influence de la France s'éten-
dirent dans l'Europe ; bientôt des guerres offenfives & défenfives
néceffiterent une augmentation de Troupes & de dépenfes : la
reffource, pour fubvenir à ces frais, fut d'accroître le taux de la
Taille.

Nous devrions peut-être examiner fi l'impofition de la Taille
ne fut pas alors le rachat de l'obligation perfonele où étoient les
citoyens de fuivre les Rois à la guerre ; mais cette vérification
intéreffante pour la matiere que nous traitons, exigeroit plus de

N

temps que nous n'en avons, & doit être renvoyée à un autre moment.

Cet Impôt primitif, que nous nommons principal de la Taille, parce qu'il a été suivi de nombre d'autres Impositions qui se répartissent au marc la livre, & qui sont connues sous les noms d'Accessoires de la Taille, & de Capitation-taillable : cet Impôt, disons-nous, a reçu les plus fortes augmentations sous les regnes de Louis XIV & de Louis XV. La facilité avec laquelle on faisoit adopter au Conseil un moyen de ressources qui n'étoit assujéti à aucunes des formalités gênantes, mais nécessaires pour l'établissement d'un nouvel Impôt, multiplia ces accroissemens ; ils ont été proscrits par la Loi mémorable du 13 Février 1780. Louis XVI, reconoissant par cette Loi tous les inconvéniens qui résultoient de l'usage précédemment établi d'augmenter arbitrairement tant la Taille que ses accessoires & la Capitation-taillable, a déclaré qu'à l'avenir, la fixation de ces Impositions ne poura être changée, si ce n'est par des Loix enregistrées dans les Cours. Il seroit sans doute à souhaiter que cette Loi consolante eût été promulguée avant que les augmentations extraordinaires de chaque espece d'Impositions y mentionées, eussent été portées à un point aussi excessif ; mais dans cette partie encore plus que dans toute autre, le mal fait toujours des progrès considérables avant qu'on songe à y remédier : nous n'en devons pas moins de reconoissance au Ministre qui suggéra cette Loi au Monarque, assurés que le vœu de son cœur eût été de nous en alléger le poids, si les circonstances de la derniere guerre n'eussent mis un obstacle insurmontable à ses vues bienfaisantes.

Nous vous dirons dans notre raport sur la Capitation, que, mal-gré les intentions présumées de Sa Majesté & de son Ministre, on veut actuélement donner à cette Déclaration une extension préjudiciable.

Nous avons fait des recherches inutiles jusqu'à présent, pour mettre fous vos ieux les augmentations fucceffives que le principal de la Taille a éprouvé dans cette Province : les raprochemens que cette connoiffance faciliteroit, pouroient fatisfaire la curiofité, mais ne contribueroient en rien à l'éclairciffement de la matiere que nous traitons.

Nous allons vous rendre compte du montant de la Taille principale, acceffoires d'icelle, Capitation-taillable & Impofitions pour les Routes dans la Province, pour la préfente année 1787.

Le principal de la Taille eft actuélement fixé, pour la Généralité, à la fomme de Deux millions trois cens neuf mille fix cens quatre-vingt-une livre, ci. . . . . . . 2,309,681^{tt} ʃ ᵈ

Les Impofitions acceffoires font auffi fixées à la fomme d'Un million cent treize mille fept cens foixante-fix livres, ci. . . . . 1,113,766 ʯ ʯ

La Capitation - taillable eft, pour ladite année, d'Un million quatre cens trois mille quatre cens deux livres feize fols cinq deniers, ci. 1,403,402 16 5

L'Impofition pour les Routes eft, pour la même année, de Cinq cens vingt mille livres, ci. . . . . 520,000 ʯ ʯ

——————
5,346,849 16 5
——————

Si on réunit à cette fomme, les Vingtiemes & Sols pour livre d'iceux, qui s'élevent à 1,519,442^{tt} 8ʃ 7ᵈ, & la Capitation-noble, qui monte, pour la préfente année, à la fomme de 90,457^{tt} 2ʃ 2ᵈ on voit un total d'Impofition, fur la Province, de Six millions neuf cens cinquante fix mille huit cens neuf livres dix-fept fols deux deniers, à quoi il faut encore ajouter tous les autres différens genres de perception établis dans la Province, qui doublent, au moins, la derniere fomme ci-deffus.

N ij

Cet aperçu, éfrayant par lui-même, auroit de quoi nous décourager, fur-tout fi nous connoiffions toutes les inégalités dans la répartition des Impofitions, & toutes les vexations que la perception, dans les autres parties, occafione ; mais l'efpérance de remédier à une partie de ces abus, nous foutient & anime notre zele.

La Taille, fes Acceffoires, la Capitation-taillable, & l'Impofition pour les Routes, dont nous venons de vous donner les détails, font fupportées par tous les exploitans & propriétaires taillables.

La ville de Poitiers a joui jufques à préfent de l'exemption de Taille & autres Acceffoires, & ne paye qu'une Capitation, en conféquence des privilèges qui lui furent acordés par Lettres Patentes de Philippe II, en l'année 1214, qui ont été confirmés en 1718, fuivant la note que nous en a remis M. le Maire de cette Ville ; mais on n'a point obtenu de nouvele confirmation depuis l'avénement de Louis XVI à la Courone.

On nous a raporté que cette Ville avoit négligé cette importante formalité, par la crainte de la dépenfe qu'elle auroit néceffité.

Ces privilèges remontent à l'époque où nos Rois, pour diminuer le pouvoir des grands Vaffaux, acordoient les droits de commune aux habitans des Villes ; & parmi plufieurs autres privilèges, ils y joignoient fouvent celui d'exemption de Taille. Ils porterent même les chofes plus loin ; ils acorderent, fous divers prétextes, les mêmes privilèges d'exemption de Taille, à nombre de cantons de la campagne, privilèges qui ont fubfifté long-temps, mais qu'on détruit fucceffivement & qui ne peuvent être trop reftreints ; celui des cinq paroiffes de Benêt, Biarges, les Pins, Montembœuf & Vitrac, dans l'Élection de Confolens, qui en ont joui jufqu'à préfent, a été révoqué, & ces cinq paroiffes ont été affujéties à la Taille pour l'année 1788.

Il exifte encore dans la Province, fur les frontieres de la Bretagne, des enclaves faifant partie d'un canton appelé les Marches communes, qui ont conservé ce privilége, & qui l'ont fait confirmer par Lettres Patentes du 6 Août 1777, enregistrées aux Cours.

L'Isle-Bouin, l'Isle de Noirmoutier & l'Isle-Dieu, jouissent aussi de l'exemption de Taille en vertu des priviléges des Isles.

Les villes de Niort, St-Maixent, Fontenai, les Sâbles, Bressuire, Thouars & Partenay, ont été autorisées, par divers Arrêts du Conseil, à percevoir les droits d'entrées fixés par un Tarif annexé auxdits Arrêts, pour le produit, servir à l'aquitement des Tailles & autres Impositions de ces Villes.

On nous a assuré que ces droits n'ont jamais été considérés comme un Abonement, & que ces Villes ont depuis supporté l'augmentation du principal de la Taille dans la proportion des autres paroisses taillables de la campagne; ainsi, ces Abonemens doivent être regardés comme une forme d'Administration pour la perception des Impôts, plus facile & plus commode pour chacune de ces Villes, & sous ce point de vue, elles n'intéressent pas la Province.

Pour répondre à la confiance dont vous nous avez honoré, en nous chargeant d'une partie aussi importante que celle des Impositions, nous avons voulu commencer par la connoissance des usages & des Réglemens sur la forme de leur répartition, & savoir, premiérement, à quelle quotité proportionele est fixée la Taille d'Industrie; secondement, par quelle raison, dans certaines Élections, la Taille d'exploitation qui porte principalement sur le cultivateur, est triple de celle du propriétaire du même objet, ou, ce qui revient au même, pourquoi la Taille de propriété ou Taille personele n'y est fixée qu'au tiers de celle du colon, tandis que d'autres Élections ne suivent pas cet usage?

Nous avons trouvé qu'il est reçu dans la Généralité, de taxer l'Industrie à raison d'environ six deniers pour livre du bénéfice, d'où il suit qu'à revenu égal, cette taxe n'est qu'en proportion d'un sixieme au plus avec la taxe du Laboureur, & qu'elle est tout au plus moitié de celle du propriétaire.

Cette difproportion peut vous étoner au premier aperçu; mais si on fait attention que la taxe d'Induftrie eft la plus arbitraire de toutes, puifqu'elle ne peut avoir pour bâfe qu'une préfomption de bénéfice qui eft fouvent très-douteux, & plus incertain encore pour fa quantité; fi on confidere enfuite, qu'en taxant dans une plus grande rigueur, l'Induftrie fi néceffaire à l'État, on la détruiroit infailliblement, il paroîtra qu'il ne doit être rien changé dans la taxe d'Induftrie.

Nous n'avons pu découvrir aucune Loi qui autorife les Élections dont nous vous avons parlé, à taxer le colon d'un domaine à Trente livres, par exemple, tandis que le propriétaire qui partage par moitié les fruits de ce même domaine, n'eft taxé qu'à Dix livres, ce qui n'eft pas conforme à la Déclaration du 7 Février 1768.

Nous ignorons à quelle époque cet ufage s'eft établi dans ces Élections, mais il étoit contraire à l'équité, s'il étoit fuivi avant l'établiffement des deux Vingtiemes, parce qu'il s'enfuivoit alors, que le colon, à moitié fruits, payoit trois, tandis que le propriétaire ne payoit qu'un, pour un produit égal. Cette énorme & choquante difparité qui feroit tomber prefque tout le fardeau de l'Impôt fur le malheureux, qui n'obtient la plus étroite fubfiftance que par fes travaux & fes fueurs, exciteroit affurément vos réclamations fi elle exiftoit encore : mais il convient de vous faire obferver que les deux Vingtiemes & les Quatre fols pour livre du premier, étant entiérement à la charge du propriétaire, fa contribution fe trouve à peu-près dans la même proportion que celle du colon, fur-tout fi on confidere que la différence qui paroîtroit fubfifter encore à l'avantage du propriétaire, eft néanmoins compenfée par l'obligation où il eft de fournir feul aux frais de réparations, &c.

En conféquence, quoique cette maniere adoptée par quelques Élections pour cotifer le propriétaire & le colon, s'écarte un peu des principes de la Déclaration de 1768, comme elle eft abfolument relative au revenu de l'un & de l'autre, puisque, pour un produit égal, ils se trouvent contribuer également, loin de critiquer cet usage, nous pensons qu'il pouroit être adopté.

Si cet usage avoit été uniformément suivi, la proportion se feroit rétablie ; mais il n'a pas été pratiqué dans plusieurs Paroisses & Élections, & a été mal observé dans les autres ; & c'est de ce défaut d'uniformité dans les principes, que résultent les disparités dans la répartition.

Dans plusieurs endroits, les Fermiers des Ecclésiastiques, Seigneurs & autres, se font passer pour Régisseurs, & évitent, par ce moyen, la taxe qu'ils devroient supporter à raison du bénéfice qu'ils font, & on n'ose corriger cet abus par la crainte des solidarités, &c.

Il y a également de l'injustice à faire supporter à une seule paroisse, la taille d'un nouveau privilégié, &. &c. &c.

Le redressement de ces inexactitudes trop multipliées, est un des points les plus importans de votre Administration ; & vous devez travailler à établir, autant qu'il est possible, la juste proportion, non seulement contre les contribuables d'une même paroisse, mais encore entre les paroisses d'une même Élection, & enfin entre les Élections de la Généralité. Ce projet avec son étendue & ses difficultés, n'en est que plus digne de vos vues patriotiques, mais l'exécution de son ensemble nous paroît impossible pour ce moment : le rétablissement de la proportion entre les Élections & les Paroisses, cette intéressante & grande opération, doit nécessairement être renvoyée à une époque ultérieure & suffisante, pour vous donner des éclaircissemens certains, & qui puissent vous assurer que les changemens que vous jugerez à propos d'effectuer, vous mériteront la reconoissance de la Province & les suffrages du Public.

Ce n'est que d'après un examen prolongé & réfléchi, & d'après des renseignemens multipliés & souvent vérifiés, qu'on peut se permettre d'affeoir une opinion fur un changement auffi intéreffant que néceffaire, mais en même temps très-délicat à exécuter.

Plufieurs des Élections de cette Généralité font à une diftance confidérable de cette Capitale, qui n'eft même pas le point central entr'elles : la Province du Poitou, une des plus étendues du Royaume, eft composée de terrains très-différens, & dont les productions, ainfi que les reffources, n'ont aucune reffemblance ; le défaut de relations de plufieurs cantons entr'eux, ne permet encore aucune conjecture fur les produits proportionels des uns & des autres. Ces confidérations qu'il feroit facile de multiplier, fi on le jugeoit néceffaire, nous interdifent donc toute propofition fur les changemens à faire entre chaque Élection & chaque Paroiffe d'une même Élection ; mais en paroiffant renoncer pour ce moment à rétablir une proportion fi défirable pour le bien général, nous devons nous occuper des moyens qui peuvent nous procurer les renfeignemens préliminaires de cette opération néceffaire, & travailler en même temps à anéantir l'arbitraire & l'inégalité qui fubfiftent dans la répartition entre les particuliers d'une même paroiffe. Quoique ce dernier point ne rempliffe pas entiérement vos vues générales & multipliées pour le bonheur de la Province, il eft d'autant plus digne de vos premiers regards & de toute votre attention, que fi vous pouviez le remplir auffi complétement que vous le défirez, vous obtiendriez auffi-tôt les témoignages les plus certains de la reconoiffance de vos Concitoyens; vous auriez le mérite inappréciable de fouftraire la claffe la plus indigente à un genre de vexation qui fe renouvele continuélement, & n'eft prefque jamais réprimé; vous anéantiriez auffi ces choquantes difparités dans les Impofitions de chaque contribuable plus aifé; difparités qui font le plus fouvent l'effet du crédit & de l'autorité, & quelquefois celui de la cabale & de la malignité. Perfone d'entre vous n'ignore combien l'abus du pouvoir; ainfi que la paffion, ont produit d'injuftices dans la répar-

titïon

tition des Impôts, & chacun fait auffi que le contribuable eft pref-
qu'autant affecté de l'arbitraire dont il eft la victime, que du poids
même de l'Impôt; enfin, en parvenant à ce premier but, vous
aplaniriez prefque entiérement les difficultés qui s'oppofent en ce
moment à l'établiffement de la proportion entre les Paroiffes &
entre les Élections, parce que la proportion entre les contribuables
de chaque Paroiffe, une fois établie, les autres proportions en dérivent néceffairement.

Avant d'aller plus loin, nous croyons convenable de vous rendre
la maniere dont fe font faits les Rôles des Paroiffes dans cette
Généralité, & de vous faire quelques obfervations à cet égard.

Lorfque M. l'Intendant avoit fait le Département de chaque Élection, on adreffoit aux Collecteurs, le mandement des Impofitions
qu'ils avoient à répartir fur leurs Paroiffes. Vous favez que les Collé-
cteurs font des habitans nommés, chacun à leur tour, pour faire dans
leur Paroiffe, la répartition & le colligement des Deniers Royaux; les
Collecteurs font ordinairement au nombre de trois, cinq ou fept, fuivant l'étendue des Paroiffes; dans les campagnes, ce font communément des Laboureurs qui ne favent ni lire ni écrire: ces Collé-
cteurs, munis de ce mandement, étoient maîtres de répartir la Taille
à leur gré, & il l'a répartiffoient plus fouvent d'après le crédit du
contribuable ou l'animofité qu'ils avoient contre lui, que d'après la
valeur de fes revenus & de fes reffources. Souvent auffi ils abufoient
du defpotifme dont ils jouiffoient, pour diminuer leurs propres impofitions & celles de leurs parens. La faculté acordée aux autres
contribuables, de les prendre en abus lorfqu'ils s'étoient ainfi diminués, ou leurs coufins-germains, les arrêtoit d'autant moins dans ce
coupable exercice de leurs fonctions, que trois mois après la vérification du Rôle, on n'étoit plus reçu à intenter cette action, & qu'il
étoit affez facile aux Collecteurs, de fouftraire à ceux qu'ils redou-
toient, la connoiffance de leur malverfation pendant un auffi court
efpace de temps.　　　　　　　　　　　　　　　　O

Plufieurs de ces Collecteurs qui étoient plus inftruits que les autres, & qui craignoient qu'on ne fe pourvût en abus contr'eux, ufoient, pour parvenir au même but, d'un détour qui étoit affuré fans les compromettre; ils ne fe diminuoient point perfonélement, mais ils diminuoient quelques-uns des Collecteurs des années fubféquentes, avec lefquels ils étoient précédemment convenus, que lorfque ceux-ci pafferoient à leur tour par la collecte, ils leur rendroient le même fervice; mais il feroit trop long de vous entretenir de tous les inconvéniens réfultans du pouvoir acordé aux Collecteurs pour la répartition.

Les plaintes & les réclamations qu'occafionoient tous ces abus, déterminoient quelquefois les Intendans à nommer des Commiffaires pour faire la répartition des Impofitions dans diverfes paroiffes de leurs Généralités, & ils croyoient par-là remédier à l'arbitraire entre chaque contribuable, & fe procurer des connoiffances fur les facultés de chaque paroiffe, pour rétablir, lors de leurs Départemens, la proportion entre les paroiffes, après l'avoir fait rétablir entre les particuliers. Ce double but étoit également louable, mais nous croyons pouvoir affurer qu'il n'a pas été rempli. En effet, les Commiffaires ainfi nommés, remédioient à la vérité à quelques abus, mais ils en laiffoient fubfifter plufieurs, & quelquefois en produifoient de nouveaux; l'autorité prefque defpotique dont ils jouiffoient alors pour leurs opérations, ne les rendoit pas infaillibles, & le réfultat le plus avantageux de leurs opérations étoit lorfque la fomme de ces abus avoit diminué.

Par la fuite, le Confeil interdit aux Commiffaires, ainfi nommés pour la confection des Rôles, de fixer aucun taux de taille d'après leur opinion, & voulut qu'ils s'en raportaffent, pour la fixation des taux, à l'avis & volonté des Collecteurs, dont ils fe font trouvés depuis les copiftes plutôt que les fupérieurs. Le réfultat de ce changement auroit pu être avantageux, fi le Commiffaire s'étoit trouvé réuni à des Collecteurs justes & éclairés, & si ces derniers avoient travaillé de concert à découvrir la vérité : mais dans le cours ordinaire, les Collecteurs ont voulu jouir de leurs droits, ou ont voulu favoriser des abus anciens, par la crainte que leur inspiroient ceux qui en bénéficioient, ou en ont occasioné d'aussi grands, en se livrant aux sentimens d'amitié pour leurs proches, ou à leur animosité contre d'autres. La prudence des Commissaires & les observations particulieres qu'ils ont pu faire à l'Intendant sur la conduite tenue par les Collecteurs lors de leurs opérations, ont pu, à la derniere année de leur commission, produire un bien, mais fort incomplet : d'ailleurs, il est arivé pour l'ordinaire, que les Collecteurs des années subséquentes se sont entiérement écartés de l'ouvrage du Commissaire, & ont fait leur répartition sur les anciens erremens ou d'après leur propre volonté.

Le second but des Intendans, pour connoître les facultés des paroisses, à l'effet d'établir la proportion entr'elles, a également été manqué par le peu de relation qu'il y a eu dans les évaluations des biens & revenus de chaque paroisse : le marc la livre des unes a pu se trouver très-haut, lorsque le Commissaire n'avoit aucune connoissance de la paroisse, & que les Collecteurs & les Habitans se sont entendus sur l'article ; au contraire, le marc la livre a dû se trouver très-bas lorsque le Commissaire avoit des connoissances locales, & lorsque les Habitans n'ont pas agi de concert. Ce n'est pas d'après des aperçus dont les fondemens sont aussi incertains, qu'on pouroit juger si une paroisse est plus chargée qu'une autre.

L'arbitraire qui avoit présidé à la répartition de la Taille, dans presque toutes les paroisses, & les effets de la trop grande influence du crédit & de l'autorité, avoient produit des injustices telles que souvent un riche propriétaire payoit moins ou aussi peu que le pauvre.

Les Intendans furent en conséquence autorisés à taxer d'office, lors de leurs départemens, les contribuables dont le crédit avoit opéré

ces injuftices à leur profit, & qui infpiroient fouvent une telle crainte
aux Collecteurs, que ces derniers n'ofoient les augmenter; il étoit
défendu aux Collecteurs de diminuer ces taxes d'office, ils avoient
feulement la liberté de les augmenter. Quoiqu'un tel pouvoir acordé
aux Intendans fût peut-être un peu trop arbitraire, il pouvoit néanmoins produire de très-bons effets dans plufieurs circonftances; mais
comme par le laps de temps, les meilleures inftitutions dégénerent,
celle-ci a non feulement fuivi le cours ordinaire, mais encore elle
a depuis fervi à des vues abfolument contraires à l'efprit qui l'avoit
dictée; puifque, loin de fervir uniquement à remettre dans la proportion, ceux qui vouloients'y fouftraire, elle fert fouvent de reffource
à ceux qui craignent une taxe un peu confidérable & proportionele,
de la part des Collecteurs, pour folliciter auprès de l'Intendant, par
le moyen de quelques relations avec lui, d'être taxés d'office, ce qui
fe fait alors en modération confidérable; & ce n'eft que fous ce
dernier raport, que nous croyons devoir vous faire envifager les
taxes d'office, en vous obfervant cependant, qu'il en exifte quelques-
unes qui fe reffentent de leur inftitution primitive, & que M. de
Nanteuil a opéré un changement bien louable dans cette partie.

Après vous avoir rendu compte des abus qui ont réfulté du
pouvoir qu'ont eu les Collecteurs de répartir les Impofitions de
la confection des Rôles, ainfi que des taxes d'office qui n'ont pu
détruire l'arbitraire & les inégalités, nous foumettrons au jugement
de l'Affemblée, la queftion de favoir, fi le Confeil, en chargeant
les Municipalités des paroiffes de toutes les répartitions à faire, a
rencontré le vrai moyen d'opérer cette exacte & jufte proportion
que le peuple défire.

Le Bureau des Impofitions penfe unanimement, que la précipitation avec laquelle il a fallu former les Municipalités en Poitou, ainfi
que le défaut d'inftruction, lors de leur formation, fur les importantes fonctions qui devoient leur être confiées, ont occafioné que,

dans plufieurs paroiſſes, elles ſont compoſées ou de payſans non-
inſtruits, ou de gens intéreſſés au déſordre, ſouvent même de pluſieurs perſones de la même famille, &c. plufieurs cantons ſe ſont déja
récriés ſur cette formation, & on croit que MM. du Bureau du
Réglement, en s'occupant de cette partie eſſentiele, auront demandé
que les nominations faites, ſoient vérifiées en préſence d'un Membre
de l'Aſſemblée d'Élection.

Mais le Bureau des Impoſitions ne penſe pas uniformément ſur
les avantages ou les inconvéniens qui réſulteront du pouvoir acordé
aux diverſes Municipalités de répartir les Impoſitions.

Une partie dit avec beaucoup de vrai-ſemblance, que l'expérience de quelques cantons, dont les impoſitions ſont depuis long-
temps réparties par des perſones choiſies dans le lieu, & dont la
répartition n'a point excité de réclamation, peut & doit faire
eſpérer que cette épreuve qui a réuſſi partiélement, produiroit le
même avantage dans le général; & que ſi les Municipalités étoient
convenablement formées, on auroit lieu de l'atendre. D'ailleurs, on
ajoute que le Réglement du 5 Août, qui fait loi ſur l'article, doit
être ſuivi ponctuélement, ſous la réſerve de rectifier les opérations
de ces Municipalités, ſuivant les circonſtances qui ſe préſenteront.

L'autre partie du Bureau dit, que les Collecteurs dont les fonctions ne duroient qu'un an, en abuſoient, & que vrai-ſemblable-
ment les Municipalités qui ſubſiſteront entiérement pendant trois
ans, & qui ne ſeront totalement changées qu'au bout de ſix, pouront profiter, avec plus de deſpotiſme que les Collecteurs, du
pouvoir qui leur eſt acordé; & qu'il y aura toujours de l'inconvénient à rendre certains particuliers ſeuls juges & maîtres de la répartition dans les paroiſſes où ils ſeront intéreſſés, ainſi que leurs
parens & amis. Elle ajoute encore, que l'homme le plus en garde
contre la ſéduction de l'intérêt perſonel, y ſuccombe par fois, ſouvent même dans les occaſions où il croit garder la plus ſtricte

impartialité; que ceux dont le défintéreffement eft comme reconu, s'écartant quelquefois de ce principe, lorfqu'il s'agit de leur propre intérêt, on doit fe défier avec raifon des Membres de ces Municipalités, parmi lefquels, à la vérité, il fe trouve des perfones irréprochables, mais dont le plus grand nombre doit infpirer de la défiance.

En conféquence, cette partie du Bureau croiroit à propos qu'il fût fait des repréfentations au Confeil, fur les inconvéniens réfultans du pouvoir de répartir, acordé aux Municipalités.

Pour réunir toutes les opinions, il faudroit pouvoir donner à chaque Municipalité une bâfe fixe, d'après laquelle elle fût obligée de faire la répartition.

L'Affemblée a vu par notre raport, que l'arbitraire qui a préfidé jufqu'à préfent à la répartition des Tailles, a produit une infinité d'abus; tous ont entendu les réclamations générales & particulieres à cet égard; chacun de vous, Meffieurs, connoît les intentions du public, qui défire une regle fûre & invariable, de laquelle il foit défendu de s'écarter pour les répartitions; le plus grand nombre inclineroit même à demander cette bâfe, quand elle devroit leur procurer quelque augmentation, pourvu qu'en même temps, elle les délivrât du joug accâblant de l'arbitraire.

L'énormité des frais qu'entraîneroit le cadaftre, eft fuffifant pour y faire renoncer; & fi on veut confidérer qu'une telle opération exige nombre d'années, le Bureau penfe que l'Affemblée cherchera d'autres moyens pour y fuppléer.

Mais, en abandonant le cadaftre, devons-nous défefpérer de trouver un autre moyen qui puiffe fouftraire la Province aux alarmes continueles de l'arbitraire? Non, Meffieurs, le Bureau connoît vos vues patriotiques, & fait que la recherche de ce moyen, auffi défirable que difficile à trouver, fait le principal objet de vos réflexions: il fait, à la vérité, que l'Affemblée du Berry s'en eft occupée depuis les premiers inftans de fon établiffement, & que, quoiqu'elle ait déja obtenu plufieurs réfultats utiles, & fatisfaifans fur d'autres parties, elle n'a encore rien propofé fur une matiere auffi délicate, & dont elle fent cependant toute l'importance : cette derniere confidération qui fembleroit éloigner nos efpérances, ne fauroit les détruire, & nous atendons tout de la réunion de vos lumieres & de votre zele.

Le Bureau des Impofitions ofera-t-il, dès fes premiers pas dans une câriere auffi laborieufe, vous propofer quelque plan à ce fujet ? Ne doit-il pas craindre que celui qu'il pouroit indiquer ne foit pas affez mûri par la réflexion, & combiné avec l'intérêt général de la Province, dont le bonheur & la tranquillité font déformais confiés à vos foins ? Cette derniere réflexion devroit peut-être lui, interdire toute explication ultérieure ; car, dès que nos intentions réunies n'ont d'autre but que l'avantage de nos concitoyens, nous ne devons pas nous diffimuler que le peuple, trop fouvent éfrayé par les nouveautés, pouroit méconoître nos vues & nos intentions à fon égard ; fous ce raport, notre conduite doit être de la plus grande circonfpection ; nous devons confidérer que tous changemens que nous voudrions faire, ou éclairciffemens que nous voudrions nous procurer, pouroient devenir alarmans, & ajouter aux craintes que quelques-uns auroient mal à propos conçues ; il eft donc intéreffant pour nous de travailler avec une fage & prudente lenteur, à acquérir la confiance que notre zele & notre bonne volonté doivent nous affurer, mais qu'une précipitation déplacée nous enléveroit fans reffource.

Par ces puiffantes confidérations, le Bureau penfe qu'il eft d'une prudence néceffaire de ne rien innover pour le moment, dans la forme & dans le fond de la répartition.

Cependant, comme il eft très-intéreffant pour la Province, les Paroiffes, & fur-tout pour les particuliers, d'être raffurés contre l'arbitraire, que, fous ce raport, il feroit plus avantageux qu'il y eût une bâfe, même défectueufe, que de n'en pas avoir, nous vous expliquerons nos idées fur l'article; nous ne nous en diffimulons pas les inconvéniens & les longueurs, mais vos réflexions & le temps vous mettront à même d'en corriger les inexactitudes. Le temps fans doute éloigné que vous fixerez pour l'exécution d'une chofe auffi importante, vous fuggérera les moyens de correction, ou vous procurera dans l'intervalle, un plan plus fimple & plus avantageux; le Bureau des Impofitions qui n'a en vue que de vous prouver fon zele, fe flate de mériter votre indulgence, & eft entièrement difposé à adopter tout ce que vous croirez de plus utile.

Comme il eft néceffaire de partir d'un point quelconque, fauf à rectifier, le Bureau propoferoit que les derniers Rôles d'office, faits dans les paroiffes, ferviffent de bâfe jufqu'à un certain point pour la répartition entre chaque particulier, fauf les changemens furvenus dans les propriétés depuis leur confection, & fauf les vérifications ci-après.

Les paroiffes qui n'auroient pas de Rôles d'office, d'après lefquels on pût partir, feroient obligées de s'affembler à l'effet de charger leurs Municipalités & autres propriétaires qu'il feroit à propos d'y joindre, de faire l'eftimation proportionele des revenus de leurs paroiffes.

Les copies des derniers Rôles d'office ou des eftimations ci-deffus, feroient envoyées au Gréfe des Affemblées d'Élection, qui jugeroient quelles paroiffes doivent être vérifiées les premieres.

Alors, l'Affemblée d'Élection enverroit dans chaque paroiffe défignée, deux de fes Membres, l'un du canton ou arondiffement où feroit fituée la paroiffe, mais qui n'y auroit aucune propriété, & l'autre d'un arondiffement étranger.

Les deux Commiffaires nommés avertiroient quinze jours d'avance, de leur arivée dans la paroiffe; & y étant, en préfence de l'Affemblée municipale & des habitans ou propriétaires qui voudroient s'y
préfenter,

préfenter, ils fuivroient article par article, le Rôle d'office ou l'eftimation ci-deffus; écouteroient les obfervations de chaque particulier qui voudroit fe plaindre de la fixation faite de fes revenus par
lefdits Rôles ou eftimations; ils confulteroient enfuite les renfeignemens particuliers qu'ils pouroient avoir par-devers eux, enfemble la
Municipalité & autres perfones fenfées de l'Affemblée; d'après quoi,
s'ils paroiffoit une erreur notoire & un peu importante fur l'article
dont feroit queftion, ils la rectifieroient, en faifant figner leur opération à chaque article changé par les fignataires préfens ou faifant
mention de leur refus, s'il y avoit diverfité d'opinions fur quelque
article, & fi les Commiffaires étoient embaraffés pour fixer l'incer-
titude, ils feroient autorifés à appeler deux propriétaires des paroiffes
voifines, gens éclairés & abfolument défintéreffés dans la paroiffe
dont s'agiroit, pour être ftatué, d'après leur façon de penfer uniforme; & s'ils étoient difcordans, la fixation du revenu de l'article
feroit référée à l'Affemblée d'Élection.

Cette opération ou vérification finie, il en feroit laiffé copie à la
Municipalité, pour que, pendant un an ou deux, chaque intéreffé
pût en examiner les proportions, & y faire telles réclamations qu'il
jugeroit, par un Mémoire, à la Commiffion intermédiaire de l'Affemblée d'Élection, qui en feroit fon raport à l'Affemblée réunie,
laquelle y auroit égard, fi l'erreur gliffée étoit confidérable; mais
fi elle étoit peu importante, elle feroit rejetée.

D'après ces formalités remplies, & la vérification du tout par
l'Affemblée Provinciale ou fa Commiffion intermédiaire, l'opération ferviroit de bâfe fixe pour toutes les répartitions à faire.

Il eft certain qu'alors il n'y auroit aucun inconvénient à charger
les Municipalités de faire la répartition; on les chargeroit encore
de faire les changemens que la variation fucceffive des propriétés
néceffiteroit, & ce, fur le vu des titres tranflatifs de propriétés que
tous vendeurs feroient tenus de leur communiquer, pour obtenir la

P

diminution de droit, & dont la Municipalité seroit tenue de faire note, pour justifier au besoin, du changement qu'elle auroit fait dans la taxe du vendeur & de l'acquéreur.

Tous les vingt ou vingt-cinq ans, la Municipalité, présidée à cet effet par des Membres de l'Assemblée d'Élection, feroit une révision de la bâse, ancienc à laquelle on ne feroit que les changemens résultans des ventes ou acquisitions.

Tel est le projet que nous soumettons à vos lumieres, mais dont encore une fois, nous croyons qu'il faudroit renvoyer l'exécution à une époque éloignée, quand même il mériteroit votre approbation.

Outre l'avantage qui résulteroit d'une opération qui, en corrigeant les inégalités dans la répartition, fourniroit en même temps une bâse qui proscriroit l'arbitraire, elle procureroit, suivant les apparences, la facilité de détruire le fardeau de la collecte.

Vous n'ignorez pas, Messieurs, combien la collecte est onéreuse aux contribuables, tant par la dépense qu'elle leur occasione, qui n'est pas, à beaucoup près, compensée par les remises qu'on leur acorde, que par la perte d'un temps très-précieux pour l'agriculture ou pour des arts utiles. Ces considérations ont fait proposer divers projets pour délivrer le peuple d'une charge aussi fatiguante, & qui se reproduit plusieurs fois pour chaque individu; on a notament proposé d'établir, dans un arondissement de sept ou huit paroisses, un Préposé au recouvrement, chez lequel chaque contribuable iroit payer ses impositions, & qui ensuite payeroit au Receveur des Tailles, &c. On ajoutoit encore, que la réunion des remises acordées pour sept ou huit paroisses, rendroient cette place assez lucrative pour être recherchée.

Quoique ce projet annonce des vues bien louables, il nous paroît que dans l'état présent, il seroit prématuré de s'occuper d'un changement très-désirable à la vérité, & nous croyons encore que ce projet n'est pas sans inconvéniens.

La partie la plus nombreuſe des contribuables eſt dans une pénu-rie preſque continuele : ſi le Collecteur ne ſaiſit pas le moment où le malheureux a récolté, & l'inſtant où il a vendu quelque portion de ſes denrées, il lui feroit impoſſible de ſe faire payer, ſouvent même ces précautions ſont inſuffiſantes, & il faut le contraindre. Si la collecte étoit confiée à quelque particulier hors de la paroiſſe, cette eſpece de Receveur n'auroit, pour ces malheureux, aucun des ménagemens dont uſent à leur égard les Collecteurs de la paroiſſe, qui ſont ſouvent leurs parens, leurs amis & leurs voiſins, & il ſe feroit des frais continuels, qui retomberoient ſur la claſſe indigente qui a les premiers droits à vos ſollicitudes patriotiques.

Le Bureau des Impoſitions penſe donc qu'il faut renvoyer à s'oc-cuper des moyens d'anéantir le fardeau de la collecte, à l'époque où on poura s'être procuré des báſes fixes, d'après leſquelles les Rôles ſeroient faits ſans aucun arbitraire, & dans la proportion la plus exacte; & il penſe qu'alors on pouroit, au moyen de quelques indemnités ou légeres faveurs, trouver dans chaque paroiſſe, quel-qu'un qui, comme en Limoſin, ſe chargeroit de faire les recou-vremens.

Le fardeau de la collecte dont nous venons de vous entretenir, vous a certainement rapelé qu'il a été des temps & des lieux où il étoit accâblant par les rigoureuſes & diſpendieuſes pourſuites des Rece-veurs des Tailles. Les relevés faits au Bureau de cette Ville, juſti-fient qu'ils ne s'élevent pas aux deux centiemes du recouvrement ; ceux de Confolens ſont bien moindres dans la proportion, & MM. les Députés des diverſes Élections nous ont dit que les Receveurs avoient mis depuis long-temps un retranchement bien louable dans une partie jadis ſi aggravante.

Dans le cas où tous les Receveurs ne ſeroient pas dans l'uſage de faire parvenir aux Collecteurs qui ſont en retard, des avertiſſe-mens avant-coureurs des pourſuites, le Bureau croit convenable de

P ij

les exhorter à ufer de ce préliminaire, & il y a lieu de croire qu'ils s'y préteront.

Il n'eft pas facile de fe procurer des renfeignemens formels fur les exactions particulieres que peuvent commettre les Huiffiers des Tailles, Chefs de garnifon, &c. qui ne parvienent même pas à la connoiffance des Receveurs. Cependant, comme nous pouvons préfumer que ces agens très-fubalternes abufent de l'éfroi qu'ils infpirent, pour excéder leurs droits & le pouvoir qui leur eft donné, le Bureau eftime qu'il faut les affujétir à fe préfenter, au moment de leur arivée dans une paroiffe, chez le Curé & le Syndic, pour y prendre date du jour & heure de leur arivée, & les obliger également à s'y repréfenter lors de leur départ, pour en conftater le moment, & y rendre compte des Procès verbaux & autres Actes relatifs à leur miffion, qu'ils peuvent avoir faits pendant leur séjour. Il conviendroit auffi de charger le Syndic de veiller à ce qu'il ne fe commît pas d'abus dans cette partie, & de donner tout de fuite connoiffance à la Commiffion intermédiaire de l'Affemblée d'Élection, de ceux qu'il découvriroit : précautions à peu près indiquées par l'article 7 de la premiere Section du Réglement du 5 Août dernier.

Sa Majefté acorde annuélement une remife fur les diverfes Impofitions, dont le montant varie fuivant les befoins de la Province ; elle doit être répartie foit fur ceux qui ont éprouvé des pertes, foit fur les malheureux dans les temps de calamités. Nous vous rapélerons qu'en 1785, époque funefte pour la Province, l'attention & la bonté naturele de notre Monarque fe manifefterent d'une maniere particuliere pour les habitans du Poitou. Les fervices rendus par M. l'Intendant dans cette circonftance, doivent auffi exciter la reconoiffance générale. Il y avoit eu autrefois quelques abus dans la diftribution de cette remife ; les précautions prifes à cet égard par M. l'Intendant, en ordonant que les états des pertes fur lefquels les remifes feront acordées, foient faits à un jour fixe de Dîmanche, par le Syndic, en préfence de la paroiffe, affemblée; ces précautions, difons-nous, font fuffifantes pour parer à tous les inconvéniens qui avoient pu exifter avant ce Réglement.

Le Bureau des Impofitions penfe donc, en fe réfumant fur tous ces articles;

1.°, Qu'il convient de ne taxer l'Induftrie qu'à raifon de fix deniers pour livre du bénéfice, parce qu'une augmentation d'Impôt fur cette partie, pouroit produire l'anéantiffement d'une reffource auffi précieufe que néceffaire;

2.°, Qu'il convient pareillement de fixer le taux perfonel du propriétaire non-exploitant, à raifon du tiers de l'impofition de fon colon ou fermier; & que celui du propriétaire exploitant par lui-même, doit réunir ces deux différentes taxes; bien entendu que le propriétaire continuera encore d'être taxé au feul lieu de fon domicile, pour raifon de toutes fes propriétés;

3.°, Que dans le cas où l'Affemblée feroit quelque difficulté d'adopter dès ce moment cette fixation de proportion, la Commiffion intermédiaire doit être chargée de demander aux Bureaux intermédiaires des Élections, quelle eft la regle fuivie pour la répartition dans chaque Élection;

4.°, Que le rétabliffement de la proportion entre les paroiffes d'une même Élection, & fubféquemment entre les Élections de la Généralité, doit néceffairement être précédé du rétabliffement de la proportion entre chaque particulier; & qu'en conféquence, on ne doit rien innover pour le moment fur la contribution des Élections, ainfi que fur celles des paroiffes d'une même Élection;

5.°, Que le projet propofé dans le préfent raport, pour rétablir la proportion entre les particuliers, & procurer à chaque paroiffe une bâfe fixe de répartition, doit être adreffé aux Bureaux intermédiaires des Élections pour y être examiné;

6.°, Que les Municipalités établies ne pouront procéder à la répartition des Impofitions, fans y appeler quatre des propriétaires non-réfidens qui concourront à la répartition, & qui feront préalablement nommés par chaque paroiffe;

7.°, Que les Rôles d'office précédemment faits, ne donnent pas une connoiffance certaine de la proportion entre les contribuables, ni de la vraie proportion des paroiffes entr'elles;

8.°, Que l'abus réfultant des taxes d'office doit être détruit, & qu'en conséquence, il n'en fera fait qu'en augmentation, ou qu'après avoir confulté la Municipalité des paroiffes, s'il s'agit de taxer d'office quelqu'un qui ne l'auroit pas été précédemment;

9.°, Qu'on ne peut s'occuper des moyens d'anéantir ou de diminuer le fardeau de la collecte, avant le rétabliffement de la proportion entre les contribuables;

10.°, Que pour diminuer le plus qu'il fera poffible les frais de perception, il faut engager les Receveurs particuliers des Finances à faire parvenir, fans frais, aux Collecteurs en retard, des avertiffemens avant-coureurs des pourfuites;

11.°, Qu'il faut charger les Syndics des Municipalités de tenir la main à ce que les Huiffiers des Tailles & autres, fe conforment exactement à ce qui eft porté par le Réglement du 5 Août dernier, & d'avertir, fans délai, les Bureaux intermédiaires des Élections, des contraventions;

12.°, Le Bureau des Impofitions penfe auffi que la fomme de 190^{tt}, pour le loyer des maifons fervant aux Siéges des Élections de Thouars & de Châtillon, qui eft comprife dans le Brevet des acceffoires de la Taille, doit être diftraite de la maffe générale, pour être particuliérement imposée fur ces deux Élections, à raifon de 100^{tt} fur celle de Thouars & de 90^{tt} fur celle de Châtillon;

13.°, Que l'Affemblée doit faire de refpectueufes inftances à Sa Majefté, pour obtenir la remife des Impofitions, tant pour conftruction d'une Intendance, que pour la réparation du Port des Sâbles, frais de reconstruction du Palais de Paris, & paiement des Officiers du Conseil Supérieur, à la charge, par la Province, d'aquiter les pensions de ces Officiers actuélement vivans, pendant leur vie ;

14.°, Que la Commission intermédiaire doit être chargée de vérifier si la Capitation est exactement répartie sur les Élections au marc la livre de la Taille, & de rectifier les erreurs qui pouroient s'être glifsées dans la répartition précédente : & que subséquemment les Bureaux intermédiaires des Élections feront, à l'égard des paroifses, les mêmes vérifications & rectifications, s'il y a lieu ;

15.°, Quant à l'imposition pour les Routes, le Bureau, en adhérant pour le moment à l'opinion du Bureau des Travaux publics, estime qu'on peut provisoirement fixer au neuvieme de toutes les Impositions, la contribution des paroifses dont le clocher n'est qu'à trois lieues des Routes finies ou en activité ; & au dixieme seulement pour les paroifses dont le clocher sera distant de plus de trois lieues de ces Routes, en ce que les fecours d'âteliers de charité & autres, pour les chemins vicinaux, feront fpécialement acordés à ces dernieres paroifses, & fauf à ftatuer par la fuite plus particuliérement fur cet objet ;

16.°, Qu'il faut réunir l'imposition pour les Routes, au Rôle de la Taille & autres Impositions qui fe répartifsent au marc la livre d'icelle, parce qu'en épargnant les frais d'un Rôle particulier, il en réfulte une économie ;

17.°, Que les fieurs Receveurs particuliers des Finances feront chargés de la recette des Deniers provenans de l'imposition pour les Routes, au moyen d'une rétribution de deux Deniers pour livre fur le montant de leur recouvrement.

Tel est, Messieurs, le réfultat de nos travaux fur ces intéressantes parties ; nous fentons combien il est incomplet : notre inexpérience & la briéveté du temps nous donnent des droits à votre indulgence ; vos lumieres fuppléeront facilement à ce qui peut y manquer ; une plus longue expérience, jointe à votre fecours & à notre bonne volonté, rendra nos travaux subséquens plus conformes à vos désirs & aux nôtres, pour le bonheur de la Province.

L'Assemblée a renvoyé à délibérer sur ce raport.

M. le Président a lu la réponse de M. le Baron de Breteuil à la lettre qu'il lui avoit adressée, pour le prier de remettre au Roi, celle écrite à Sa Majesté au nom de l'Assemblée. Cette réponse annonce que Sa Majesté est satisfaite du zele avec lequel l'Assemblée s'est portée à l'exécution de ses ordres & à l'acomplissement de ses vues. Il a été ordoné qu'elle seroit déposée au Grêfe de l'Administration. Il a été également arrêté de déposer au Grêfe, la réponse de M. le Contrôleur Général, portant que l'intention de Sa Majesté est que l'article 3 du Réglement du 5 Août dernier soit exécuté.

La séance a été indiquée au lendemain, 28 Novembre, à neuf heures du matin.

Signé, † M. L. Évêque de Poitiers.

GIRAUDEAU, *Secrétaire-Gréfier.*

Du Mercredi, 28 Novembre, à neuf heures du matin.

Lecture a été faite du Procès verbal de la précédente séance.

MM. les Juges-Consuls ayant fait annoncer leur Députation, M. le Président a nommé quatre Députés pour les recevoir; entrés dans la Salle & placés, M. Pelisson, chef de la Députation, a dit : Que le commerce de cette Province concevoit les plus heureuses espérances du zele & des soins de l'Administration, & que c'étoient là les sentimens particuliers de sa Compagnie. M. le Président a répondu que la vivification du commerce seroit toujours considérée par l'Assemblée, comme un des principaux objets qui devoient l'occuper, & qu'elle ne négligeroit rien pour répondre à cet égard à l'intention de Sa Majesté & au vœu de cette Province.

MM. les Officiers de la Cour Consulaire se sont retirés, & ont été reconduits par les mêmes Députés. M. le Président a nommé

un

un Membre de la Nobleſſe & un du Tiers-État pour aller remercier MM. les Juges-Conſuls, dans la perſone de M. Peliſſon.

La ſéance a été indiquée au lendemain, 29 Novembre, à neuf
heures du matin.

L'Aſſemblée s'eſt séparée pour aller travailler dans les Bureaux.

Signé, † M. L. Évêque de Poitiers.

G I R A U D E A U, *Secrétaire-Gréfier.*

Du Jeûdi, *29 Novembre*, *à neuf heures du matin.*

Lecture a été faite du Procès verbal de la précédente séance.

La ſéance a été indiquée au lendemain, 30 Novembre, à neuf
heures du matin.

L'Aſſemblée s'eſt séparée pour aller travailler dans les Bureaux.

Signé, † M. L. Évêque de Poitiers.

G I R A U D E A U, *Secrétaire-Gréfier.*

Du Vendredi, *30 Novembre*, *à neuf heures du matin.*

Lecture a été faite du Procès verbal de la précédente séance.

M. le Préſident a donné lecture de la lettre de M. le Contrôleur
Général, par laquelle il lui marque que l'intention de Sa Majeſté
eſt que les inſtructions arrêtées au Conſeil ſoient exécutées, en ce
qui concerne la défenſe d'élire pour Membres des Commiſſions
intermédiaires, les Officiers des Bureaux des Finances, » & qu'il
» regrete lui-même, pour le bien de la choſe, qu'il ne ſoit pas poſſi-
» ble de faire entrer à la Commiſſion intermédiaire, un ſujet qui s'y
» ſeroit rendu autant utile que M. Gaultier de la Moinerie. »

L'Aſſemblée a arrêté que cette lettre ſeroit déposée dans ſes Archives.

Le Bureau de la Comptabilité & du Réglement a enſuite fait le
raport ſuivant :

Q

RAPORT du Bureau du Réglement fur les Procès verbaux des différentes Affemblées de Département qui compofent la Généralité du Poitou.

MESSIEURS,

LA premiere tâche que vous avez donnée à remplir au Bureau du Réglement, eft de vous rendre compte des Procès verbaux des différentes Affemblées qui vous font fubordonées ; c'eût été à votre Commiffion intermédiaire à s'en occuper, aux termes des Inftru-ctions du quatre Novembre ; c'eft elle qui étoit chargée de les faire paffer avec fon avis, à M. le Contrôleur Général, & de les remettre à M. l'Intendant ; mais ne les ayant reçus que peu de jours avant l'ouverture de vos séances, & vos séances une fois commencées, fon activité ayant dû ceffer, il ne lui a plus été poffible de fe livrer à ce travail, & c'eft ce qui vous a déterminé à le renvoyer au Bureau du Réglement ; vous lui avez recomandé de s'en occuper par préférence, parce qu'il eft urgent que ces Procès verbaux & vos Obfervations qui doivent les acompagner, foient envoyés à leur deftination : ils devroient y être rendus depuis long-temps, mais M. le Contrôleur Général & M. l'Intendant, quand ils connoîtront les motifs du retard, verront qu'il ne vous a pas été poffible d'être plus exacts.

Déja, Meffieurs, vous êtes en état d'apprécier les différens Procès verbaux, d'après le précis que vous en ont fait MM. les Procureurs-Généraux-Syndics ; ils vous ont fait diftinguer ceux qui méritoient de l'être, foit par leur exacte conformité avec les regles qui ont dû les diriger, foit par la fageffe de leurs vues, foit par le mérite de leur rédaction ; déja vous favez qu'il n'y a aucun Département où les Affemblées ne fe foient réguliérement complétées ; qu'il n'y en a point où il n'y ait actuellement un Bureau intermédiaire en activité

& dont le zele n'atend que vos ordres & des matieres pour s'exercer ; qu'ils s'occupent tous, en atendant, à mettre à exécution les
premieres Instructions que vous leur avez données, ou celles qu'ils
ont reçues de leurs Assemblées respectives, qui ont été plus ou moins
étendues, plus ou moins détaillées, suivant que dans le premier
moment des vues patriotiques se font plus ou moins préfentées,
ou que le temps a plus ou moins permis de les déveloper.

Le Bureau dont j'ai l'honeur de vous raporter le travail, a cru
devoir, pour remplir vos vues & celles des Assemblées même d'Élé-
ction, examiner en détail chaque Procès verbal, remarquer les
inexactitudes, les contraventions aux Réglemens, qu'il n'est pas
surprenant de rencontrer quelquefois à l'entrée d'une cariere dans
laquelle l'expérience feule peut diriger le zele ; il a cru devoir
enfuite vous rendre compte des différens vœux formés par ces différentes Assemblées, des projets que l'amour du bien public, le défir
de justifier la confiance du Roi, & de mériter celle de leurs concitoyens, leur a fait concevoir : nous vous demanderons votre protection pour faciliter l'exécution de ceux que vous avez jugés dignes
de votre approbation. Nous allons les faire passer successivement fous
vos ieux avec les réflexions du Bureau, & nous terminerons notre
travail par le réfumé des objets qu'il croit mériter davantage votre
attention ; puissent nos peines, Messieurs, vous être utiles, puisse
l'avis que vous nous avez demandé, que vous nous ordonez de vous
donner, faciliter vos Délibérations ; notre récompense la plus pré-
cieuse, celle que nous ambitionons le plus, est d'avoir justifié par
notre zele & le fuccès de notre travail, la confiance dont vous avez
bien voulu nous honorer.

LES Procès verbaux de l'Assemblée préliminaire & de l'Assemblée complete de l'Élection de Poitiers, déposent de la maniere la plus honorable en faveur des lumieres, du zele, du patriotisme qui les ont dirigés ; elles se sont successivement formées aux jours préscrits & de la maniere la plus conforme à la lettre & à l'esprit des Réglemens ; les Instructions qui leur avoient été données, tant de la part de Sa Majesté, qu'en vertu des Délibérations de votre Assemblée préliminaire, ont été fidélement remplies, ou les omissions sont si légeres, qu'elles ne méritent pas d'être remarquées.

L'Assemblée préliminaire ne s'est occupée que de deux objets dignes de votre attention ; elle a délibéré sur la taxation des honoraires de ses Procureurs-Syndics, des Membres de son Bureau intermédiaire & de ses Officiers ; le projet qu'elle présente excede de 3350^{tt} celui que votre Assemblée préliminaire en avoit dressé ; sans doute les moyens sur lesquels elle justifie cette augmentation, pouroient vous déterminer à l'approuver, si le désir de la plus grande économie qui vous anime, & que sûrement l'Assemblée de l'Élection de Poitiers partage avec vous, ne vous disposoit à acueillir plutôt des retranchemens que des augmentations. Conduite par cet esprit, le Bureau est d'avis que le fort des Officiers de l'Assemblée du Département de Poitiers, soit égal à celui que vous fixerez pour les Officiers de l'Assemblée du Département de Fontenai ; & à la suite de ce travail, nous aurons l'honeur, Messieurs, de vous proposer un projet général sur cette matiere, que nous redoutons d'avoir à traiter, parce que nous en sentons également & la délicatesse & l'importance.

Cette même Assemblée préliminaire, Messieurs, a délibéré sur les moyens qui seroient les plus convenables pour former son établissement dans cette Ville ; elle a jugé que le lieu le plus propre pour tenir ses séances & celles de son Bureau intermédiaire, pour établir son Grêfe & le Dépôt de ses Archives, seroit la Maison des

Minimes de cette Ville, dans laquelle il n'y a plus qu'un Religieux ; elle a chargé en conséquence ses Procureurs-Syndics, sous le bon plaisir de l'Assemblée Provinciale, de faire les démarches nécessaires auprès des Supérieurs de cet Ordre, pour obtenir la concession de cette Maison, & de supplier M. le Président de l'Assemblée Provinciale, de vouloir bien employer son crédit & ses bons offices pour le succès de cette demande. L'Assemblée ne donne aucun aperçu sur ce que pourroit coûter l'acquisition de cette Maison, ni sur les dépenses qu'exigeroient les réparations & l'ameublement nécessaires ; cette seule omission mettroit l'Assemblée Provinciale dans l'impossibilité de bien apprécier ce projet ; mais, sans s'y arrêter, le Bureau croit que l'Assemblée Provinciale & celle de l'Élection de Poitiers, établies toutes les deux dans cette Ville, & qui ne s'assemblent pas dans le même temps, pourroient n'avoir qu'un seul & même établissement, & cet avis annonce une trop grande économie pour n'être pas adopté par l'Assemblée même de l'Élection de Poitiers.

Rien ne prouve mieux, Messieurs, le zele dont sont animés le Chef & les Membres de l'Assemblée de l'Élection de Poitiers, que les projets qui ont fait l'objet des Délibérations de l'Assemblée complete, sur les raports des différens Bureaux qui avoient été chargés de les discuter.

Sur un premier raport, l'Assemblée a voté pour l'Abonement des deux Vingtiemes & Quatre sous pour livre du premier, pourvu qu'il fût fait selon l'esprit de la Déclaration du 13 Février 1780 ; qu'il n'excédât ni le taux actuel, ni la durée de cette Imposition. Cette importante matiere a déja fait l'objet de vos Délibérations, & vous avez pris le seul parti que la prudence & la situation de la Province pouvoient vous permettre ; mais nous devons vous faire observer que dans le raport dont nous avons l'honeur de vous rendre compte, il est dit que toute l'Élection de Poitiers a déja été vérifiée, expression qui n'est pas exacte, puisque, d'après le compte qui vous a été rendu par MM. vos Procureurs-Généraux-Syndics, des vérifications faites dans cette Généralité, l'Élection de Poitiers n'y paroîtroit être comprise que pour la moitié des Paroisses qui la composent.

Sur un second raport, l'Assemblée propose, comme le moyen le plus sûr de remédier aux abus qui résultent de la multitude des Collecteurs dans les Paroisses, de former dans chaque canton, une Association de huit ou dix Paroisses au plus, composée de deux Députés de chacune, qui choisiroient un Receveur-Propriétaire en état de répondre des deniers, qui fourniroit une bonne caution, seroit chargé des recouvremens de toutes les Impositions du canton, sous la surveillance du Syndic & des Députés du lieu de sa résidence, & même par l'Assemblée du canton, qui auroit lieu tous les premiers Dimanches du mois, pour décider les afaires de toutes les Paroisses de la même Association, & opérer la répartition de toutes les Impositions, lorsque les Rôles lui en auroient été envoyés. Le Bureau de la Taille vous a rendu compte, Messieurs, du mérite de ce projet, relativement au Trésorier proposé pour remplacer les Collecteurs; & lorsque le Bureau du Réglement aura l'honeur de vous soumettre son travail, sur les différens Réglemens sur lesquels vous l'avez chargé de faire des observations, il vous fera part de ses réflexions sur le projet de remplacer les Municipalités actueles, par des Municipalités formées de la réunion de plusieurs Paroisses.

Le même Procès verbal contient encore plusieurs raports intéressans, qui ont donné lieu à différentes Délibérations; l'une contient le vœu que tous les Privilégiés soient obligés d'inscrire, au bas des Rôles d'Imposition de la Taille, leurs noms & le motif de l'exemption dont ils jouissent; que, sur les mêmes Rôles, soient écrites toutes les proclamations faites par les Privilégiés pour exploiter leurs terres par eux-mêmes, la quantité qu'ils en exploitent, & dans combien de Paroisses : sur ces objets, Messieurs, vous voudrez sûrement avoir l'avis du Bureau de la Taille.

Une autre Délibération indique des moyens pour parvenir à connoître la force respective de chaque propriété & la bâfe la plus sûre des taxes perfoneles, Capitation des Nobles & des Villes franches; toutes ces queftions expofées dans le Procès verbal, font difcutées dans des Mémoires particuliers, dont le Bureau des Impofitions vous a rendu compte. Sur un autre raport, l'Affemblée a délibéré fur les chemins qui font les plus utiles à cette Élection & fur les directions les plus avantageufes à leur donner; c'eft au Bureau des Travaux publics à vous mettre dans le cas d'apprécier les propofitions qui vous font faites; celui du Bien public vous fera le raport d'un Mémoire fur le moyen de détruire la mendicité.

On rend compte, dans ce même Procès verbal, d'un Mémoire fur le Réglement du 12 Juillet; le Bureau en profitera dans fon travail.

Nous voyons encore, Meffieurs, dans le Procès verbal de l'Affemblée d'Élection de Poitiers, qu'elle a arrêté, fous le bon plaifir de l'Affemblée Provinciale, de faire graver un grand & petit fceau, mi-parti des Armes de France & de celles de cette Ville, avec la Légende : *Affemblée de Département de Poitiers;* le Bureau, Meffieurs, penfe qu'à cet égard, c'eft de l'Affemblée Provinciale que celles qui lui font fubordonées, doivent recevoir l'exemple, & que le fceau des Affemblées de Département doit être celui qu'elle adoptera, en changeant feulement la Légende pour chaque Affemblée de Département.

D'APRÈS l'examen que nous avons fait du Procès verbal de l'Affemblée d'Élection de Fontenai, nous y avons trouvé la preuve de la plus grande exactitude à fe conformer aux Réglemens donnés par Sa Majefté, & aux Inftructions que vous lui aviez adreffées. Elle eft réguliérement compofée, & toutes fes Délibérations dépofent en faveur de fon zele & de fon amour pour le bonheur de fes conci-

ASSEMBLÉE *D'ÉLECTION* DE FONTENAI.

toyens & pour la gloire de cette nouvele Adminiſtration. Les Inſtructions qui auroient dû la diriger dans ſes ſéances préliminaires, ne
lui ſont parvenues que lorſqu'elles étoient finies, mais heureuſement,
comme ſi elle les eut prévues, elle s'y étoit d'avance conformée:
tout ce qui lui étoit preſcrit, elle l'a fait, du moins tout ce qui lui
étoit poſſible.

Par les difficultés que cette Aſſemblée a éprouvées pour former
les ſix arondiſſemens preſcrits dans ſon Élection, en raiſon de la biza-
rerie des bornemens de cette Généralité & des neuf Élections qui
la compoſent, elle a voté pour qu'un jour la diſtribution actuele
des Départemens de cette Généralité fût changée, qu'un plan plus
régulier fût adopté, & que chaque Département fût compoſé d'un
nombre à peu près égal de paroiſſes : elle a chargé ſon Préſident
de vous porter ſon vœu à cet égard; en rempliſſant ſa Commiſſion,
il ſe repoſe ſur votre ſageſſe, du ſoin de le prendre en conſidération,
lorſque vous jugerez les circonſtances convenables; il n'y a perſone
de vous qui ne ſoit perſuadé combien une pareille opération ſeroit
avantageuſe.

Cette même Aſſemblée, Meſſieurs, a chargé ſon Préſident de
repréſenter à l'Aſſemblée Provinciale, combien il ſeroit avantageux,
qu'indépendament des Membres ordinaires qui compoſent ſon
Bureau intermédiaire, il en fût nommé d'honoraires, pris en nombre compétent dans les divers arondiſſemens du Département, leſquels ſeroient convoqués par le Bureau, dans les cas prévus par un
Réglement fait ſur ce point, & y auroient voix délibératives. Nous
ne pouvons mieux, Meſſieurs, vous faire connoître les motifs de
cette Délibération, qu'en mettant ſous vos ieux le raport fait à
ladite Aſſemblée ſur cet objet. Vous y reconoîtrez un de vos Collé-
gues que nous ne devons pas priver de la récompenſe la plus fla-
teuſe, l'approbation que vous acorderez à ſon travail.

RAPORT

Raport de MM. de la Commiſſion chargée de la rédaction des Inſtructions à donner à l'Aſſemblée intermédiaire d'Élection de Fontenai.

Messieurs,

Pour répondre à la confiance dont vous nous avez honorés, nous avons examiné, avec le plus grand foin, le projet d'Inſtru-ctions qui nous a été remis par M. le Préſident. Ces Inſtructions nous ont paru très-ſages, très-détaillées, claires & méthodiques, & nous les avons jugées propres à guider MM. de la Commiſſion intermédiaire & MM. les Procureurs-Syndics dans les fonctions que vous leur avez confiées. Si les Municipalités éclairées fur la pureté des motifs qui vous animent, s'empreſſoient à vous fournir toutes les connoiſſances locales que vous leur demandez, nous ne doutons point que l'Aſſemblée n'en pût tirer les plus grandes lumieres pour obtenir le ſeul prix de ſes travaux, l'avantage & le bonheur de la partie de la Province dont l'adminiſtration lui eſt remiſe. Mais vous le ſavez, Meſſieurs, pour obtenir la con-fiance publique, il ne ſuffit pas toujours de la mériter, elle eſt fille du temps & des ſervices déja rendus, & nous n'oſons répondre, dans le premier pas que forme cette Adminiſtration naiſſante, que du zele & des ſoins de ceux qui ſeront dépoſitaires de vos ordres.

Les renſeignemens qu'on demande aux Municipalités, exigeront de leur part des recherches & des ſoins multipliés. Vous ne pou-vez pas vous flater de trouver par-tout le même empreſſement, les mêmes talens; oſons le dire, la même bonne volonté. Il arivera ſans doute que les réponſes éprouveront des retards, des lenteurs; que le premier travail qu'enverront les Municipalités ſera ſûrement incomplet & néceſſitera la demande de nouveaux éclairciſſemens:

R

il est donc de la derniere importance, que vous enjoigniez à votre Commission intermédiaire, de s'occuper, dès ses premieres séances, de la lettre circulaire qu'elle doit adresser aux Municipalités. Il est d'autant plus indispensable de n'y apporter aucun délai, qu'il est aisé de prévoir que votre Commission intermédiaire recevra, de l'Assemblée Provinciale, de nouveles Instructions qui exigeront de sa part de nouveaux soins, un nouveau travail, qui pouroient la distraire de celui dont vous l'aurez chargée.

D'ailleurs, on ne peut trop s'empresser d'établir entre l'Assemblée & les Municipalités, cette correspondance suivie, d'où naîtra bientôt une confiance raisonée & mutuele, l'âme & la source de tout bien : le bonheur de la Province ne peut résulter que de l'harmonie entre les différentes parties de l'Administration publique. Sans doute quelques inquiétudes, quelques défiances s'éléveront dans ces premiers temps; mais l'exactitude à répondre aux demandes des paroisses, à les prévenir même, à s'occuper de leurs intérêts, les soins que vous vous donnerez pour réparer ou adoucir les malheurs qu'elles pouroient essuyer, pour alléger, si non l'Impôt, du moins les frais de perception & l'injustice de la répartition qui en aggravent le poids, dissiperont bientôt les ombrages, écarteront les nuages qui auroient pû se former.

Un des soins qui doit nous occuper tous, Messieurs, dans les différens arondissemens que nous habitons, est de banir les craintes que pouroient inspirer les recherches qu'une Administration au berceau est forcée de faire pour éclairer sa marche vers le bien général : le peuple naturélement soupçoneux s'alarme facilement à la vue de nouveles opérations dont il ne découvre pas le motif. Jusqu'à présent, les recherches que le Gouvernement a été obligé d'ordoner, n'ont eu pour but que l'augmentation de l'Impôt : le peuple, acoutumé à voir naître un pareil résultat des recherches & des opérations fiscales, est peut-être pardonable de s'enveloper d'un voile épais, & de se souftraire, autant qu'il peut, à l'œil du traitant avide. On doit donc l'excuser de ne pas se livrer dès le premier moment à cette douce confiance qu'il vous acordera un jour, & dont nous devons nous flater que résultera son bien & conséquemment son bonheur & le vôtre, qui en eft la fuite. C'eft par ce motif, que nous avons cru devoir vous propofer que copie des Inftruétions données à votre Commiffion intermédiaire, fût adreffée par votre ordre, à tous les Membres préfens & abfens de cette Affemblée, afin que s'il s'élevoit quelque doute, quelque embaras fur le fens des articles de vos Inftruétions qui concernent les Municipalités, ils puffent les lever, & ranimer la confiance & l'efpoir.

DANS le cours des réflexions que l'examen dont nous avons été chargés nous a fait naître, il s'en eft préfenté une que nous avons jugé affez importante pour mériter d'être placée fous vos ieux. Nous ne la préfenterons cependant qu'avec circonfpeétion, timidité même.

PROPOSITION de l'adjonétion de Membres honoraires à la Commiffion intermédiaire.

Les Membres qui compofent votre Commiffion intermédiaire, réuniffent le zele & les talens; & le rang diftingué qu'occupe dans l'Églife le Prélat qui la préfide, eft le moindre des titres qu'il apporte dans cette Affemblée pour obtenir toute votre confiance. Cependant, Meffieurs, qu'il nous foit permis de vous obferver que vous ne devez pas efpérer que le Bureau de votre Commiffion intermédiaire foit toujours complet; des afaires perfoneles, des voyages, des maladies peut-être, pouront priver plus d'une fois le Bureau d'une partie de fes Membres.

Tout ce qui aura été prévu, difcuté & réglé par l'Affemblée du Département, & dont il ne faudra qu'ordoner & furveiller l'exécution, fe fera fans doute, quelque peu nombreux que foit le Bureau de la Commiffion intermédiaire; mais il eft poffible que des objets d'une grande importance s'offrent à fa difcuffion ; il eft poffible qu'on ne puiffe retarder ou renvoyer la décifion à l'Affemblée : dès-lors, il faudra fe réfoudre à prendre un parti définitif fur ces points intéreffans : dans ces occurrences difficiles, MM. de la Commiffion intermédiaire, par une défiance de leurs lumieres qu'eux feuls auront fans doute, & que ceux qui les connoiffent feront bien loin d'avoir, par cette crainte modefte, le partage des vrais talens, ne défireront-ils pas eux-mêmes de pouvoir confulter, de pouvoir raffembler dans leur Bureau, un nouveau faifceau de lumieres, de s'apuier dans leur propre avis du fuffrage de quelques-uns de leurs collegues ?

Il y a plus, la répartition de l'Impôt fur les Municipalités fe fera felon toute aparence par la feule Commiffion intermédiaire. Ce travail demande des détails, des recherches, il eft immenfe. Votre Commiffion intermédiaire, Meffieurs, poura-t-elle y fuffire ? n'en fera-t-elle pas furchargée, accâblée ? & devons-nous abufer de fon zele, de fon amour pour la Patrie ?

Une autre réflexion fe préfente naturélement : avec la noble affurance de juftifier un jour la confiance publique, notre but aujourd'hui eft de l'infpirer. La répartition qui fe fera par la Commiffion intermédiaire, s'étendra fur toutes les paroiffes; le peuple eft acoutumé malheureufement depuis long-temps à la défiance. Il verra les Membres de la Commiffion intermédiaire, ces Juges de l'affiete de l'Impôt, concentrés dans les murs de la même Ville; ne connoiffant pas comme vous, Meffieurs, leur zele, leur impartialité, l'étendue de leurs lumieres, capables d'embraffer d'un coup d'œil l'enfemble de tant de paroiffes; ce peuple fi inquiet fur fes intérêts, fans repréfentans pour les ftipuler, éloigné du foyer du travail, ne pouroit-il pas concevoir, non pas que fes intérêts font trahis, facrifiés, mais qu'ils font méconnus, oubliés? Il eft inutile d'étendre de pareilles réflexions, elles font injurieufes, elles font injuftes. Mais le peuple ne l'eft-il pas fouvent? & ne devons nous pas chercher à écarter les foupçons, même les moins mérités?

De tous les inconvéniens, le plus grand, fans doute, feroit celui qui peut altérer la confiance des peuples, femer les jaloufies, bleffer les cœurs & nous priver enfin de l'amour de nos concitoyens, de leur reconoiffance, ce noble prix de nos travaux, ce but honorable où la vertu permet à l'orgueil de prétendre. Toutes ces confidérations nous ont porté à croire qu'il feroit convenable de donner quelques adjoins à MM. de la Commiffion intermédiaire, fous le titre de Membres honoraires, lefquels feroient convoqués par le Bureau, dans des circonftances extraordinaires & déterminées, & qui y auroient voix délibérative. Au refte, Meffieurs, ce que nous avons l'honeur de vous propofer, a été adopté par l'Affemblée du Berry, dont les travaux ont frayé glorieufement la câriere qui nous eft ouverte.

Telle eft la réflexion que nous foumettons à votre difcuffion, également fatisfaits, foit qu'elle vous paroiffe digne d'être acueillie, foit que des raifons qui nous ont échapé vous portent à la rejeter, parce que vous ne verrez dans cette réflexion, que le motif qui nous a animé en vous la propofant. Si cependant elle vous femble mériter votre attention, comme une réfolution de cette nature demande, pour être mife en exécution, la fanction de l'Affemblée Provinciale, vous pourez ordoner qu'elle foit inférée dans vos Procès verbaux, pour être, avec eux, mife fous les ieux de cette Affemblée.

Notre avis, puifque la commiffion dont vous nous avez honorés, nous impofe la néceffité de prévenir le vôtre, notre avis eft donc,

1.°, De donner à votre Commiffion intermédiaire & à MM. vos Procureurs-Syndics, pour les guider dans leur travail, l'Inftruction dont on va avoir l'honeur de vous donner la lecture.

2.°, D'ordoner qu'il sera inceßament adresé aux Syndics des Municipalités, une lettre circulaire imprimée & détaillée sur les différens objets pour lesquels on leur demande des éclaircißemens; d'ordoner également que la distribution des paroißes du Département par arondißemens, sera imprimée, & copie adresée à chaque Municipalité, pour être déposée dans les Archives de la paroiße;

3.°, De régler que copie des Instructions données à votre Commißion intermédiaire, sera aussi imprimée & envoyée à tous les Membres de l'Aßemblée;

4.°, De repréfenter à l'Aßemblée Provinciale, qu'il seroit avangeux, qu'indépendamment des Membres ordinaires qui compofent votre Commißion intermédiaire, il en fût nommé d'honoraires, pris en nombre compétant dans les divers arondißemens du Département, lesquels feroient convoqués par le Bureau dans les cas prévus par un Réglement fait sur ce point, & y auroient voix délibérative;

5.°, De prier M. le Préfident de porter à l'Aßemblée Provinciale, le vœu que vous avez formé à cet égard, & les réflexions qui l'ont déterminé.

D'après cet exposé, Messieurs, vous êtes en état d'apprécier la demande que vous fait l'Aßemblée de Fontenai; si les motifs qui l'ont déterminée vous paroißent sußifans pour lui mériter votre approbation, vous voudrez bien les faire mettre sous les ieux du Ministre, & prier M. le Préfident de folliciter une décifion favorable, & de la faire rendre commune à toutes les Aßemblées d'Élection; plufieurs la défirent, notament celle des Sâbles, & peut-être ne voudriez-vous pas même en excepter votre Commißion intermédiaire.

L'Aßemblée du Département de Fontenai, trop éloignée des fources où elle pouroit puifer des lumieres sur les différens objets d'Adminiftration qui, fous vos ordres, vont lui être confiés, n'ayant d'ailleurs reçu les Instructions que vous lui avez fait adreßer que peu de jours avant fa formation ; & de cette époque à celle de l'Affemblée complete, l'intervalle ayant été très-court, ainfi que celui qui s'eft trouvé entre la féparation & l'ouverture de vos féances, elle n'a pu que s'en repofer fur fon Bureau intermédiaire, pour lui préparer, lorf-qu'elle fe raffemblera, les connoiffances propres à rendre fon travail utile : fi vous permettez, Meffieurs, qu'on vous faffe part des Inftru-ctions qu'elle a données à fes Procureurs-Syndics & à fon Bureau intermédiaire, vous verrez qu'elle n'a rien omis de tout ce qui peut contribuer au fuccès de l'Adminiftration ; ces Inftructions doivent être foumifes à votre jugement, ce n'eft que par votre approba-tion qu'elles acquerront l'autorité de la regle.

INSTRUCTION donnée par l'Affemblée d'Élection ou de Département de Fontenai, à fa Commiffion intermédiaire.

ARTICLE PREMIER.

1.°, MM. les Membres de la Commiffion intermédiaire s'af-fembleront une fois par femaine, aux jour & heure entr'eux con-venus, & plus fouvent lorfque les afaires l'exigeront : les Affem-blées extraordinaires feront toujours arrêtées dans le Bureau qui les précédera, ou convoquées par M. le Préfident.

2.°, Le Secrétaire - Gréfier fera tenu de fe trouver à toutes les féances, à moins d'empêchemens graves, dont il rendra compte à la Commiffion intermédiaire ; dans ce cas, fes fonctions feroient rem-plies par fon Commis.

3.°, Les Délibérations fe formeront à la pluralité des voix ; elles feront recueillies par M. le Préfident, qui aura voix prépondérante : les Procureurs-Syndics auront voix délibérative ; les Délibérations feront portées fur un Regiftre en papier blanc, & fignées dans le Bureau même par les Membres préfens & par le Secrétaire-Gréfier, & toutes les féances commenceront par la lecture de la Délibéra-tion précédente.

4.°, La Commiſſion intermédiaire veillera à l'exécution de toutes les Délibérations de l'Aſſemblée; elle ſe conformera aux Inſtructions qui lui auront été données par elle; elle ſe conformera également à celles qui pouroient lui être adreſſées, ſoit par l'Aſſemblée,
ſoit par la Commiſſion Provinciale intermédiaire; elle entretiendra
avec elle une correſpondance ſuivie, lui rendra compte de tous les
événemens intéreſſans pour l'Adminiſtration publique, & prendra
ſon conſeil dans toutes les afaires importantes.

5.°, Elle réſervera à l'Aſſemblée de Département, autant que
faire ſe poura, la diſcuſſion des afaires difficiles, & qui n'auroient
pas été prévues; elle ne prendra le parti de ſe décider elle-même,
que dans les caſ preſſans & qui ne ſoufriront aucun délai.

6.°, Aucun des Membres de ſa Commiſſion intermédiaire ne
poura s'abſenter de la Province ſans en avoir prévenu M. le Préſident de l'Aſſemblée du Département, & il lui fera part, à peu-près,
du temps que doit durer ſon abſence.

7.°, Si, par des cas imprévus, quelqu'un des Membres de la Commiſſion intermédiaire ſe trouvoit dans l'impoſſibilité de continuer à
remplir ſa place, il feroit pourvu par *interim* à ſon remplacement,
par la Commiſſion intermédiaire; ces Membres ne pourront être
choiſis que parmi ceux de l'Aſſemblée, & ceux ainſi élus, ne ſeront
en exercice que juſqu'à la tenue de l'Aſſemblée, qui pourvoira au
remplacement définitif : dans le cas où le Secrétaire-Gréfier ceſſe-
roit de pouvoir remplir ſes fonctions, il ſera remplacé de la même
maniere & pour le même temps.

I I.

MM. les Procureurs-Syndics ne feront rien, ne propoſeront rien
ſans en avoir conféré enſemble; ils ne prendront aucune détermination, autant que faire ſe poura, ſans en avoir fait au préalable
leur raport à la Commiſſion intermédiaire & d'après ſa Délibération.

2.°; Ils

2.°, Ils se suppléeront mutuélement, en cas d'absence & de maladie. S'il arivoit que l'un & l'autre se trouvassent hors d'état de remplir les fonctions de leur charge, la Commission intermédiaire pouroit faire choix de l'un des Membres de l'Assemblée, pour exercer
les fonctions de Syndic jusqu'au moment de la tenue de l'Assemblée suivante;

3.°, MM. les Procureurs-Syndics rendront compte dans les premieres séances de l'Assemblée, de toutes les afaires qui se feront
succédées pendant le cours de l'année, de l'exécution des ordres
donnés à la Commission intermédiaire, en général de tous les objets
dont la connoissance apartient à l'Assemblée;

4.°, Aussi-tôt leur nomination, ils écriront conjointement à M.
le Président & à MM. les Procureurs-Syndics de l'Assemblée Provinciale, pour leur en faire part & leur donner leur adresse; ils
écriront également aux Syndics des Municipalités, afin que ces Syndics puissent entrer en correspondance avec eux;

5.°, Ils adresseront, aussi-tôt que faire se poura, aux Syndics des
différentes Municipalités, un Mémoire imprimé & divisé en autant
d'articles qu'il y aura de questions sur lesquelles l'Assemblée demande
des renseignemens à ces Municipalités; & ils auront soin de prévenir
les Syndics desdites Municipalités, que dans toutes les occasions où
ils auront besoin de quelques éclaircissemens relatifs aux demandes
qui leur seront faites, ils pourront s'adresser avec confiance, à ceux
des Membres de cette Assemblée résidens dans le voisinage;

6.°, Ils s'occuperont des objets relatifs à l'établissement des Assemblées; comme Salle des séances, ameublemens, dépôt des Archives, bureau de travail, &c.; ils dresseront un aperçu aussi exact qu'il
leur sera possible, des dépenses, soit premieres, soit annueles, que
pourront occasioner les tenues d'Assemblée de Département & de
Commission intermédiaire, frais de bureau, correspondance, &c.,
& ils en enverront un double à la Commission intermédiaire Provinciale.   S

III.

1.°, La Commiſſion intermédiaire donnera tous ſes ſoins à ce qu'il lui ſoit remis, par les Syndics des Municipalités du Département, une note de la ſomme à laquelle monte cette année pour chaque paroiſſe, 1.°, la Taille principale ; 2.°, les Impoſitions acceſſoires ; 3.°, les rejets, s'il y en a ; 4.°, la Capitation roturiere ; 5.°, les Vingtiémes ; 6.°, la Corvée ; 7.°, enfin, toute autre ſomme, s'il en étoit quelqu'une impoſée ſur la Communauté, qui ne fût pas compriſe dans celles ci-deſſus énoncées.

Pour la cote des Capitations nobles, la Commiſſion intermédiaire s'adreſſera au ſieur Receveur particulier des Finances du Département.

2.°, Elle demandera en outre, un état, année par année, des frais de confection des Rôles, de contrainte & autres quelconques faits pour raiſon du recouvrement des Impoſitions, depuis environ dix ans, s'il eſt poſſible ; enſemble un Mémoire ſur les moyens de diminuer ces frais de recouvrement ;

3.°, Un autre Mémoire ſur les vices qui peuvent s'être gliſſés dans la répartition de l'Impôt, & ſur les moyens d'y remédier ;

4.°, La Commiſſion intermédiaire engagera les Syndics des Municipalités, à lui adreſſer, pour le 1.er Septembre de chaque année, un Mémoire de toutes les demandes & repréſentations que leurs Commmunautés reſpectives pouroient avoir à faire à l'Aſſemblée du Département, un expoſé des abus qui auroient pu ſe commettre pendant le cours de l'année, ce qu'il ſeroit important de réformer ; enſemble un Procès verbal de l'état des édifices publics à la charge de chaque Communauté, comme Presbytere, nef d'Égliſe, &c.; enfin, un état de la récolte de l'année & des vimaires ou déſaſtres que la Communauté & les Particuliers auroient eu le malheur d'eſſuyer dans leurs propriétés ;

5.°, Un état des fommes qui auront été acordées dans le cours de l'année par le Gouvernement, en forme de foulagemens, modérations & indemnités, foit pour être diftribuées aux Particuliers, à raifon de leurs pertes, foit pour les travaux publics, âteliers de charité & autres objets;

6.°, Un autre état des établiffemens de charité, formés dans la paroiffe pour le fecours des pauvres, de leur revenu & de la maniere dont s'en fait l'emploi; un Mémoire des reffources que la paroiffe peut offrir à fes pauvres, & des moyens les plus propres à y détruire la mendicité;

7.°, Enfin, un Mémoire fur les ouvrages publics qu'il feroit intéreffant d'entreprendre pour l'avantage de la paroiffe, par les âteliers de charité qu'on pouroit y former; un devis eftimatif préfumé de ce que pouroient coûter les différentes entreprifes dont on propoferoit l'exécution; quelle feroit la contribution ou fecours que la Communauté offriroit pour aider à remplir ces projets, l'intention de l'Affemblée Provinciale étant de favorifer de préférence ceux pour lefquels la Communauté fourniroit elle-même de plus grands moyens;

8.°, Toutes les lettres & paquets adreffés à la Commiffion intermédiaire, feront retirés par MM. les Procureurs-Syndics, & apportés fur le Bureau pour y être ouverts.

I V.

LA Commiffion intermédiaire demandera, aux Syndics des différentes Municipalités, un bordereau de tous les Chemins publics qui paffent par leurs paroiffes refpectives; 1.°, des grandes Routes, c'eft-à-dire, celles qui traverfent la Province & le Royaume; 2.°, des Routes de Ville à Ville dans la Province, & qui femblent avoir été tracées principalement pour fon utilité; 3.°, des Chemins de Bourg à Bourg;

2.°, Un Mémoire de l'état où se trouvent ces différentes Routes; 1.°, si elles sont dans le cas d'être mises au simple entretien; 2.°, si elles ont besoin de réparations avant d'y être mises; 3.°, si elles ne sont qu'ébauchées & même tracées; 4.°, quels sont les motifs de nécessité ou d'utilité de ces différentes Routes; 5.°, leur largeur; 6.°, enfin, leur longueur ou nombre de toises que parcourent dans la paroisse, les grandes Routes qui la traversent; & pour que ce dernier travail se fasse avec toute l'exactitude qu'on désire, l'Assemblée de Municipalité consultera particuliérement le Seigneur & le Curé de la paroisse, comme les plus instruits sur les bornemens de cette paroisse; l'Assemblée les prie l'un & l'autre de vouloir bien donner leurs soins à ce travail important;

3.°, Un bordereau de la tâche dont la paroisse est chargée sur les grands Chemins pour la présente année, son étendue, sa situation; à qui l'Adjudication en a été faite; le jour & le lieu où elle s'est faite; le prix, &, s'il est possible, les conditions de l'Adjudication; à quelle distance des grands Chemins se trouvent les matériaux servant à leur réparation; enfin, l'état où se trouveront les différens Chemins au moment où l'on fera passer la réponse à cette question: pareil bordereau sera envoyé, chaque année, le premier Septembre, à la Commission intermédiaire, par les Syndics des Municipalités.

V.

1.°, La Commission intermédiaire engagera les Syndics des différentes Municipalités, à lui faire passer un Mémoire sur les questions suivantes: Quels sont dans la paroisse, les divers objets de récolte? En quoi consiste la principale richesse? les moyens à prendre pour y faire naître l'industrie, encourager la culture, l'améliorer, étendre & ranimer le commerce des blés;

2.°, S'il y a des landes, leur étendue présumée, leur nature, & par quel moyen on pourroit en tirer parti;

3.°, S'il y a des marais mouillés; s'il est intéressant de les desśécher;

4.°, S'il y a des prairies natureles ou artificieles; s'il y a beaucoup de pâturages; l'espece de bestiaux qu'on y éleve; s'ils sont un objet de commerce & s'il est considérable; quels seroient les moyens de l'encourager; y a-t-il des haras, des étalons, & combien? quelles seroient les demandes ou repréſentations à faire sur ces divers objets;

5.°, Comme les laines que fournit ce Département sont les plus renomées du bas Poitou, un mémoire & des détails sur la maniere dont on y éleve & soigne les troupeaux de moutons, sur la multiplication de l'espece, sur les moyens de l'améliorer & d'étendre le commerce des laines;

6.°, Un Mémoire sur les contestations ou procès commencés au nom de la Communauté; où en sont les afaires; quels sont les motifs qui ont engagé la paroisse à les entreprendre; contre qui elles sont intentées, & à quel Tribunal elles sont suivies : les Municipalités seront engagées à ne commencer aucune afaire contentieuse, qu'au préalable elle n'en ayent communiqué avec la Commission interdiaire & demandé son avis;

7.°, Un état des manufactures qui se trouvent dans la paroisse, & de celles qu'on pouroit y établir ou encourager, &c.

8.°, Un relevé des naissances des enfans dans la paroisse, année par année, depuis dix ans; ensemble, un dénombrement, 1.°, du nombre des individus demeurans actuélement dans l'étendue de la paroisse; 2.°, du nombre des feux dans la même paroisse;

9.°, Un bordereau des frais que pouroient entraîner annuélement la tenue des Assemblées des Municipalités, & les honoraires de leurs Officiers;

10.°, Chacun de MM. les Députés de l'Assemblée, est prié de prendre en considération, les différens articles de la préſente Instruction; de faire sur ces divers objets, toutes les recherches que son zele & son amour pour le bien public pouront lui inspirer, & de bien communiquer à la Commiſſion intermédiaire, les lumieres qu'il aura pu ſe procurer;

11.°, MM. les Procureurs-Syndics ſont invités à s'adreſſer avec confiance à chacun de MM. de l'Aſſemblée, diſperſés dans l'étendue du Département, pour en obtenir les renſeignemens qu'ils jugeront néceſſaires; ils les regarderont tous comme leurs Correſpondans naturels & les plus zélés qu'ils puiſſent avoir;

12.°, Copie des préſentes Inſtructions ſera adreſſée, par MM. les Procureurs-Syndics, à chacun de MM. les Députés à l'Aſſemblée de Département.

Vous remarquerez ſans doute, Meſſieurs, que l'Aſſemblée de Fontenai a pris ſur elle, d'ordoner l'impreſſion d'unel ettre circulaire aux Syndics des Aſſemblées Municipales, du tableau des arondiſſemens qu'elle a formés & des Inſtructions dont vous venez d'entendre la lecture; vous avez vu les motifs qui l'ont déterminée; elle ne connoiſſoit pas pour lors, le Réglement qui défend aux Aſſemblées inférieures de rien faire imprimer, ſans en avoir obtenu l'autoriſation de l'Aſſemblée Provinciale: vous avez vu auſſi qu'elle a acordé voix délibérative à ſes Procureurs-Syndics dans ſon Bureau intermédiaire; à cet égard, elle avoit prévenu la déciſion contenue dans les Inſtructions données par le Miniſtre le 4 Novembre dernier, elle ſe conformera au ſurplus, aux exceptions renfermées dans ces Inſtructions; ſon Préſident lui portera vos ordres, & il eſt auprès de vous la caution de ſa parfaite ſoumiſſion dont il lui donnera toujours l'exemple.

L'Aſſemblée de Fontenai, pour ſe conformer aux Réglemens & à vos Inſtructions, a délibéré ſur les honoraires à donner à ſes Procureurs-Syndics, aux Membres de ſon Bureau intermédiaire & à ſes Officiers. Elle a cru devoir s'en raporter entiérement à votre jugement.

Vous prononcerez, Meſſieurs, ſur cette queſtion, lorſqu'après avoir eu l'honneur de vous rendre compte du vœu des différentes Élections, nous aurons mis ſous vos ieux l'avis du Bureau que vous

avez chargé de préparer votre Délibération ; vous prononcerez en
même temps fur les différens projets que chaque Affemblée propofe
relativement à fon établiffement, ainfi que fur les aperçus des
dépenfes annueles dans chaque Département. Celui de Fontenai
annonce, que pour entrer dans les vues d'économie dont, à votre
exemple, il eft animé, il s'eft occupé de former fon établiffement
dans le Collége de cette Ville : on lui avoit d'abord fait efpérer qu'il
réuffiroit dans ce projet, il en avoit confié la pourfuite à fes Procureurs-Syndics, mais depuis la féparation de l'Affemblée, le Bureau
intermédiaire a cru voir qu'on éprouveroit des difficultés de la part
des Adminiftrateurs de ce Collége : déja on lui a annoncé qu'on
ne pouroit prendre que des engagemens momentanés ; d'ailleurs, la
néceffité où fe trouve l'Affemblée de Fontenai, d'affurer un logement à l'un de fes Procureurs-Syndics, pour ne pas s'expofer à voir
cette importante place rejetée par tous ceux qui feroient dans le
cas de fe déplacer, a autorifé fon Préfident à vous demander,
Meffieurs, votre agrément pour louer une maifon qui lui eft offerte,
& qui, avec peu de réparations, fuffira à tout ce qu'exige l'établiffement de l'Affemblée, en même temps qu'elle donnera un logement
convenable à l'un de fes Procureurs-Syndics ; le loyer de cette maifon
fera au plus de 600^{tt}. L'avis du Bureau, Meffieurs, eft que vous
donniez votre approbation à ce projet que les circonftances rendent
néceffaire, & que l'Affemblée Provinciale en follicite la fanction auprès du Miniftre. Il en réfultera pour le moment quelques frais de
plus pour les dépenfes premieres de l'établiffement de cette Affemblée ;
l'aperçu n'a pu en être fourni, mais dirigés par une fage économie, ils
ne feront pas confidérables. Cette Affemblée, dans fa féance du 24
Octobre, où elle s'eft trouvée complete, avoit apprécié les premieres
dépenfes de fon établiffement à mille à douze cens livres, dans la
fuppofition que ledit établiffement pût avoir lieu dans le Collége ;
& les frais annuels, pour les tenues de fes féances, celles de fon

Bureau intermédiaire, de fon Grêfe & de fa correfpondance, à pareille fomme: tout ce que l'Affemblée préliminaire avoit fait, l'Affemblée complete l'a approuvé & confirmé. Elle a donné des ordres à fon Bureau intermédiaire, relativement à l'examen des Procès verbaux de formation des différentes Municipalités de fon Département : elle lui a recomandé de fe conformer à cet égard, aux Inftructions du 3 Octobre, & de faire paffer fon travail à MM. vos Procureus-Généraux-Syndics; nous favons qu'il s'en occupe avec le défir que cette opération foit faite avant la fin de vos féances.

L'Affemblée de Fontenai a conftaté qu'elle n'a dans fon Département, que trois paroiffes divisées en deux Collectes particulieres, qui forment, fous le même clocher, des Communautés diftinctes, & dans lefquelles fe font formées des Affemblées Municipales; le vœu de cette Affemblée eft que les villages ou hameaux qui ne contienent pas d'Églife avec titre d'Églife paroiffiale, foient tous réunis au chef lieu pour ne former avec lui qu'un feul Rôle d'Impofition; c'eft le vœu que fon Préfident eft chargé de vous porter avec celui de voir les paroiffes au deffous de cent feux, réunies enfemble, ou à une paroiffe voifine plus confidérable, de maniere qu'il n'y ait point de Municipalité au deffous de ce nombre de feux.

Le Bureau du Réglement, dans la fuite de fon travail, aura l'honneur de vous propofer fes réflexions fur la feconde partie de cette demande.

ASSEMBLÉE D'ÉLECTION DES SABLES. L'Assemblée de l'Élection des Sâbles, dans fes féances préliminaires, a fuivi la même marche que celle de Fontenai; elle nous a paru dirigée par le même efprit, & c'eft vous en avoir rendu compte, que de vous avoir fait connoître la marche & les vues de l'Affemblée préliminaire de Fontenai, à quelques différences près que le Bureau va avoir l'honneur de mettre fous vos ieux.

Aux Inftructions que l'Affemblée de Fontenai avoit données à fes

Procureurs-

Procureurs-Syndics & à fon Bureau intermédiaire, celle des Sâbles en a joint quelques-unes, que des circonftances locales ont rendu néceffaires, & auxquelles le Bureau a applaudi ; elles font relatives aux dépenfes faites & à faire au Port des Sâbles, à l'utilité que cette Ville & la Province peuvent fe promettre des fommes énormes employées jufques à préfent à ce Port, & dont on ne prévoit pas la fin, en même temps qu'on n'en conçoit pas l'avantage. Ces Inftructions font auffi relatives au commerce de la morue, fi important pour cette Ville, & qui, depuis plufieurs années, femble s'afoiblir avec une progreffion alarmante ; l'Affemblée cherche à connoître la caufe de ce malheur & les moyens d'y remédier ; fes réflexions, fes recherches & fes vues patriotiques, fe portent avec le même zele, fur le fel qui forme une des principales richeffes de ce Département, & qui, depuis bien des années, refte dans une ftagnation ruineufe pour les propriétaires des marais falans, & bien capable de faire abandoner ce genre de culture, qu'il importe cependant à la Province & à l'État d'encourager. Enfin, Meffieurs, tout ce qui peut intéreffer le commerce de la ville des Sâbles, de celle de Saint-Gilles-fur-Vie & les différens Ports de ce Département, n'a point échapé à l'attention de l'Affemblée ; mais le Bureau ne connoît que le vœu qu'elle a fi bien manifefté pour tous les genres d'amélioration qu'elle défire procurer, elle n'a encore proposé aucun moyens ; vous acueillerez & protégerez fûrement ceux que la fuite de fes recherches la mettra dans le cas de foumettre à votre jugement.

Elle réclame votre protection fur un point infiniment intéreffant pour cette partie maritime de la Province. Une Ordonance, du 19 Juillet dernier, concernant les Canoniers-Matelots de la Marine, fignée des Miniftres de la Guerre & de la Marine, a jeté l'alarme dans toute cette Élection, on en prévoit les fuites les plus funeftes à l'agriculture & à la population ; déja des familles entieres ont déferté les paroiffes que cette Ordonance foumet à fournir des Canoniers-

T

auxiliaires ou Matelots-Canoniers de la Marine, & les Laboureurs ne trouvent plus de domestiques pour les aider dans les travaux. Quoique voisins de la mer, les Paysans de cette contrée redoutent cet élément; une funeste expérience a prouvé qu'il y a tout à perdre & rien à gâgner à les contraindre à ce genre de service; presque tous ceux qui, dans la derniere guerre, ont été embarqués, ont péris de maladies ou de chagrin. Les paroisses sujetes à la garde-côte, font déja, à ce titre, assujéties à un service très-onéreux qui, pendant la guerre, enleve beaucoup de bras à l'agriculture; si elles font, en outre, obligées de fournir des Canoniers à la Marine, la dépopulation fera générale dans l'Élection. M. le Marquis de Nieuil, Membre du Bureau, qui peut mieux que persone apprécier le mérite de l'Ordonance contre laquelle on réclame, a déterminé l'avis du Bureau. Il pense, Messieurs, que l'Assemblée Provinciale ne peut se refuser à faire valoir les réclamations de l'Assemblée des Sâbles, parce qu'elles font justes, & l'exposé des inconvéniens qui en résultent très-exact; il entre essentiélement dans le zele dont vous êtes animé pour tout ce qui peut intéresser les différens Départemens de cette Province, de prêter votre secours, d'acorder votre proté-ction à celles qui les réclament à d'aussi justes titres; vous devez espérer que vos représentations feront favorablement écoutées; les Ministres de la Marine & de la Guerre qui ont concerté cette Ordo-nance, n'en prévoyoient pas les inconvéniens, & sûrement ils proposeront au Roi de la retirer, lorsque vous leur en aurez fait connoître le danger.

L'Assemblée complete de l'Élection des Sâbles s'est tenue avec toute la régularité prescrite par les Instructions du 3 Octobre, & elle en a rempli toutes les dispositions; elle a chargé son Bureau inter-médiaire de faire un état des hameaux ou villages qui, dans la même paroisse, forment des Communautés & Collectes particulieres, & elle a voté pour que ces Communautés particulieres fussent réunies au chef-lieu, & comprifes aux mêmes Rôles d'impofitions; elle a auffi chargé fon Bureau intermédiaire d'examiner les Procès verbaux de formation des Municipalités de fon Département, de les comparer avec les Réglemens, d'après les Inftructions du 3 Octobre, & de les renvoyer avec fon avis à l'Affemblée Provinciale.

Elle s'en eft raportée à vous, Meffieurs, pour la fixation des hono- raires de fes Procureurs-Syndics, des Membres de fon Bureau inter- médiaire & de fes Officiers; mais le Bureau croit devoir vous obfer- ver que, dans les foins qu'elle s'eft donnés pour pourvoir à fon établiffement, elle a excédé fes pouvoirs; elle pouvoit, elle devoit former à cet égard un projet, vous le foumettre, & atendre qu'après l'avoir approuvé, vous euffiez reçu les ordres du Miniftre; c'eft l'efprit & la lettre du Réglement du 12 Juillet & des Inftru- ctions du 3 Octobre; or, contre la teneur expreffe de ces Régle- mens, l'Affemblée des Sâbles s'eft permis de choifir une maifon pour y établir le lieu de fes féances, fon Grêfe, & y loger fes Procureurs-Syndics; elle a autorifé lefdits Procureurs-Syndics à paffer bail de ladite maifon. Sur cela, Meffieurs, le Bureau eft d'avis que vous faffiez écrire aux Procureurs-Syndics de l'Affemblée des Sâbles, qu'elle fe trouve en contravention avec les Réglemens; mais, en même temps, il croit que vous devez adopter comme projet, l'arangement qu'elle a jugé néceffaire; le prix du loyer de la maifon n'eft pas cher, il n'eft que de 250^{tt}; mais peut-être ordo- nerez-vous quelques retranchemens fur les frais d'ameublement, portés à 1375^{tt}, ou vous recomanderez au moins qu'on ne paffe pas les bornes du ftrict néceffaire. Quant aux frais annuels que poura coûter l'Adminiftration de cette Élection, on l'évalue, y compris le loyer de la maifon, à 774^{tt}, mais en fus des frais de Bureau & de correfpondance; il eft difficile de les apprécier, ce ne fera que par le réfultat du compte d'une anneé, qu'on poura les évaluer avec quelque précifion.

Le Bureau a encore obfervé, Meffieurs, dans le Procès verbal de l'Affemblée complete des Sâbles, une irrégularité dont nous croyons devoir vous rendre compte; elle a foumis à l'examen & à l'approbation de fes Procureurs-Syndics, les opérations de l'Affemblée préliminaire, & particuliérement le travail fait pour former les quatre arondiffemens prefcrits par la divifion de cette Élection; elle a fait mention expreffe de l'approbation que les Procureurs-Syndics ont donnée à cette opération; fans doute l'approbation de l'Affemblée complete, aux termes des Inftructions du 3 Octobre, étoit néceffaire pour rendre définitives les Élections & les Délibérations de l'Affemblée préliminaire, mais il eft contre la regle d'avoir requis fpécialement celle des Procureurs-Syndics qui, dans l'Affemblée, n'ont pas voix délibérative.

Le Bureau eft d'avis que vous chargiez MM. vos Procureurs-Généraux-Syndics de les inftruire à cet égard: la faute eft peu confidérable; mais tout ce qui n'eft pas conforme aux Réglemens, mérite votre attention.

L'Affemblée des Sâbles obferve, Meffieurs, qu'elle n'a compris les paroiffes de Noirmoutier, Barbate, l'Ifle-Dieu & l'Ifle-Bouin dans aucuns de fes arondiffemens, parce que ces paroiffes ne payent ni Tailles, ni Corvées, ni Vingtiemes; mais elle a arrêté que fi, par événement, elles étoient jamais affujéties à ces Impôts, elles devront apartenir à l'Élection des Sâbles; & audit cas, elle clâffe l'Ifle-Dieu dans l'arondiffement des Sâbles & les autres dans celui de Challans.

Comme l'Affemblée de Fontenai, celle des Sâbles a voté pour qu'il vous plaife approuver qu'elle joigne des Membres honoraires aux Membres ordinaires de fon Bureau intermédiaire; mais l'Affemblée des Sâbles, après avoir formé fon vœu, paroît en preffer vivement l'acompliffement. M. fon Préfident a écrit à M. le Préfident de l'Affemblée Provinciale, la lettre la plus preffante, & déja il propofe les perfones qui ont été choifies pour remplir ces places ; le Bureau, fur cela, eft d'avis que vous ne pouvez pas permettre l'exécution de ce projet, avant qu'il ait plu à Sa Majefté de l'approuver ; & fi vous obtenez qu'il le foit, ce fera par l'Affemblée générale de l'Élection que devra être fait le choix de ces Membres auxiliaires.

L'ASSEMBLÉE préliminaire du Département de Saint-Maixent s'eft formée avant qu'elle eût reçu les Inftructions du 3 Octobre, ce qui l'excufe de ne s'y être pas conformée, mais elle a rempli exactement tout ce que lui prefcrivoit le Réglement du 12 Juillet, & les Inftructions que lui avoit donné l'Affemblée préliminaire Provinciale ; elle a nommé fon Secrétaire-Gréfier, fes Procureurs-Syndics ; elle s'eft complétée, elle a compofé fon Bureau intermédiaire & formé les quatre arondiffemens qui devoient la divifer. L'Affemblée complete a eu lieu le 23 Octobre, elle a confirmé toutes les Élections faites par l'Affemblée préliminaire. Elle a procédé au remplacement de l'un de fes Procureurs-Syndics, élu dans l'Affemblée préliminaire & qui avoit refufé, au moyen de quoi elle s'eft trouvée complete, & réguliérement compofée ; après avoir approuvé la divifion des quatre arondiffemens, elle a clâfsé dans lefdits arondiffemens, chacun de fes Membres dans la proportion prefcrite par les Inftructions du 3 Octobre. Elle a délibéré fur les honoraires à affigner à fes Procureurs-Syndics, aux Membres de fon Bureau intermédiaire & à fes Officiers, & a déclaré s'en raporter à ce qu'il plaira à l'Affemblée Provinciale de ftatuer à cet égard : elle évalue à 324^{tt} le loyer de la Salle qu'elle a choifie pour fes féances dans le Couvent des Cordeliers, & à 300^{tt} les frais d'ameublement & de Bureaux, mais elle n'a point apprécié ceux de correfpondance.

Elle a ordoné le détail des paroiffes de cette Élection, qui font divifées en plufieurs Collectes & qui forment des Communautés par-

ASSEMBLÉE *D'ÉLECTION* DE ST-MAIXENT.

ticulieres fous un même clocher, ainfi que des paroiffes qui font réunies fous une même Collecte, & elle déclare qu'elle ne prévoit pas, quant à préfent, qu'il y ait des changemens à faire à cet égard qui puiffent être utiles à ces paroiffes ou à l'Élection.

Le Bureau intermédiaire a fait un état général & bien détaillé de toutes les Municipalités de fon Élection, & a joint fes obfervations fur chacune. Plufieurs font dans le cas d'être réformées pour n'être pas conformes au Réglement; mais vous atendrez, Meffieurs, que les états de toutes les Municipalités de la Généralité ayent été mis fous vos ieux, pour les faire examiner & donner votre avis: celui dont nous avons l'honeur de vous parler, eft le feul qui jufques à préfent ait été envoyé par les Bureaux intermédiaires des Élections, que les Inftru-ctions du 3 Octobre chargent de s'en occuper & de vous les faire paffer avec leurs obfervations; c'eft fans doute le retard qu'ils éprouvent de la part des Municipalités, qui arrête ou prolonge leur travail.

Voilà, Meffieurs, ce que la lecture du Procès verbal nous a permis d'obferver; mais un Mémoire particulier qui nous a été remis, repro-che plufieurs irrégularités dans la formation de l'Affemblée de Saint-Maixent; on lui reproche d'avoir choifis fept de fes Membres dans la même paroiffe & dans la plus petite de la Ville; on lui repro-che d'avoir pris deux Gréfiers de la Subdélégation, l'un pour être Membre de l'Affemblée, l'autre pour être Secrétaire-Gréfier; que le premier étant en poffeffion depuis long-temps, de faire les Rôles d'une partie des paroiffes de cette Élection, a acquis fur elles une influence que fa qualité d'Adminiftrateur ne peut qu'augmenter, & on craint qu'il n'en foit plus difficile de déraciner les abus commis dans la répartition des Impôts; le Bureau n'a rien vû dans le Régle-ment qui puiffe exclure des Affemblées formées pour la nouvele Adminiftration, les perfones employées au Grêfe des Subdéléga-tions; peut-être eût-il été plus prudent de ne pas les choifir, mais le choix fait, il faudroit une incapacité prononcée par la Loi, pour

que vous fuffiez autorisés à en faire pourfuivre la réforme. Les Réglemens paroiffent défirer que les Membres de l'Affemblée foient
pris moitié dans les Villes & moitié dans les Campagnes; fept pris
dans la ville de Saint-Maixent & deux dans celle de Melle, font
plus de la moitié de l'Affemblée de Saint-Maixent; cependant, les
Membres de l'Affemblée, quoique habitans les Villes, ne les repréfentent que lorfqu'ils font Officiers Municipaux. Les autres ne repréfentent que les Villages où ils ont des propriétés; il femble qu'il
eût été plus régulier que les Membres de l'Affemblée de Saint-
Maixent euffent été pris avec plus d'égalité dans les différens cantons
de l'Élection, & que fept, fur-tout, ne fuffent pas domiciliés dans
la même paroiffe; l'Affemblée prononcera fi elle doit mettre ces
obfervations fous les ieux du Miniftre.

Quant à la crainte que témoigne le Mémoire dont eft queftion,
que les Rôles des paroiffes ne continuent à être faits par le Gréfier de
la Subdélégation devenu Membre de l'Affemblée, & que ce ne foit
un obftacle à la réforme des abus, le Bureau croit qu'il fera facile à
l'Adminiftration d'y pourvoir, & que les nouveles formes établies
doivent parer à un pareil inconvénient.

Le même Mémoire obferve encore, que 324ᵗᵗ que l'Affemblée de
Saint-Maixent donne de loyer aux Cordeliers de cette ville pour
la Salle de fes séances, eft exceffif; on pouroit l'engager à mettre
des bornes à fa générofité; mais fi elle eft dans le cas de former
ailleurs fon établiffement, ce n'eft pas trop que d'évaluer cet objet
à 300ᵗᵗ; d'ailleurs, Meffieurs, vous verrez fes états de dépenfes,
& vous pourez les régler d'après les circonftances.

L'ASSEMBLÉE préliminaire de l'Élection de Châtillon & fon
Affemblée complete, fe font formées & ont été tenues d'après les
regles prefcrites par le Réglement du 12 Juillet & les Inftructions
du 3 Octobre. Il paroît que l'Affemblée complete eft réguliérement

composée, ainsi que le Bureau intermédiaire ; que les arondissemens prescrits ont été faits avec exactitude, & que chaque Membre
de l'Assemblée y a été clâsé dans la proportion ordonée.

Une chose cependant, Messieurs, que le Bureau croit devoir vous
faire observer, c'est que l'un des Membres que vous aviez nommé,
pour faire partie de l'Assemblée préliminaire de ce Département,
le sieur Paillou, Sénéchal de Pouzauges, ne s'étant point présenté,
& n'ayant fourni aucune excuse, on a présumé qu'il refusoit la place
à laquelle vous l'aviez appelé ; on lui a supposé pour motif, le défaut
de domicile dans l'Élection ; & sans avoir constaté s'il y possède
ou non des propriétés, on a cru trouver dans son silence & dans
son absence, un motif suffisant pour procéder à son remplacement ;
un autre Député, le sieur Giroud, Fermier de Bazôges, a été
nommé, sous le bon plaisir cependant de l'Assemblée Provinciale,
mais on ne lui a pas notifié sa nomination dans l'intervalle de l'Assemblée préliminaire à l'Assemblée complete : M. Paillou a écrit à
M. le Président, qu'il n'étoit instruit que par le bruit public, de
l'honeur que lui avoit fait l'Assemblée Provinciale ; qu'il n'avoit reçu
aucune lettre de convocation, & que d'ailleurs l'état de sa santé ne
lui eût pas permis de se rendre à l'Assemblée préliminaire, comme
il craignoit encore d'être privé par la même raison, de se présenter
à l'Assemblée complete : cette lettre ayant fait connoître qu'il accé-
ptoit la place que l'Assemblée Provinciale lui avoit donnée dans
l'Assemblée de l'Élection de Châtillon, on s'en est tenu là ; on ne lui
a point écrit pour le convoquer à l'Assemblée complete, on n'a
point écrit non plus au sieur Giroud ; ni l'un ni l'autre ne s'y est
trouvé, & il a été arrêté que la nomination du sieur Giroud seroit
regardée comme non-avenue : par-là, tout est rentré dans l'ordre ;
mais le Bureau a jugé la marche qui a été suivie peu réguliere, &
peut-être penserez-vous, Messieurs, qu'il est convenable que vous
en fassiez prévenir M. le Président de cette Élection, afin que dans

la

la fuite, fur le fimple filence d'un des Membres de l'Affemblée qui fe trouveroit abfent, on ne fe crût pas autorifé à ordoner fon remplacement ; d'ailleurs, on a reproché à M. Paillou, de n'être pas domicilié dans cette Élection, peut-être auffi n'y poffede-t-il aucune propriété ; ce font des faits qu'il faut faire conftater : fon élection, dans ces fuppofitions, feroit le fruit de l'erreur, & peut-être feroit-ce le cas de fe réformer : c'eft l'avis que le Bureau foumet à votre jugement.

L'Affemblée de Châtillon ne paroît pas avoir donné des Inftructions à fes Procureurs-Syndics, ni à fon Bureau intermédiaire ; fans doute il leur a fait connoître, au moins, celles que vous aviez adreffées à cette Affemblée ; mais le Procès verbal n'en fait aucune mention ; il ne parle que des Inftructions données par la Cour le 3 Octobre ; & le Bureau intermédiaire a été chargé de s'y conformer & d'en remplir toutes les difpofitions : fans doute il s'en aquitera avec zele & exactitude.

Le Bureau a obfervé, Meffieurs, que M. le Préfident de l'Affemblée de Châtillon, en annonçant à fon Affemblée, les Inftructions du 3 Octobre, dit que M. le Contrôleur-Général les lui a adreffées, ce qui annonceroit entre le Miniftre & le Préfident, une correfpondance directe que les Réglemens ne permettent pas, & qui réélement, à cet égard, n'a pas exifté ; c'eft par M. le Préfident de l'Affemblée Provinciale que les ordres du Roi font parvenus à M. le Préfident de l'Affemblée de Châtillon ; ce n'eft fûrement qu'un défaut d'exactitude dans l'expreffion du Procès verbal ; mais le Bureau a cru devoir vous la faire apercevoir : il vous foumet le mérite de fon obfervation.

Nous voyons, par le Procès verbal dont nous avons l'honeur de vous rendre compte, que l'Affemblée de Châtillon s'en raporte à l'Affemblée Provinciale, fur la fixation des honoraires de fes Procureurs-Syndics, des Membres de fon Bureau intermédiaire & de

V

fes Officiers; qu'elle trouve à former fon établiffement dans la Maifon de l'Abbaye des Chanoines Réguliers de cette Ville, qui offrent gratuitement une Salle convenable : M. le Prieur de cette Abbaye, l'un de vos collegues, a droit à votre reconoiffance pour le zele avec lequel il fe prête à épargner une furcharge à fes concitoyens. Il y aura quelques meubles à mettre dans cette Salle, néceffaires à la tenue des séances, tant de l'Affemblée générale que du Bureau intermédiaire, & pour le Dépôt des Archives; on les évalue à 366ᵗᵗ environ; on n'a fourni aucun aperçu fur les dépenfes annueles, frais de bureau & de correfpondance.

Le Bureau intermédiaire de l'Affemblée de Châtillon, dans une séance qu'il a tenue le 30 Octobre, a drefsé un état des paroiffes qui, dans cette Élection, font actuélement divisées en deux ou plufieurs Communautés & Collectes particulieres, des Communautés ou Collectes qui renferment plufieurs paroiffes, ou qui renferment une paroiffe entiere avec des hameaux ou villages dépendans des paroiffes voifines, ou qui, fans comprendre un feul clocher, ne font composées que de portions de différentes paroiffes; le Bureau intermédiaire de Châtillon ne vous propofe aucune vue à cet égard.

Une grande queftion, Meffieurs, s'agite dans l'Élection de Châtillon, & nous croyons que c'eft ici le moment de vous en rendre compte, M. le Préfident en ayant renvoyé l'examen au Bureau du Réglement.

M. le Baron de l'Épinay, Préfident de l'Affemblée de l'Élection de Châtillon, perfuadé qu'il feroit avantageux que le Bureau intermédiaire de l'Affemblée qu'il préfide, fût transféré dans la ville de Montaigu; il en a formé directement, & en fon nom, la demande auprès de M. le Contrôleur Général; il a fait part de fa démarche à M. le Préfident de l'Affemblée Provinciale, à MM. les Procureurs-Généraux-Syndics, en leur envoyant copie de fa lettre au Miniftre, & il a réclamé leur apui & leur recomandation, pour

parvenir plus facilement au but qu'il fe propofe, & vers lequel
l'amour du bien public, bien plus que fa commodité particuliere,
le dirige. Il apuie fa demande fur ce que, dans la ville de Châtillon,
il n'y a aucun Gentilhomme; que ceux qui font dans les environs,
font en petit nombre, qu'ils font au Service; qu'il feroit impoffible
de choifir parmi eux un Syndic; que ce choix feroit auffi difficile
pour celui du Tiers-État dans cette partie de l'Élection, & fur-tout
dans la ville de Châtillon, parce que ceux qui en feroient capables,
font Membres de l'Élection. Il ajoute que la ville de Châtillon eft
à l'extrémité de l'Élection, que celle de Montaigu eft dans le centre;
que la communication de la partie de Montaigu à celle de Châtillon, eft toujours difficile & quelquefois impoffible; que les corref-
pondances feront plus promptes & plus directes : il annonce que
l'Affemblée, faute d'avoir à choifir, a été forcée de prendre le
Procureur-Syndic, pour l'ordre de la Nobleffe & du Clergé, dans
la ville de Montaigu, ainfi que la majeure partie des Membres du
Bureau intermédiaire, qui fe refuferont fûrement à leur nomination, s'il faut qu'ils fe tranfportent dans la ville de Châtillon, leurs
afaires ne leur permettant pas un déplacement de cette nature, qui
feroit, en effet, un facrifice trop grand, pour qu'on puiffe l'exiger.
Il craint que l'Affemblée qu'il préfide foit réduite à l'impoffibilité
de former fon Bureau intermédiaire, & que la place de Syndic dans
l'ordre du Clergé & de la Nobleffe refte vacante; il craint encore
plus que, lorfque le temps de la régénération fera arivé, cette
impoffibilité ne deviene plus abfolue; & il trouve un remede facile
à toutes ces difficultés, en transférant le Bureau intermédiaire
dans la ville de Montaigu, qui, par elle-même & fes environs,
offre de plus grandes reffources.

Vous ne ferez pas étonés, Meffieurs, que des raifons auffi preffantes ayent déterminé M. le Préfident de cette Affemblée & MM.
vos Procureurs-Généraux-Syndics, à acueillir & à apuier auprès

de M. le Contrôleur Général, la demande de M. le Baron de
l'Épinay ; ils ont cru & ils ont dû croire que toutes les raisons
alléguées par M. le Baron de l'Épinay étoient sans réplique, &
alors, la nécessité, la plus impérieuse de toutes les Loix, ne laissoit
pas de choix dans le parti qu'ils avoient à prendre ; il y a même
lieu de croire que M. le Contrôleur Général en a d'abord pris
cette opinion, puisqu'il a jugé la représentation digne de son
attention, & qu'il a semblé n'atendre que l'avis de votre Commission intermédiaire, pour donner une décision favorable. Mais,
aujourd'hui, Messieurs, ce Ministre demande les Observations de
l'Assemblée Provinciale sur les représentations qui lui sont parvenues contre la translation projetée ; déja un pareil Mémoire vous
avoit été adressé, & vous l'aviez fait remettre au Bureau du Réglement, que vous avez chargé de discuter cette importante question,
& de préparer l'avis que vous avez à donner.

Nous voyons, Messieurs, dans ce Mémoire, que la demande
faite par M. le Baron de l'Épinay, n'a point été votée par l'Assemblée qu'il préside ; nous avons examiné les Procès-verbaux de
cette Assemblée ; nous venons d'avoir l'honneur de vous en rendre
compte ; nous n'y avons rien vu de relatif à ce projet. Le silence
de cette Assemblée, à cet égard, est complet, & il en résulte
la preuve irrécusable, ou que la question n'y a pas été agitée,
ou qu'elle n'y a pas été acüeillie. Nous voyons encore, que M. le
Baron de l'Épinay a été porté à la démarche qu'il a faite, &
le fait est avoué dans son Mémoire, par la crainte de voir M. le
Marquis d'Asson refuser la place de Procureur-Syndic, à laquelle
la confiance publique l'appele à juste titre, & plusieurs Membres
du Bureau intermédiaire prêts à donner leur démission, parce que
choisis dans la ville de Montaigu ou ses environs, leurs afaires
s'opposent à ce qu'ils aillent s'établir à Châtillon ; mais quelque
fâcheux que puissent être leurs refus pour la chose publique, est-il

vrai que leurs remplacemens deviendront impoſſibles, ſi le Siége du Bureau intermédiaire reſte dans la ville de Châtillon? C'eſt ce qu'annonce M. le Baron de l'Épinay, & ce que dénie formélement le Mémoire qui ſe trouve en oppoſition avec ſa demande ; c'eſt ce que dénie le Procureur-Syndic du Tiers-État, qui a été choiſi dans le canton de Châtillon, & qui affirme n'avoir pas été plus conſulté ſur le projet de tranſlation, que l'Aſſemblée elle-même ; on fait l'énumération de pluſieurs Gentilshommes dans les environs de Châtillon, qu'on juge très-capables de remplir, à la ſatisfaction commune, la place de Syndic & de Membre du Bureau intermédiaire. M. le Baron de l'Épinay vous a dit, que Châtillon eſt à l'extrémité de l'Élection, que Montaigu eſt au centre ; que la communication d'un de ces cantons de l'Élection à l'autre, eſt toujours très-difficile & quelquefois impoſſible, que la correſpondance ſeroit plus prompte & plus facile à Montaigu qu'à Châtillon, & qu'on trouveroit les mêmes avantages pour l'établiſſement des Séances, du Grêfe & du Bureau intermédiaire ; mais on lui répond que la ville de Montaigu eſt, comme Châtillon, à l'une des extrémités de l'Élection, & l'inſpection de la carte ſuffit pour conſtater la vérité de ce fait ; on lui répond que la difficulté des communications d'un canton à l'autre eſt égale pour tous les deux ; qu'il eſt dans l'eſprit des Réglemens, que les Procureurs-Syndics, les Membres du Bureau intermédiaire, comme les Membres de l'Aſſemblée générale, ſoient pris dans les différens arondiſſemens du Département, & que, par conſéquent, la difficulté des communications de Montaigu à Châtillon, qui eſt exagérée, ne peut ſervir de prétexte à la tranſlation projetée, parce que, dans toutes les ſuppoſitions, les obſtacles ſeroient toujours les mêmes, à moins qu'on ne voulût concentrer dans le ſeul canton de Montaigu, le choix de tous les Membres de l'Adminiſtration, au préjudice de celui de Châtillon ; à moins qu'on ne voulût, par une conſéquence néceſſaire, transférer auſſi à Montaigu, le Siége de l'Aſſemblée générale de l'Élection; propoſition qu'on n'a pas faite, mais que la ville de Châtillon préſume devoir paroître au jour, & croit devoir prévenir. On dit que dans la ville de Châtillon eſt le Bureau général des poſtes, que c'eſt là que la diſtribution des lettres ſe fait pour tout le bas Poitou; & que, par conſéquent, la correſpondance doit y être plus prompte & plus facile qu'à Montaigu; on répond qu'à Châtillon, au moyen des offres de MM. les Chanoines Réguliers de l'Abbaye de cette Ville, l'établiſſement de l'Aſſemblée y ſera gratuit, y ſera commode, & qu'on ne prévoit pas que perſone puiſſe offrir, à Montaigu, un pareil avantage. A ces dénégations, la ville de Châtillon ajoute les inconvéniens qui réſulteroient d'établir en différens lieux & à une diſtance auſſi conſidérable, le Siége de l'Aſſemblée générale & celui du Bureau intermédiaire; le tranſport du Grêfe en ſeroit une ſuite néceſſaire, il faut qu'il ſoit ſous la main du Bureau intermédiaire, & il ne peut être éloigné du Siége de l'Aſſemblée générale; dans les premiers momens, le tranſport peut être facile, mais ſucceſſivement, il deviendroit impraticable, & il ne pourroit être que dangereux; on ajoute que les communications & les relations avec les Officiers de l'Élection, avec le Bureau particulier des ſéances, ſeront indiſpenſables pour les opérations de l'Adminiſtration, & que le projet de tranſlation dont eſt queſtion, les rendroit comme impoſſibles.

Vous connoiſſez, Meſſieurs, toutes les raiſons qui vienent à l'apui du projet de M. le Baron de l'Épinay, & toutes celles dont on ſe ſert pour le combatre; le Bureau à qui vous en avez confié l'examen, que vous avez chargé de les peſer & de vous en rendre compte, a l'hôneur de vous obſerver qu'il lui a paru extraordinaire qu'une demande de la nature dont il s'agit ſe trouve formée ſans que l'Aſſemblée de l'Élection de Châtillon en ait délibéré, ſans qu'elle eût été conſultée & même ſans la participation de l'un des Procureurs-Syndics; cette ſeule conſidération ſuffiroit pour la faire

rejeter, ou du moins, fi fous d'autres raports, vous la jugiez digne
de votre protection, vous fufpendriez votre jugement jufqu'à ce
que l'Affemblée de l'Élection de Châtillon en eût délibéré, & vous
ne vous contenteriez pas de l'avis du Bureau intermédiaire, qui ne
feroit pas compétent fur un objet de cette importance, & qui,
d'ailleurs, d'après l'exposé des faits, feroit conftitué juge dans fa
propre caufe; mais indépendament de cette importante obfervation,
d'après l'examen le plus férieux des motifs allégués en faveur du
projet & de ceux qui le combatent, la victoire ne doit pas paroître
incertaine; d'un côté, quelques avantages particuliers & momentanés, de l'autre, des inconvéniens fans nombre & perpétuels, ne
femblent pas laiffer le choix fur l'avis que vous avez à donner à
M. le Contrôleur Général; celui du Bureau, au nom duquel j'ai
l'honeur de parler, eft que, conformément au Réglement du 12
Juillet dernier & aux Inftructions du 3 Octobre, données par ordre
de Sa Majefté, il n'y ait rien de changé dans la fixation du lieu
des séances de l'Affemblée de l'Élection de Châtillon ni de fa Commiffion intermédiaire; qu'il n'y a point de néceffité à la tranflation
demandée. Si vous adoptez, Meffieurs, l'avis du Bureau, nous
mêlerons nos regrets à ceux que caufera à l'Affemblée de Châtillon,
la perte dont elle eft menacée, de M. le Marquis d'Affon & de
M. Richard, dont elle avoit, avec tant de raifon, cherché à
s'enrichir; mais nous croyons pouvoir vous affurer que fi elle doit
éprouver ce malheur, elle ne fera pas entiérement dénuée de
reffources pour le réparer.

L'ASSEMBLÉE préliminaire de Confolens a rempli exactement tout
ce que lui prefcrivoient le Réglement du 12 Juillet, les Inftructions
du 3 Octobre & celles que l'Affemblée préliminaire Provinciale lui
avoit fait adreffer; elle a élu, dans la forme prefcrite, fes Procureurs-Syndics, fon Gréfier, fon Bureau intermédiaire. Elle a formé

ASSEMBLÉE
D'ÉLECTION
DE CONFOLENS.

les quatre arondiſſemens qui doivent diviſer cette Élection, & elle a élu les Membres qui devoient la compléter, & chacun a été clâſſé dans la proportion preſcrite dans les différens arondiſſemens. L'Aſſemblée complete qui s'eſt trouvée régulièrement compoſée, n'a pas moins été exacte à ſe conformer aux Réglemens. Elle a exécuté tout ce qui lui étoit preſcrit. Elle a approuvé les élections & les délibérations de l'Aſſemblée préliminaire. Elle a fait lire les Réglemens, le Procès verbal de vos séances préliminaires & les Inſtructions qu'il contient; elle a délibéré ſur les honoraires à attribuer à ſes Procureurs-Syndics, aux Membres de ſon Bureau intermédiaire & à ſes Officiers; & a déclaré qu'elle adoptoit le projet que l'Aſſemblée préliminaire Provinciale avoit formé ſur cet objet. Elle évalue les frais de ſon établiſſement à 176tt de dépenſes premieres, les dépenſes annueles à 218tt, non compris les frais de correſpondance & de bureaux, & ceux qu'elle n'a pas cru pouvoir apprécier, & dont on ne poura juger que par l'expérience. Elle demande à qui elle doit s'adreſſer dans ce moment-ci, pour être rembourſée des avances qu'elle à faites pour la tenuë de ſes précédentes séances. Elle a donné à ſon Bureau intermédiaire des Inſtructions qui prouvent combien elle déſire de s'occuper du bonheur de ſon Département, & de lui rendre utile la nouvele Adminiſtration. Chaque Membre de l'Aſſemblée a été prié de faire des recherches capables d'apporter à l'Aſſemblée prochaine, des renſeignemens & des lumieres ſur tous les objets qui peuvent intéreſſer ce Département. Peut-être, Meſſieurs, ſerez vous bien aiſe de connoître ces Inſtructions : elles ont beſoin d'obtenir votre ſanction. Le Bureau craint que le zele n'ait porté trop loin cette Aſſemblée dans ce premier moment, & que différentes recherches qu'elle ordone, ne cauſent de l'inquiétude aux perſones qui en ſeront l'objet, & qui ne ſeront pas encore aſſez inſtruites pour en apprécier les motifs. Une lettre de la part de l'Aſſemblée Provinciale, à M. le Préſident de cette Aſſemblée, ſeroit peut-être néceſſaire pour prévenir

venir les inconvéniens que le Bureau craint, mais dont il est très-possible, Messieurs, que vous preniez une autre opinion.

Les Procès verbaux de l'Assemblée de Confolens parlent d'un Mémoire lu dans l'Assemblée complete, circonstancié & détaillé, relatif à des échanges des paroisses de cette Élection, avec les Élections de Limoges & d'Angoumois ; d'un autre Mémoire tendant à ramener le Laboureur à la culture, l'Artisan à son travail, en prenant des mesures pour lui défendre le port d'armes, la fréquentation des cabarets & des guinguettes : ces deux Mémoires ne sont point joints au Procès verbal, ils ont été livrés à l'examen du Bureau intermédiaire, pour être raportés à la première Assemblée complete. Mais le Procès verbal fait mention d'un Mémoire expositif de la situation de l'Élection de Confolens & de ses foibles productions, & il a été arrêté qu'il seroit joint au Procès verbal, pour être mis sous les ieux de l'Assemblée Provinciale : nous ne l'avons pas vu ; sans doute ; il aura été remis à un autre Bureau qui aura l'honeur de vous en rendre compte.

L'Assemblée de Confolens a aussi arrêté qu'il seroit envoyé un Mémoire à l'Assemblée Provinciale, sur la nécessité d'ouvrir des communications dans cette Élection qui en manque absolument, & sur les réparations urgentes à faire à des ponts. Ce Mémoire a été remis au Bureau des Travaux publics.

Le Syndic élu pour l'ordre de la Noblesse & du Clergé, ayant refusé d'accepter cette place, l'Assemblée l'a remplacé par une nouvele élection. Elle a chargé son Bureau intermédiaire de s'occuper à former les états demandés par les Instructions du 3 Octobre, sur les Communautés & Collectes particulieres qui se trouvent dans la même paroisse, ou qui en réunissent plusieurs, ou qui sont formées de hameaux & villages apartenans à différentes paroisses. Il ne paroît pas qu'elle se soit occupée de faire procéder à l'examen des Procès verbaux de formation des Municipalités de son Département.

X

L'ASSEMBLÉE préliminaire de l'Élection de Niort, a obſervé dans ſes ſéances & dans ſes délibérations, tout ce que le Réglement du 12 Juillet & vos Inſtructions lui preſcrivoient : Elle ne connoiſſoit pas encore les Inſtructions du 3 Octobre qui auroient dû la diriger ; elle ne les a reçues qu'après ſes ſéances commencées : déja elle avoit fait choix d'un Gréfier ; déja elle s'étoit complétée par voix d'élection ; elle avoit élu ſes Procureurs-Syndics & formé ſon Bureau intermédiaire. C'eſt après toutes ſes opérations faites, que les Inſtructions du 3 Octobre lui ſont parvenues ; elle s'y eſt conformée dans tout ce qui lui reſtoit à faire, autant que les circonſtances pouvoient le permettre : elle a remplacé, par une nouvele élection, un de ſes Membres qui avoit été élu Procureur-Syndic dans ſes précédentes ſéances, & qu'elle auroit dû remplacer en même temps qu'elle s'étoit complétée : elle a procédé à la formation des quatre arondiſſemens preſcrits pour la diviſion de ſon Département, & qui auroit dû précéder le choix des Députés ; il eſt réſulté de cette inexactitude involontaire, qu'il n'a pas été poſſible de clâſſer, dans les différens arondiſſemens, les Membres de l'Aſſemblée dans la proportion preſcrite, parce que l'aſſiete de leurs différentes propriétés ne le permettoit pas ; ce clâſſement n'a été fait que dans les ſéances de l'Aſſemblée complete, & le Bureau ne peut, Meſſieurs, vous diſſimuler qu'il eſt très-irrégulier ; il affecte huit Députés à l'arondiſſement de Niort, dont trois du Clergé, un de la Nobleſſe & quatre du Tiers-État ; il n'en affecte à l'arondiſſement d'Aunay, qu'un de l'ordre de la Nobleſſe & deux du Tiers-État ; deux à l'arondiſſement de Champdeniers, dont un de la Nobleſſe & un du Tiers-État ; celui de Chef-Boutone en a un de chaque ordre. Le Bureau eſt d'avis, Meſſieurs, que cette irrégularité doit être réparée, afin que, lorſqu'il y aura des remplacemens à faire parmi les Membres de cette Aſſemblée, on ſache dans quel arondiſſement & pour quel ordre le remplacement devra ſe faire : il eſt ſans doute dans l'eſprit du Réglement ; que les Membres affectés à un arondiffement y foient en raifon de leurs propriétés ; mais la compofition actuele de cette Affemblée, ne permettant pas de fe conformer avec exactitude à cette regle, le Bureau croit que, pour cette fois feulement, on peut faire abftraction de l'affiete des propriétés des Députés, relativement aux différens arondiffemens, & cependant les y atacher dans la proportion prefcrite, afin de prévenir les difficultés qui fe préfenteroient lorfqu'il s'agira de procéder aux remplacemens ; & nous avons l'honeur, Meffieurs, de vous propofer de faire donner, en conféquence, des Inftructions convenables au Bureau intermédiaire de l'Affemblée de Niort, qui en rendra compte à l'Affemblée prochaine complete, & qui fûrement s'y conformera, lorfque le Confeil du Roi aura approuvé votre Délibération.

L'Affemblée préliminaire de l'Élection de Niort, a délibéré fur les honoraires à affigner à fes Procureurs-Syndics, aux Membres de fon Bureau intermédiaire & à fes Officiers ; elle a déclaré adopter le projet que l'Affemblée préliminaire Provinciale en avoit formé ; elle a évalué, par aperçu, les frais annuels de l'Affemblée & de fes Bureaux, à 380^{tt}, non compris les frais de correfpondance, qu'elle n'a pu apprécier : elle porte les frais d'ameublemens de la Salle qu'elle a occupée, à 100^{tt} ; mais cette Affemblée obferve qu'elle ne poura continuer de tenir fes féances dans cette Salle ; que le lieu eft trop incommode ; qu'il eft impoffible que l'Affemblée ne cherche pas à fe procurer un établiffement où elle puiffe réunir fon Grêfe, fes Bureaux, une Salle pour fes féances & celles du Bureau intermédiaire ; & procurer un logement à fes Syndics, qu'on ne peut pas fe flater de prendre toujours dans la Ville, & auxquels il eft indifpenfable d'offrir, au moins, cet avantage : elle paroît défirer l'acquifition de l'anciene Maifon des Religieufes Hofpitalieres, qui eft à vendre, & elle a chargé M. le Marquis de Fayole, fon Préfident, de folliciter auprès de l'Affemblée Provinciale, la liberté de traiter de cette Maifon; on n'annonce point quel en fera le prix, ni ce qu'elle poura exiger de réparations & d'ameublemens pour être mife en état de fervir à fa deftination : l'avis du Bureau eft que vous ne pouvez pas l'autorifer à acheter cette Maifon, & qu'elle doit propofer d'autres moyens pour fe procurer un établiffement convenable, mais moins onéreux.

Nous voyons, Meffieurs, par le Procès verbal de l'Affemblée complete de Niort, du 23 Octobre, qu'un des Membres élu par l'Affemblée préliminaire dans l'ordre du Clergé, & qui avoit été nommé un des Membres du Bureau intermédiaire, ayant donné fa démiffion, il a été remplacé dans la forme prefcrite par les Réglemens, au moyen de quoi l'Affemblée s'eft trouvée réguliérement formée; elle a approuvé toutes les Élections & Délibérations de l'Affemblée préliminaire; elle n'a point donné d'autres Inftructions à fon Bureau intermédiaire, que celles que l'Affemblée préliminaire Provinciale lui avoit adreffées : elle a voté pour l'Abonement des Vingtiemes, comme le feul moyen de parvenir à la jufte répartition de cet Impôt; mais elle l'a voté fous la condition qu'il diminueroit dans la proportion que doit opérer la fuppreffion des feconds Vingtiémes, quand elle aura lieu : fur cet objet, Meffieurs, votre Délibération eft prife, & le Bureau n'a plus d'avis à vous propofer.

L'Affemblée complete de l'Élection de Niort, a chargé fon Bureau intermédiaire de remplir les intentions de Sa Majefté, confignées dans les Inftructions du 3 Octobre, relativement aux Communautés & Collectes particulieres qui peuvent fe trouver dans la même paroiffe, ou former partie des différentes paroiffes, &c. & relativement à l'examen des Procès verbaux de formation des différentes Municipalité sde fon Département : fans doute, le Bureau s'occupe de ce travail, & ne tardera pas à vous le renvoyer.

Tous les Réglemens, toutes vos Inſtructions ont été ponctuélement exécutés par l'Aſſemblée préliminaire & par l'Aſſemblée
complete de l'Élection de Châtelleraud; elle ſe trouve réguliérement
formée, ainſi que ſon Bureau intermédiaire, & les arondiſſemens
qui doivent diviſer cette Élection, ſont faits dans l'ordre preſcrit.
L'Aſſemblée complete a applaudi à tout ce qu'avoit fait l'Aſſemblée préliminaire; elle a déclaré qu'elle adoptoit le projet que
l'Aſſemblée préliminaire Provinciale avoit propoſé, relativement
aux honoraires des Procureurs-Syndics, des Membres du Bureau
intermédiaire & des Officiers de l'Aſſemblée, en proteſtant que ſon
vœu ſera toujours pour procurer la plus grande économie. Elle
eſtime les frais annuels de Bureaux, de correſpondance, y compris
les frais des ſéances de l'Aſſemblée & de ſon Bureau intermédiaire,
à 483^{tt}; elle ne porte point en dépenſe le loyer d'une maiſon pour
ſon établiſſement, M. le Marquis de Peruſſe lui ayant offert ſon
Château pour tout le temps qu'il préſidera l'Aſſemblée, mais elle
porte les frais d'ameublemens à 673^{tt}, dont elle fournit l'état détaillé;
le Bureau croit devoir obſerver qu'il y eſt fait mention d'une Salle
diſtincte pour l'Aſſemblée générale & pour le Bureau intermédiaire;
il eſt d'avis que la même Salle peut ſuffire, ce qui réduiroit le
mémoire préſenté, en diminuant la quantité des meubles; il penſe
que l'Aſſemblée Provinciale doit faire paſſer cette obſervation au
Bureau intermédiaire, & lui recomander de s'en tenir au ſtrict
néceſſaire, & ſûrement on l'y trouvera très-diſpoſé.

L'Aſſemblée a donné de ſages Inſtructions à ſon Bureau intermédiaire; elles ſont analogues à celles que l'Aſſemblée Provinciale
préliminaire lui avoit adreſſées.

Les Syndics de paroiſſes de la ville de Châtelleraud ont prié M.
le Préſident de repréſenter à l'Aſſemblée que, d'après l'interpréta-
tion que les Officiers Municipaux de l'Hôtel-de-Ville donnoient à
l'article Ier du Réglement du 12 Juillet, les paroiſſes de cette Ville ſe

trouveroient privées de l'avantage açordé aux paroiffes de campagne, d'avoir des Affemblées Paroiffiales & Municipales, & dépouillées même du droit dont elles ont toujours joui, de voir faire la répartition des Impofitions qu'elles fupportent, par des Syndics & Colléĉteurs qu'elles nomment annuélement, & aux droits defquels les Officiers de l'Hôtel-de-Ville de Châtelleraud, abufant de l'article I.er du Réglement du 12 Juillet, prétendent fe fubroger, tandis que l'efprit dudit Réglement leur fubroge feulement une nouvele forme de Municipalité, telle qu'il ordone d'en établir dans toutes les autres paroiffes de la campagne. L'Affemblée de l'Élĉ ĉion de Châtelleraud a cru, Meffieurs, devoir prendre ces réclamations en confidération; elle a chargé M. fon Préfident de vous les faire parvenir, & de folliciter votre médiation auprès du Confeil, pour obtenir une décifion favorable aux juftes demandes des quatre paroiffes que renferme la ville de Châtelleraud. Le Bureau du Réglement aura l'honeur, Meffieurs, de vous propofer un avis fur cette queftion, qui eft commune à plufieurs autres Villes de cette Province, lorfqu'il vous rendra compte du travail que vous l'avez chargé de faire fur les différens Réglemens provifionels qni vous ont été donnés, & fur lefquels il vous eft permis de propofer des obfervations; mais, en atendant, Meffieurs, que vous foyez en état de prendre une Délibération, & que le Confeil ait décidé, le Bureau eft d'avis que, dans les Villes non-tarifées où il y a Hôtel-de-Ville, les paroiffes doivent fufpendre de fe former en Municipalités, & que les Officiers defdits Hôtels-de-Ville peuvent en faire les fonĉions; mais comme, dans les petites Villes, comme Châtelleraud, Sivrai & autres, deux ou trois Officiers compofent tout l'Hôtel-de-Ville, qu'ils font prefque tous Privilégiés & exempts de Taille, on doit exiger qu'ils appelent huit Notables de chaque paroiffe pour procéder à la répartition de la Taille & acceffoires. Si vous adoptez, Meffieurs, l'avis du Bureau, vous propoferez à Sa Majefté de l'ordoner.

Il ne paroît pas que cette Assemblée se soit occupée, ni de l'examen des Procès verbaux de formation des Municipalités de son Département, ni de l'état des Collectes & Communautés particulieres, distinctes de celles des paroisses qui peuvent exister dans son Élection.

Le Procès verbal ne fait pas mention qu'elle en ait chargé son Bureau intermédiaire, mais nous devons le présumer; cependant, le Bureau est d'avis que vous lui fassiez donner à cet égard des Instructions convenables, avec recomandation de se conformer aux Instructions du 3 Octobre.

Les Procès verbaux des Assemblées préliminaire & complete de l'Élection de Thouars, déposent en faveur de l'exactitude avec laquelle on s'est conformé aux Réglemens; l'Assemblée préliminaire étoit close, lorsque les Instructions du 3 Octobre lui sont parvenues; mais si, faute d'être instruite à temps, elle a omis quelque chose dans ce qui lui étoit prescrit, elle l'a réparé dans la tenue de ses séances completes; les Élections y ont été réguliérement faites; l'Assemblée est composée comme elle doit l'être, ainsi que son Bureau intermédiaire; les quatre arondissemens qui doivent diviser ce Département ont été faits, & chaque Membre classé dans chaque arondissement, dans la proportion ordonée; les différens Réglemens, les Instructions que vous aviez fait passer à M. le Président, ont été lus & laissés au Bureau intermédiaire, pour lui servir de guide dans le travail dont il est chargé.

ASSEMBLÉE D'ÉLECTION DE THOUARS.

Cette Assemblée, après avoir délibéré sur les honoraires à assigner à ses Procureurs-Syndics, aux Membres de son Bureau intermédiaire & à ses Officiers, a déclaré s'en raporter au jugement de l'Assemblée Provinciale; elle ne propose aucune dépense à faire pour son établissement, ni pour l'ameublement de la Salle de ses séances, M. le Duc de la Trémoille lui ayant laissé, à cet égard, la difpofition de fon Château; elle auroit dû vous propofer, au moins par aperçu, les dépenfes annueles que pouront occafioner la tenue de fes séances, les frais de bureau & de correfpondance; elle n'a pas ofé les apprécier, mais vous devez tout vous promettre de fon économie : quand l'expérience l'aura inftruite, elle poura vous préfenter un bordereau, d'après lequel vous connoîtrez fes dépenfes.

L'Affemblée de Thouars n'a pu pareillement faire le travail ordoné pour la révifion des Procès verbaux de formation des Affemblées Municipales de fon Département, ni pour l'examen des hameaux ou villages qui forment des Communautés & Collectes particulieres dans la même paroiffe, &c. elle a confié ce travail à fon Bureau intermédiaire ; l'efprit qui dirige cette Affemblée, doit, Meffieurs, vous faire tout efpérer de fon zele.

Nous devons cependant vous faire obferver que cette Affemblée a nommé, pour Procureur-Syndic dans l'ordre du Clergé & de la Nobleffe, Dom Raymond, Religieux Bénédictin, & Procureur de l'Abbaye de Saint-Jouin-les-Marnes; cette Abbaye, Meffieurs, eft à trois lieues de la ville de Thouars; les Procureurs-Syndics font obligés, par les Réglemens, à établir leur réfidence dans le lieu où le Bureau intermédiaire a fon Siége ; Dom Raymond aura-t-il la liberté de fe conformer à ce point de Réglement ? fon Supérieur peut-il même lui permettre de quiter fon Cloître, pour prendre un domicile particulier dans une Ville, fous prétexte de l'utilité publique ? La difcipline monaftique, le bon ordre ne s'oppofent-ils pas à une pareille difpenfe ? Et Dom Raymond peut-il remplir les fonctions de Procureur-Syndic, fans réfider dans le lieu de l'Affemblée de l'Élection ? C'eft, Meffieurs, une queftion foumife à votre jugement ; ne croirez-vous pas devoir la foumettre à celui du Confeil de Sa Majefté ?

L'importance & la variété de ces objets ayant paru mériter un examen

examen sérieux & réfléchi, l'Assemblée a jugé convenable que le raport en fût communiqué successivement aux différens Bureaux pour les examiner & préparer leurs avis.

La séance a été indiquée au lendemain, Samedi, 1.er Décembre, à neuf heures du matin.

Signé, † M. L. Évêque de Poitiers.

GIRAUDEAU, *Secrétaire-Gréfier*.

Du Samedi, 1.er Décembre, à neuf heures du matin.

Lecture a été faite du Procès verbal de la précédente séance.

Le Bureau du Bien Public a fait les Raports suivans :

MESSIEURS,

Le Bureau du bien public, connoissant l'intérêt pressant qui vous anime en faveur des malheureux, a cru remplir vos vues, en vous présentant, dès son premier raport, le résultat de ses travaux sur ce qui les concerne.

RAPORT SUR LA MENDICITÉ.

Il seroit superflu de se livrer à de profondes recherches sur l'origine de la mendicité. On conçoit que, dans tous les temps, l'homme sujet, par mille accidens, à manquer de moyens de subsister, a dû recourir, dans cette position, à la commisération de ses semblables, pour s'exempter de périr. Mais quelque inhérent à l'ordre des choses que soit ce malheur, tous les vices honteux qui en ont pris le voile, ont excité chez tous les peuples, l'animadversion des Loix. Celles qui ont réprimé dans ces derniers temps, par la privation de la liberté, le goût & l'habitude d'une vie vagabonde, n'avoient en vue que ce désordre. Malheureusement des mal-versations de subalternes & d'autres abus ont trompé les sages intentions du Législateur. Mais si la justice & l'humanité ont eu à gémir, il faut convo-

Y

nir cependant que nos campagnes ont été purgées de ces bandits errans, depuis des siecles, le scandale de l'Europe & l'éfroi des voyageurs.

Une autre révolution non moins remarquable, s'est opérée dans le même temps; du fond de ces Dépôrs où étoient détenus des mendians captifs, les cris de douleur qui se sont faits entendre, ont pénétré toutes les âmes sensibles. Aussi-tôt tous les regards se sont fixés sur les maux que présente & qu'entraîne la mendicité. Le Gouvernement & les Académies ont attiré toutes les lumieres au concours, sur les moyens de la détruire. Enfin, ces moyens ont été employés dans plusieurs lieux, & l'affligeante image de l'homme demandant son pain, a cessé d'y paroître.

Ici, Messieurs, une réflexion se présente. La mendicité, dira-t-on, est une suite nécessaire de l'indigence & du besoin; il ne faut donc que secourir le pauvre pour l'empêcher de mendier.

Mais ce moyen, si évident de lui-même, en exigeoit encore beaucoup d'autres, sans l'union desquels il ne pouvoit produire son effet; ainsi, la charité devenue plus éclairée, non contente de verser, comme autrefois, ses dons, au seul nom de l'humanité souffrante, a pris les plus sages mesures pour que l'on en fît un salutaire emploi; ainsi l'on a vu dans plusieurs Villes, tous les citoyens concertés avec zele, poursuivre, sans dureté, le vice caché sous les dehors de la misere, & refuser l'aumône, sans laisser l'indigent manquer de secours. Toutes les sommes acordées pour le soulagement des pauvres, ont été recueillies & versées dans une seule caisse. Des corps d'Administration se sont formés de tous ces contribuables volontaires, qui se sont faits des Réglemens à leur choix. Tous se sont chargés des différens emplois qu'il convenoit de créer; mais tous sentant combien l'oubli des distinctions rend les œuvres de charité plus completes, & combien toute image de la liberté donne d'énergie à des cœurs nobles, l'égalité la plus parfaite, une exclusion abfolue de différences & de prééminences, a été la loi fondamentale de ces Affociations.

On trouve fur ce point, dans la ville de Loche, un exemple bien digne d'être raporté. Il s'agiffoit de réunir au nouvel établiffement que la ville projetoit de faire, un Bureau particulier de charité, que le Curé de la paroiffe avoit préfidé de tout temps. Suivant l'unique plan adopté pour la formation d'un grand Bureau, il falloit, ou que la réunion manquât, & peut être le nouvel établiffement, ou que le Curé renonçât à la préfidence : mais le Pafteur vertueux n'héfita point à facrifier au bien des pauvres, un frivole point d'honeur. On nous apprend que cet exemple a été fuivi depuis ; & cette récompenfe n'a pas dû être la moins douce pour celui qui l'avoit donné.

Par-tout où ces Adminiftrations fe font formées, tous les pauvres ont été connus, tous les genres de mifere ont été diftingués. On a fourni des ouvrages aux perfones en état d'agir, des remedes aux malades, des foulagemens aux infirmes, des alimens aux vieillards, & des fecours même aux étrangers malheureux. Les Magiftrats, par leur autorité, leur vigilance, & de légeres corrections, ont vaincu l'obftination de oififs ; & les Villes qui, par tous ces foins, ont fait difparoître la mendicité dans leurs enceintes, ont vu bientôt des manufactures formées, des chemins rétablis, des précipices comblés, des bras rendus à l'agriculture & aux arts, plufieurs vices détruits & plufieurs crimes prévenus.

Ce font, Meffieurs, ces établiffemens que le Bureau vous propofera de protéger & d'encourager, comme le moyen où fe réduifent tous les Mémoires qui lui ont été remis fur cette matiere. On y voit en derniere analyfe, que des habitans foufcrivent volontairement pour ce qu'ils veulent confacrer à leurs charités ; que tous ces foufcripteurs conviennent entr'eux d'une forme d'Affemblée ; qu'ils y élifent tous les Officiers néceffaires à leur Adminiftration ; qu'ils fe partagent les différens quartiers d'une Ville, où les pauvres

font foumis à leur infpection & à leur conduite, afin de pourvoir
à leurs befoins & de leur répartir du travail.

Mais on fent que ces régimes particuliers ne peuvent qu'être
fubordonés à mille circonftances de temps, de lieux & de perfones. Il fuffira d'indiquer les Réglemens que fe font faits les habitans de Loche & de Château - Roux, comme les plus complets
qui nous foient parvenus en ce genre ; & l'on peut compter fur
l'empreffement des Adminiftrateurs de ces deux Villes à les communiquer. Nous obferverons feulement, que le plaifir de faire le
bien, fans fubordination, fans contrainte, & la peine d'être exclus
d'une fi glorieufe & fi libre Affociation, ont été la feule fanction
de ces Légiflations fingulieres; & que ce fyftême a eu tous les fuccès
qu'on en pouvoit atendre : auffi eft-il recomandé formélement,
comme le moyen le plus efficace d'infpirer la vertu par l'attrait
irréfiftible de l'égalité & de la liberté.

Peut-être fi l'on nous parloit pour la premiere fois, de créer *des
Bureaux de charité*, fans avoir des fonds invariablement affurés, ne
verrions-nous dans cette propofition qu'une pure chimere. Mais aujourd'hui, la poffibilité fe trouve démontrée par les faits. Par-tout où
l'on a formé de ces entreprifes, elles fe font mifes à exécution : &
nous voyons, par les lettres qu'ont reçues de divers endroits MM. vos
Procureurs-Syndics, au fujet de la mendicité, que, par-tout où l'on
fe plaint de la voir fubfifter encore, on n'y a pas effayé ces moyens.

Cette confiance, que l'on nous propofe d'avoir dans la bienfaifance de nos femblables, rapele un événement du dernier fiecle,
bien propre à fortifier nos efpérances. En 1696, Louis XIV engagea, par une lettre circulaire, tous les Évêques du Royaume à
établir des Hôpitaux, avec *les fonds de la Providence :* & dans une
feule année, cent Hôpitaux furent formés avec ces feuls fonds.

Vous repréfenterez à vos concitoyens, ce que difoit alors un zélé
Miffionaire, qui, pour des opérations fi étonantes, ne follicitoit

qu'un meilleur emploi des aumônes. » Les pauvres ne meurent point
» de faim. Si des indigens, infirmes ou ignorés, manquent du néces-
» faire, on voit des mendians avoir du superflu & le consumer en
» débauches. Répandez donc avec plus de discernement vos bien-
» faits ; vous n'en serez pas plus chargés, & tous les malheureux
» seront sûrement secourus. » C'est en adoptant ce raisonement si
simple, que la ville d'Amiens, chargée de 8 mille pauvres, sur une
population de 40 mille âmes, en 1778, mit en masse, pour une
seule année, une somme de plus de 100,000.

Mais, si chaque Ville se charge du soin de ses pauvres, il faudra
voir, peut-être, ceux qui n'y seront pas domiciliés, refluer sur les
campagnes. Que ne pouvez-vous, Messieurs, prouver par de prompts
effets, la tendre sollicitude que vous inspire une classe d'hommes
si intéressans ! Pourquoi faut-il que les malheurs des temps ne vous
laissent, en ce moment, presque aucuns moyens de soulager leurs
maux ? Cependant vous pourez n'être pas réduits à ne former pour
eux, que des vœux impuissans. Plusieurs bourgs suivront, comme
on l'a déja vu, l'exemple donné par les Villes, en employant aux
travaux des grands chemins, des ouvriers du pays, plutôt que des
étrangers, vous allez leur ouvrir une nouvele ressource pour subsister. Enfin, dans les paroisses les plus malheureuses, vous pourez
placer, de préférence, des âteliers de charité.

Ici, nous devons reconnoître combien ce genre de secours,
répandu depuis quelques années, par le zele de M. l'Intendant de
cette Province, y a produit de salutaires effets. Avec ces précieux
âteliers, des chemins nécessaires se réparent, d'importantes communications devienent plus faciles, le temps & les atelages du
cultivateur sont ménagés ; de riches propriétaires, se chargeant
volontairement d'une partie de ces dépenses, concourent d'eux-
mêmes aux travaux publics ; & le malheureux, que l'on occupe, est
araché au vice, à la honte & au désespoir.

Vous devez efpérer, Meffieurs, obtenir de la bonté du Roi, la continuation de ces fecours inapréciables, dont la fuppreffion, rendant nulles les facultés des propriétaires, pour un bien qu'ils ne pouroient opérer feuls, doubleroit, tout à la fois, & les foufrances des miférables, & la charge de l'État.

Telles font, Meffieurs, les réflexions que le Bureau foumet entiérement à vos lumieres. Ainfi, en fe réfumant, il a l'honeur de vous propofer,

Premiérement, d'inviter dans toutes les Élections, les Habitans des Villes & des Bourgs, à établir des Bureaux de charité, fur le modele de ceux qui fubfiftent déja dans plufieurs Villes, en fe formant eux-mêmes le régime & les réglemens qui leur paroîtront les plus convenables;

Secondement, afin de faire concourir avec les fentimens de l'humanité, les moyens puiffans de la religion, d'engager les Évêques de cette Province, à donner des Mandemens pour la formation de ces établiffemens dans leurs Diocêfes, & de les recomander au zele des Curés & des Prédicateurs.

Troifiémement, d'employer aux travaux des grandes Routes, des ouvriers de la Province, autant que faire fe poura, de préférence à des ouvriers étrangers.

Quatriémement, d'établir les âteliers de charité, près des paroiffes les plus pauvres.

RAPORT
fur la Navigation
extérieure & intérieure
DU POITOU.

TOUT pays qui, par des obftacles naturels ou politiques, feroit féparé de ceux qui le touchent, de maniere à ne pouvoir communiquer avec eux qu'imparfaitement, fur-tout s'ils font fous le même Gouvernement, feroit, fans contre-dit, un pays très-pauvre, quelques abondantes que fuffent fes productions, & fes habitans feroient très-malheureux, quelqu'active que fût leur induftrie.

Tout pays, au contraire, où l'Adminiftration fait créer ou favorifer les relations & les moyens de raprochement avec fes voifins, indiqués par la nature, par les befoins refpectifs & par l'intérêt commun, ne tardera pas à jouir de tous les avantages que fa fituation & les circonftances peuvent lui permettre de défirer.

Ces avantages pour les différentes Provinces d'un même Empire, font le réfultat des communications qu'elles ont l'intelligence d'établir entr'elles; & les communications font les grandes Routes & les Canaux navigables.

Un de vos Bureaux, Meffieurs, s'occupe de ce qui intéreffe les grandes Routes, & il s'en aquitera fûrement de maniere à mériter votre approbation & la reconoiffance publique : vous nous avez chargés de vous entretenir de ce qui eft relatif à la navigation extérieure & intérieure de la Province dont l'adminiftration eft confiée à vos foins ; nous allons effayer de remplir la tâche que vous nous avez donnée : heureux, fi nous pouvons répondre à une partie de vos vues ! Ce qui y manquera, poura être exécuté avec plus de fuccès par votre Commiffion intermédiaire, dont vous connoiffez les lumieres, le zele & l'activité.

Nous dirons peu de chofe fur la navigation extérieure ; cet objet n'a befoin d'aucun dévelopement ; les avantages qui en dérivent, font connus & fentis, non feulement par ceux qui en jouiffent immédiatement, mais encore par ceux qui en font à une certaine diftance, en ce que le commerce qui les procure & le befoin qui les attire, établiffent néceffairement des relations d'intérêt entre tous les propriétaires d'un même continent.

Nous croyons, Meffieurs, qu'il eft fuffifant de vous rapeler à cet égard, que les différens Ports que la nature a indiqués aux éforts de l'art fur les côtes du bas Poitou, fervent à exporter les deux productions principales de cette contrée, les grains & les fels, & à rendre en échange à fes habitans, tout ce que les autres Nations agricoles & induftrieufes, peuvent fournir à leur fubfiftance ou à leur luxe ; & c'est ainsi que les peuples commerçans deviennent, pour ainsi dire, concitoyens.

Le Port des Sâbles, le plus important de tous, alimenté par le cabotage actif & multiplié des petits Ports qui l'avoisinent, offre d'autres ressources locales non moins essentieles ; les Négocians qui l'habitent, expédient aussi des navires au banc de Terre-Neuve, pour la pêche de la morue : cette pêche, que le Port de Saint-Gilles a partagé long-temps, étoit autrefois bien plus considérable qu'elle ne l'est aujourd'hui : on y employoit jusqu'à quatre-vingts navires, à peine y en emploie-t-on maintenant quinze à vingt; il est vrai que les encouragemens donnés depuis peu par le Roi, pour introduire dans nos Colonies, de la morue propre à nourir les Negres, pouroient donner de la faveur à cette pêche ; mais nous croyons, Messieurs, devoir vous parler d'un obstacle qui s'y oppose : cet obstacle vient de la difficulté de faire passer de la morue dans les pays de Gabele, parce que les Employés des Fermes batent ou secouent celle qu'on y destine, au point de ne pas y laisser un seul grain de sel, ce qui nuit à sa conservation.

Le Port des Sâbles & le Port de Saint-Gilles s'occupent aussi de la pêche de la sardine ; la consommation prodigieuse qui se fait de ce petit poisson, si commun sur nos côtes, est un attrait pour ceux qui se livrent à cette pêche ; l'apât dont on se sert pour l'attirer, & qui nous vient sur-tout de la Norwege, est chargé d'assez forts droits, ce qui en rend les Pêcheurs très-économes, & le succès de leur pêche en soufre ; cet apât, que l'on nomme *Rave* ou *Rogue*, est composé d'œufs de maquereaux, de morues, de harengs & d'autres poissons ; nos Pêcheurs le préparent eux-mêmes, mais en petite quantité, & sont obligés de tirer le surplus de l'Étranger, à grands frais.

Nous soumettons à votre sagesse, Messieurs, les considérations que font naître, d'une part, le procédé des Employés des Fermes; & de l'autre, l'avantage qu'il y auroit à encourager nos Pêcheurs,
plutôt

plutôt que de les fatiguer par des obstacles nuisibles à la pêche de la sardine : nous présumons que, lorsque vous jugerez les circonstances favorables, vous chargerez votre Commission intermédiaire de vous proposer les moyens les plus convenables pour faire cesser les deux inconvéniens que nous venons de vous dénoncer.

Nous bornons à cet aperçu, Messieurs, ce que nous avons cru pouvoir vous dire sur la navigation extérieure de cette Province. Nous sommes pressés de vous entretenir du besoin, peut-être plus important pour elle, d'avoir une navigation intérieure, dont l'établissement, selon qu'il est conçu depuis long-temps, lui assureroit une prospérité dont il est douloureux de la voir privée.

Nous parlerons d'abord de celle qu'elle pourroit obtenir de la riviere du Clain qui baigne les murs de notre Capitale, & qui tenant d'une part à une riviere déja navigable, la Vienne, pourroit le devenir elle-même jusqu'à deux autres qui le sont aussi, la Charente & la Sêvre, qui communiquent l'une & l'autre à la Mer, comme la Vienne y communique elle-même par la Loire. C'est vous présenter, Messieurs, en deux mots, tout l'intérêt qui résulteroit pour le Poitou, de cette navigation du Clain.

Ce projet dont une partie a été exécutée autrefois, fût conçu sous le regne de Charles VII, qui jugea lui-même de son utilité pendant le séjour qu'il fit à Poitiers.

Il voulut d'abord rendre le Clain navigable jusqu'à Châtelleraud. Les travaux furent commencés. Des circonstances fâcheuses les interrompirent. François I s'en occupa ; il y eut encore des difficultés. Henri IV, dont la premiere passion étoit de faire du bien à ses peuples, montra les mêmes vues. On connoît le Procès verbal qui fut fait par ses ordres en 1596, concernant les travaux à faire, & les indemnités à payer depuis Châtellcraud jusqu'à Vivône. Ce n'étoit alors qu'une dépense d'environ 100,000ᵗᵗ. Il y eut en 1605 une adjudication, au rabais, d'une partie de ces ouvrages qui parurent alors

Z

devoir être plus confidérables. Cette adjudication fut de 189,000^{tt}. En 1603 il y eut un Procès verbal qui conftata que la plus grande partie des ouvrages néceffaires, étoit bien faite, & que la navigation étoit libre depuis la Vienne jufqu'à Poitiers. La mort de Henri IV & la difgrace de Sully, firent fufpendre la fuite des travaux. La navigation étoit déja interrompue en plufieurs endroits dès 1627, on ne penfa alors que foiblement à la rétablir; & elle fut totalement oubliée jufqu'en 1707, où on fe contenta de dreffer un Procès verbal des ouvrages à faire & qui n'eut aucune fuite.

Ce précis hiftorique de ce qui a été fait pendant plufieurs fiecles, en faveur de la navigation du Clain, prouve qu'elle a eu lieu, au moins depuis Châtelleraud jufqu'à Poitiers, & prefque jufqu'à Ligugé, combien il paroiffoit important de la conferver, & la poffibilité de la rétablir.

Ces effais ont étendu enfuite les vues. M. de la Guéroniere, Gentilhomme du Poitou, propofa en 1723 & 1724, dans trois Mémoires imprimés & préfentés au Confeil, de prendre une partie d'eau de la riviere de Vienne, vis-à-vis de Chabanois, & de conduire cette faignée dans la Clouere, près Vivône, où cette petite riviere fe joignant au Clain, coule enfuite fous le nom de Clain jufqu'à Poitiers, d'où il va fe jeter dans la Vienne à Cenon, où l'Annalifte Boucher prétend que de fon temps il y avoit un Port. L'exécution de ce projet dont il avoit été queftion en 1716, devoit coûter 2,000,000. C'eft beaucoup, diront ceux qui rejetent les entreprifes difpendieufes, quelqu'utiles qu'elles foient. Mais on ne fait pas de grandes chofes fans de grands moyens. La difficulté des travaux en pareil cas, ne doit pas plus éffrayer que la dépenfe. Les difpofitions combinées à la fois par le génie, le courage & le patriotifme, feront toujours fagement & glorieufement exécutées.

L'idée de rendre le Clain navigable, éfacée par des circonftances qui infpiroient d'autres intérêts, a reparu de nouveau, il y a peu d'années, & les bons citoyens s'en occupent encore dans ce moment. Nous connoiſſons pluſieurs projets qui ont été préſentés ſucceſſivement à M. de Bloſſac & à M. de Nanteuil, Intendans de cette Province. Le plan de tous n'eſt pas le même, mais il a le même but. Les uns propoſent de joindre le Clain à la Charente qui coule à Sivrai, & d'où elle ſera bientôt navigable juſques à Angoulême. Quelques difficultés que l'on croit avoir aperçues par le nivélement du terrain, & le défaut de pente néceſſaire des ruiſſeaux qui y aflueroient, ſembleroient s'oppoſer à cette direction, mais des gens de l'art penſent qu'après un examen plus ſuivi, elles pouroient paroître moins inſurmontables. L'importance de l'objet invite à cet examen, avant de prononcer ſur l'impoſſibilité apparente de l'exécution pour laquelle il s'agiroit d'ouvrir un canal entre Sommieres & Sivrai.

D'autres voudroient réunir le Clain à la Sêvre, par l'étang de l'Abbaye des Châteliers. Ceux-ci ont eu connoiſſance d'un projet propoſé en 1740, ſous l'adminiſtration & par les ordres de M. le Nain, alors Intendant du Poitou. Il parut poſſible de rendre la Sêvre navigable depuis Saint-Maixent juſques à Niort. On dreſſa, en conſéquence, le devis des ouvrages, le détail eſtimatif de la dépenſe; on fit l'évaluation des indemnités à acorder aux propriétaires des moulins qu'il auroit fallu détruire, & le tout montoit à environ 300,000^{tt}. L'Entrepreneur déja choiſi, & qui offroit de ſe charger d'exécuter les ouvrages, demandoit ſeulement 212,000^{tt}; le reſte eût été réſervé pour les opérations hydrauliques qui pouvoient être jugées néceſſaires à la conſervation de quelques moulins, & à l'embéliſſement des bords de la riviere.

Ainſi, Meſſieurs, ſoit que l'on adoptât le projet de joindre le Clain à la Charente, ſoit que l'on préférât ſa jonction à la Sêvre, de l'un & de l'autre côté, on ſeroit ſûr de communiquer par cette riviere à la Mer, ainſi qu'on y communiqueroit également par la

Vienne qui tombe dans la Loire. Eh! qui empêcheroit qu'avec le temps, & en réunissant les moyens nécessaires, on entreprît d'exécuter l'un & l'autre projet? Nous l'avons déjà dit : il y a de la gloire à exécuter de grandes choses lorsqu'elles sont utiles ; & nous pensons, Messieurs, que cette gloire vous est réservée, pour le bonheur & la prospérité de cette Province. Le Languedoc, la Bourgogne, la Champagne, la Picardie, la Bretagne ont leurs canaux de navigation intérieure ; le Berry est à la veille d'avoir le sien. Pourquoi le Poitou n'auroit-il pas aussi, un jour, celui que la nature lui indique, & que le vœu commun lui promet, si les circonstances vous secondent? Le Bureau est persuadé que votre Commission intermédiaire va donner à des vues aussi intéressantes, toute l'attention qu'elles exigent. Il ne faut, Messieurs, que parcourir le tableau figuratif que nous mettons sous vos ieux. Vous y verrez le cours de tous les canaux du Royaume, avec lesquels celui du Poitou communiqueroit : ce seul coup d'œil sera déjà une jouissance pour vous.

Il est inutile, sans doute, que nous exposions ici tous les avantages qui résulteroient pour le Poitou, de l'exécution du canal dont il s'agit. En vivifiant tous les lieux qu'il traverseroit, il donneroit de la valeur à nos productions, que, par cette raison, on cultiveroit avec plus de soin. Nous avons des grains, des vins, du lin, du chanvre, des étofes, des toiles, des bois, des fers, &c. que l'on transporteroit à peu de frais à nos voisins, qui nous donneroient en échange d'autres denrées & d'autres marchandises. On a calculé que la voiture par eau, coûtoit à peine le dixieme du prix de la voiture par terre. Cette économie est inappréciable. Ce qui l'est encore plus, c'est que la voiture par eau ménageroit nos grandes Routes dont l'entretien est si cher pour ceux qui y contribuent.

Nous aurions dû, peut-être, Messieurs, pour ne pas fatiguer l'attention que vous voulez bien nous donner, nous en tenir à ce que nous venons de dire. Mais la navigation du Clain n'est pas, en ce genre, le seul objet de votre follicitude patriotique. Le Poitou poffede plufieurs autres rivieres, dont quelques-unes font déja navigables en partie, & quelques-unes auffi pourroient le devenir. La Sêvre l'eft depuis Niort jufqu'à d'Aligre-Marans, la Vendée l'eft une partie de l'année, prefque depuis Fontenai jufqu'à l'endroit où elle joint la Sêvre. Il y a plufieurs canaux navigables dans les marais du bas Poitou. Le nombre de ces canaux pourroit être encore augmenté, & porter jufqu'à la Mer. Le Thoué pourroit être rendu navigable, depuis Partenay jufqu'à la Loire. On connoît les travaux commencés depuis quelques années, fur les bords de la Dive, pour qu'elle porte des bateaux, & pour defsécher les marais incultes qu'elle inonde. L'exécution de ces différens travaux, rendroit à la culture, un nombre immenfe d'arpens de terre, couverts par les eaux. On remarque que le peuple eft plus laborieux, & les terres mieux cultivées, fur les bords des rivieres navigables, que par-tout ailleurs. La population y eft auffi, par cette raifon, plus nombreufe.

Nous le dirons encore, peu de contrées font auffi fufceptibles que le bas Poitou, d'étendre leur navigation extérieure & intérieure : le Port de Saint-Gilles eft dans la fituation la plus convenable pour fervir de refuge aux bâtimens batus par la tempête ou pourfuivis par l'Ennemi; mais ce Port auroit befoin de quelques réparations : on pourroit auffi faire remonter dans les terres, la navigation de la riviere de Vie : en 1520, l'Amiral Chabot fit apprécier la dépenfe des travaux néceffaires fur cette riviere; il n'eût fallu que la fomme de 20,000^{tt}: ce projet utile fut encore fans effet par le malheur des circonftances.

C'en eft affez, Meffieurs, pour le moment fur cet objet : le vœu du Bureau eft que vous y reconoiffiez le zele qui l'animera toujours, dès qu'il s'agira de feconder vos vues pour le bien public; il défire en conféquence, que vous veuilliez arrêter,

1.°, Que l'Affemblée Provinciale, dès que les circonftances le permettront, chargera fa Commiffion intermédiaire, d'examiner les différens projets proposés pour établir & étendre la navigation du Clain, depuis Poitiers jufques aux rivieres qui peuvent porter cette navigation jufques à la Mer;

2.°, Que des gens de l'art feront alors, fur les lieux, tous les examens, nivélemens & eftimations néceffaires, dont ils vous remettront le réfultat, afin que vous prononciez & propofiez enfuite au Gouvernement, ce qu'il conviendra de faire;

3.°, Qu'il fera mis fous vos ieux, une copie de ces différens Mémoires, dont quelques-uns nous ont été communiqués, ainfi que des autres documens particuliers qui font entre nos mains, & qui nous ont fervi à faire ce raport;

4.°, Qu'il fera également fait une copie du tableau figuratif dont nous vous foumettrons l'examen, & que nous devons rendre à l'honête citoyen qui a bien voulu nous le confier;

5.°, Que toutes les copies feront dépofées dans vos Archives, pour y recourir au befoin, & fervir de pieces juftificatives;

6.°, Qu'il fera auffi fait, pour y être joint, un extrait de tous les ouvrages & devis où il peut être queftion de la navigation du Clain & autres obfervations relatives aux projets de la même efpece en faveur de cette Province.

RAPORT CONCERNANT LES PÉPINIERES. L'EXAMEN des Pépinieres de cette Province, dont vous avez chargé le Bureau du Bien public, eft l'objet du raport que nous avons l'honneur de vous préfenter.

Si nous envifageons les Pépinieres comme des endroits deftinés à fournir des arbres, auffi néceffaires pour la plantation des grandes Routes, qu'utiles aux particuliers jaloux d'enrichir & décorer leurs poffeffions; fi nous réfléchiffons fur l'agrément de trouver à la proximité & dans le moment, des arbres dont on a un befoin fans ceffe renaiffant; fi nous confidérons que, naturalifés au fol & au climat, ils doivent croître avec plus de promptitude & de facilité, nous ne pouvons qu'être frapés de l'avantage qui paroît en réfulter pour le public & le particulier; il n'eft perfone qui, fous cet afpect, ne les regarde comme un fond de richeffes pour la Province, trouvant dans fon intérieur, des arbres qu'elle ne peut tirer d'ailleurs, qu'a-vec des frais proportionés à fes demandes, & fujets à tous les incon-véniens d'un long tranfport, très-fouvent contraire au fuccès d'une vive végétation.

Mais que ces belles apparences ne vous féduifent pas : raprochons la dépenfe du bénéfice, c'eft le vrai point qui doit fervir de bâfe à votre détermination fur le fort des Pépinieres.

Nous comptons dans cette Province, dix Pépinieres dont l'éta-bliffement, au moins auffi ancien que l'ouverture des Routes, remonte à un demi-fiecle : on prend fur les fonds libres de la Géné-ralité, une fomme de 12,000^{tt}, deftinée, tant à l'entretien des Pépi-nieres, qu'au Jardin de Botanique & Manufacture de vers à foie éta-blie en cette Ville : ces deux derniers établiffemens abforbent un peu plus de la moitié de cette fomme de 12,000^{tt}; ainfi il ne refte qu'une fomme de 5500^{tt} environ, pour l'entretien des Pépinieres; il en réfulte, qu'en ne fixant l'époque de leur établiffement qu'à quarante ou cinquante ans, elles coûtent à la Province 200,000^{tt}, qu'un calcul plus exact porteroit beaucoup plus haut.

Sans vous parler ici, Meffieurs, de la mauvaife qualité de partie des arbres qui en font fortis pour être plantés fur les grands Che-mins, en fixant vos regards fur le petit nombre qu'on y rencontre, vous fentirez combien il s'en faut que cet établiffement ait rempli l'objet de fa deftination : l'on ne craint pas de s'égarer, en affurant que le produit qu'on paroît en avoir tiré, n'équivaut pas au quart de la dépenfe, d'où l'on peut conclure que la confervation des Pépinieres feroit beaucoup plus nuifible qu'avantageufe au bien public.

On objectera fans doute la nécessité de planter les grandes Routes, le grand nombre d'arbres qu'exige cette opération, la difficulté de les trouver & la dépenfe que cela coûtera ; de tous ces inconvéniens, il n'en exifte aucun.

Nous convenons, Messieurs, de l'utilité de planter les grandes Routes : outre l'agrément, la commodité des voyageurs, les effets falutaires de l'ombre pour les beftiaux dans les plus fortes chaleurs, une plantation de plus de trois cens mille pieds d'arbres, ne peut que préfenter une perfpective intéreffante, fur-tout dans un temps où nous voyons diminuer fenfiblement les bois de toute efpece.

Quel que foit le nombre d'arbres néceffaires pour la plantation des grandes Routes, ne craignez point que les reffources vous manquent : outre les plants qu'on tirera des Pépinieres exiftantes pour les y tranfporter, vous trouverez dans la bonne volonté, l'intérêt même des particuliers, des moyens fûrs pour porter bientôt l'ouvrage à une perfection que n'opérera peut-être jamais, ou au moins bien lentement, l'établiffement des Pépinieres publiques, l'expérience ayant démontré qu'elles ne peuvent fournir annuélement qu'une petite quantité d'arbres, la plupart défectueux.

Qu'on laiffe aux propriétaires riverains la faculté de planter, d'après l'alignement des Ingénieurs, les arbres les plus convenables au fol, il n'en eft aucun qui n'en profite, avec d'autant plus de plaifir qu'il y verra fon avantage réuni.

Serions-nous trompés dans cette attente ? ne pouroit-on pas laiffer aux Municipalités, foit des Villes, foit des gros Bourgs, le foin de planter les grandes Routes ? elles connoîtroient chacune l'efpece convenable à leur fol, elles fe procureroient des arbres fains & & vigoureux, à un prix médiocre, infiniment au deffous de celui auquel reviennent ceux des Pépinieres ; elles auroient à cœur de faire réuffir leurs travaux : ce moyen feroit, peut-être, un de ceux qui,

dans

dans peu de temps & à peu de frais, procureroit l'entiere plantation des grandes Routes, à laquelle la fuppreffion des Pépinieres ne peut abfolument porter aucun préjudice.

Enfin, Meffieurs, s'il vous reftoit encore quelque crainte à cet égard, nous croyons pouvoir vous raffurer, par les foins vigilans de Meffieurs du Bureau des Travaux publics & par la maniere de penfer de plufieurs Miniftres dont l'efprit & le mérite vous font connus.

Mais demanderez-vous, Meffieurs, à Sa Majefté, la fuppreffion des Pépinieres, par une profcription générale ou feulement fuccef-five, à l'expiration des baux de leurs terrains? C'eft cette derniere maniere que nous croyons devoir vous propofer comme la plus fimple & la plus facile dans fon exécution; la chofe fe fera, pour ainfi dire, d'elle-même; on fe contentera de ne pas renouveler les baux à leur expiration; & pendant leur cours on tirera le meilleur parti poffible des arbres qui font dans ces Pépinieres, foit en plan-tant les plus forts fur les grandes Routes, foit en tranfportant les plus foibles dans les Pépinieres dont la fin du bail feroit la plus reculée.

Au nombre des fuppreffions que nous vous propofons, nous ne comprenons pas celle du Jardin de Botanique qui nous a paru mériter d'être confervé, comme propre à étendre des connoiffances utiles, & à préfenter des fecours à ceux qui voudroient fe livrer à ce genre d'étude, qui a pour objet, non feulement une curiofité honête, mais encore le bien de l'humanité, & dont l'établiffement eft dû à un Adminiftrateur dont le zele, pour l'avantage de la Province, s'eft fait connoître dans plus d'une occafion.

C'eft d'après ces confidérations, que le Bureau eft d'avis de deman-der à Sa Majefté, la fuppreffion des Pépinieres publiques de cette Province, à l'expiration de chaque bail, qui ne fera point renouvelé à fon échéance; 2.°, de fupplier Sa Majefté d'acorder à tous les pro-priétaires riverains, la faculté de planter fur leurs domaines, d'après

A a

les alignemens fixés par les Ingénieurs, les arbres qu'ils jugeront les plus convenables au fol & au climat de leurs terrains, fe réfervant, la Province, de pourvoir elle-même auxdites plantations qu'on auroit négligé de faire dans un temps limité, par telle voie qu'elle jugera la plus convenable.

RAPORT
SUR
LES HARAS.
Les Haras ont attiré depuis long-temps les regards du Gouvernement : la nature du fol, l'efpece de pâcage, les foins peut-être, fembloient avoir donné aux chevaux des Nations voifines, un avantage reconu fur ceux de la France. Le Gouvernement s'eft occupé des moyens d'améliorer les efpeces en croifant les races ; on a mis à contribution toutes les contrées de l'Europe ; on a enlevé aux côtes de la Barbarie, aux plaines même de l'Arabie, leurs plus beaux Étalons, & on les a forcés de fervir aux befoins & aux richeffes de ce Royaume.

Ici, l'intérêt général s'unit à l'intérêt & à l'agrément des particuliers. Les chevaux font devenus, chez toutes les Nations, un objet de premiere néceffité. Ils font un des principaux inftrumens, fi l'on peut s'exprimer ainfi, de l'art terrible de la guerre. Ils offrent à la culture & au commerce, des moyens, des facilités & prefque l'exiftence. L'Homme a formé avec le cheval, des liaifons d'utilité, de commodité, de plaifirs, nous ferions tentés de dire, d'amitié. Ce fuperbe & noble animal, a mérité, dans tous les temps, l'attention & les foins de l'Homme en fociété : il forme une des principales richeffes de cette Province. Ses pâcages & fes marais, fur-tout ceux du bas Poitou, font couverts de ces animaux précieux ; des foires célebres les difperfent dans tout le Royaume. Une autre branche de commerce également intéreffante pour le Poitou, eft celle des mules & mulets. Les Efpagnols vienent, chaque année, échanger leur or contre les mules de cette Province : il eft donc infiniment important d'en multiplier & d'en embélir la race.

Nous n'avons pas cru, Meſſieurs, devoir nous occuper du régime & du choix des Étalons, ni même de leur diſtribution dans les divers cantons de la Province. Ce ſoin a été confié par le Gouvernement à des mains sûres, & nous ne pouvons qu'applaudir au zele éclairé & patriotique qui préſide à cette adminiſtration. Si cependant les Mémoires qui pourront un jour vous être remis, offroient quelques remarques importantes, qui tendiſſent au bien général de la Province, nous ne doutons pas qu'elles ne fuſſent acueillies avec complaiſance; nous oſons le dire, avec reconoiſſance même de la part du Gouvernement. Nous n'avons reçu, Meſſieurs, aucun Mémoire ſur cet objet, ſans doute nous devons atendre du temps les lumieres qu'il ne nous a pas été poſſible d'acquérir pendant la durée de vos ſéances. Cependant les ſieurs Texier & Almin, Artiſtes Vétérinaires, nous ont adreſſés quelques obſervations ſur le traitement des chevaux & des différens beſtiaux : animés de vos vues pour le bien public, nous avons cru répondre à vos déſirs en formant un précis de leur travail : votre ſageſſe & vos lumieres vous décideront ſur l'uſage que vous devrez en faire. Peut-être ſeroit-il avantageux pour les gens de la campagne, de le faire imprimer & d'en diſtribuer des exemplaires aux Syndics des Municipalités.

Nous vous propoſerons avec encore plus de confiance, de charger votre Commiſſion intermédiaire d'écrire une lettre circulaire, qui ſera adreſſée par les Bureaux intermédiaires, aux différentes Municipalités, & dans laquelle on leur demandera,

1.°, L'état des Haras établis dans les diverſes parties du Poitou, & de leurs ſuccès;

2.°, L'eſpece de chevaux qu'on éleve en chaque canton; celle qui y réuſſit le mieux; le genre d'étalon qui y convient;

3.°, Quels ſont les lieux les plus propres à élever des mulets, & ſi le nombre des baudets eſt ſuffiſant;

4.°, Quels font les moyens qu'on pouroit employer pour perfé-
ctioner & multiplier ces deux efpeces de Haras ;

5.°, Enfin, le Bureau défire que l'Affemblée faffe imprimer le Précis
de l'Art Vétérinaire qu'il a mis fous fes ieux, & qu'elle en adreffe
des exemplaires à tous les Syndics des paroiffes de cette Généralité.

- Les Raports terminés, & la matiere mife en délibération, l'Affemblée a arrêté fur le premier objet ;

1.°, Que dans toutes les Élections, les habitans des Villes &
des Bourgs, feront invités à établir des Bureaux de charité, fur le
modele de ceux qui fubfiftent déja dans plufieurs Villes ;

2.°, Que les Évêques de cette Province feront invités, au nom de
l'Affemblée, d'encourager ces établiffemens par tous les moyens
que le zele & la religion pourront leur fuggérer, & d'engager les
Curés & Prédicateurs d'en faire un des principaux objets de leurs
exhortations ;

3.°, Que les habitans de la Province feront, autant que faire fe
poura, préférés aux étrangers pour les travaux des Routes ;

4.°, Que le Roi fera très-humblement fupplié de continuer à
fa fidele Province du Poitou, les fecours que Sa Majefté étoit dans
l'ufage de lui acorder pour les travaux de charité.

Sur le fecond, que la Commiffion intermédiaire prendra en
confidération, le plan propofé pour la navigation du Clain ; qu'elle
s'occupera des moyens de fe procurer les renfeignemens relatifs à
cet objet.

Sur le troifieme, que Sa Majefté fera très-humblement fuppliée ;

1.°, De permettre la fuppreffion des Pépinieres publiques de cette
Province, à l'expiration de chacun des baux à ferme actuéllement
fubfiftans, ou plutôt, fi les propriétaires du terrain fur lefquels elles
ont été établies, confentent à les réfilier ;

2.°, Que pour favorifer la multiplication des arbres & notament des mûriers, Sa Majefté fera très-humblement fuppliée de permettre qu'il foit pris fur les fonds aujourd'hui deftinés à l'entretien des Pépinieres publiques, une fomme de 1,500ᵗᵗ, qui fera diftribuée, par forme de gratification, à ceux qui s'occuperont avec fuccès, de l'établiffement des Pépinieres particulieres, laquelle gratification ne fera acordée que fur le vu des certificats qui feront donnés par les Affemblées d'Élection ou leur Bureau intermédiaire.

Sur le quatrieme, l'Affemblée a invité chacun de fes Membres à prendre les éclairciffemens néceffaires fur la multiplication & amélioration des races de chevaux & beftiaux de toutes efpeces, dans les diverfes parties du Poitou.

Il a été arrêté que le Jardin de Botanique de cette Ville feroit confervé; que le Précis fur l'art Vétérinaire, préfenté par le Bureau, fera imprimé, & des exemplaires envoyés aux Syndics des paroiffes de la Généralité.

La féance a été indiquée à Lundi prochain, 3 de ce mois.

Signé, † M. L. Évêque de Poitiers.

GIRAUDEAU, *Secrétaire-Gréfier.*

Du Lundi, 3 Décembre, à neuf heures du matin.

Lecture a été faite du Procès verbal de la précédente féance; la fuivante a été indiquée au lendemain, neuf heures du matin.

L'Affemblée s'eft féparée pour aller travailler dans les Bureaux.

Signé, † M. L. Évêque de Poitiers.

GIRAUDEAU, *Secrétaire-Gréfier.*

Du Mardi, 4 Décembre, à neuf heures du matin.

Lecture a été faite du Procès verbal de la précédente féance.

M. le Préfident a donné lecture de la réponfe de M. le Contrô leur Général, par laquelle il lui mande, » Qu'il eſt très-ſenſible aux » ſentimens de l'Aſſemblée, le prie de lui en faire ſes remercîmens, » & d'être, auprès d'elle, l'interprete de ſa ſenſibilité. »

Il a été arrêté que cette lettre ſeroit dépoſée au Grêfe de l'Adminiſtration.

M. le Préſident a annoncé que M. le Commiſſaire du Roi l'avoit prévenu qu'il devoit ſe rendre à l'Aſſemblée, demain, à neuf heures & demie du matin. M. le Préſident a nommé quatre Députés pour aller le recevoir au haut de l'eſcalier.

La ſéance a été indiquée au lendemain, neuf heures du matin.

L'Aſſemblée s'eſt ſéparée pour aller travailler dans les Bureaux.

Signé, † M. L. Évêque de Poitiers.

GIRAUDEAU, *Secrétaire-Gréfier*.

Du Mercredi, 5 Décembre, à neuf heures du matin.

Lecture a été faite du Procès verbal de la ſéance précédente.

L'Aſſemblée ayant été prévenue de l'arivée de M. le Commiſſaire du Roi, il a été reçu ſuivant le cérémonial preſcrit par le Réglement.

M. le Commiſſaire du Roi entré, & ayant pris la place qui lui avoit été préparée, a prononcé un diſcours, après lequel il a mis ſur le Bureau, des exemplaires imprimés de différens ouvrages publiés par ordre du Gouvernement, ſur l'Agriculture & le Bien public; il a invité l'Aſſemblée à les répandre dans la campagne, & à en envoyer des exemplaires à tous les Syndics des paroiſſes de la Généralité.

MM. les Procureurs-Syndics ont été chargés d'exécuter les volontés de Sa Majeſté.

M. le Préſident, au nom de l'Aſſemblée, a prié M. le Commiſfaire du Roi, de faire agréer, à Sa Majefté, fes remercîmens & fa refpectueufe reconoiffance.

L'Affemblée délibérant enfuite fur les différens objets propofés par le Bureau des Tailles, il a été arrêté,

1.°, Qu'il ne fera rien changé, pour le préfent, dans la maniere d'affeoir la taxe de l'Induftrie ;

2.°, Que les Membres de l'Affemblée Provinciale, & particuliérement ceux des Bureaux intermédiaires des Élections, s'occuperont des moyens de fe procurer les connoiffances néceffaires pour établir une jufte répartition de l'Impôt entre les Élections, les Paroiffes & les Contribuables ;

3.°, Que les taxes d'office continueront d'être faites, en les rapelant aux principes de leur inftitution ;

4.°, Que la répartition fera faite par les Municipalités, en fe conformant aux Réglemens;

5.°, Qu'il ne fera rien changé à la forme de la Collecte ;

6.°, Que le nombre des Rôles fera réduit à trois dans chaque paroiffe.

Le premier contiendra la Taille, la Capitation-taillable & acceffoires ;

Le fecond, les Vingtiemes ;

Le troifieme, la Corvée, les Ponts & Chaufsées, & tous les fonds libres ;

7.°, Que le Roi fera très-humblement fupplié, de laiffer à l'Affemblée Provinciale, pour le bien & l'avantage de cette Province, la libre difpofition des différentes fommes qu'elle a payées jufques à ce jour ; favoir, 63,000^{tt} pour la conftruction d'une Intendance ; 19,000^{tt} pour les penfions des Officiers du Confeil Supérieur, & 28,000^{tt} pour la reconftruction du Palais de Juftice de Paris;

8.°, Que Sa Majefté fera également fuppliée de vouloir bien rendre à la Province, les fommes précédemment verfées au Tréfor

Royal, & qui avoient été levées pour la conftruction de l'Intendance de Poitiers.

La séance a été indiquée au lendemain, Jeûdi, 6 Décembre, à neuf heures du matin.

Signé, † M. L. Évêque de Poitiers.

GIRAUDEAU, *Secrétaire-Gréfier.*

Du Jeûdi, 6 Décembre, à neuf heures du matin.

Lecture a été faite des Délibérations du jour précédent.

M. le Préfident a annoncé que des afaires furvenues à M. Rouget de Gourcez, l'avoient obligé de s'abfenter, & qu'il feroit poffible qu'il ne fût pas de retour avant la clôture des séances.

La séance a été renvoyée à cinq heures du foir, & Meffieurs font allez travailler dans les Bureaux.

Signé, † M. L. Évêque de Poitiers.

GIRAUDEAU, *Secrétaire-Gréfier.*

Du Jeûdi, 6 Décembre, à cinq heures du foir.

Le Bureau du Réglement & de la Comptabilité a fait les Raports fuivans :

MESSIEURS,

RAPORT SUR LES FRAIS. Après avoir mis fucceffivement fous vos ieux, les différens Procès verbaux des neuf Élections qui compofent cette Province ; après vous avoir fait remarquer ce qui dans chacun pouvoit n'être pas affez conforme aux Réglemens ; après avoir analyfé les différens projets que ces Affemblées ont formés, les demandes qu'elles vous ont adreffées, & fur lefquelles elles follicitent votre apui auprès de Sa Majefté & de fes Miniftres, le Bureau, parce que vous lui en avez fait un devoir, a eu l'honneur de vous propofer les réflexions & les motifs qu'il croit
capables

capables de déterminer vos Délibérations, comme ils ont déterminé fon avis; il les reprendra par ordre à la fin de ce raport, afin
que vous puiffiez plus facilement délibérer fur les objets que vous
jugerez dignes de votre attention, & que vous croirez devoir mériter
celle du Miniftre.

Mais ils nous refte, Meffieurs, à traiter une matiere auffi importante qu'elle eft délicate; le Bureau, s'il l'eût ofé, s'y feroit refusé:
il ne lui a pas fallu moins que fon refpect pour vos ordres, pour entreprendre une pareille difcuffion; vous devinez, Meffieurs, qu'il eft
queftion des frais que néceffite l'établiffement de la nouvele Adminiftration. Vous êtes appelés, Meffieurs, à y prendre part, dans
un temps où le Monarque qui nous gouverne, ayant reconu la
difproportion des revenus de l'État, avec le tableau qui lui a été
préfenté de fes charges, craint de demander à fes fideles fujets,
des fecours devenus néceffaires, parce qu'il fait que déja leurs éforts
ont furpafsé leurs forces, & qu'il ne veut pas abufer de leur amour;
c'eft en diminuant l'éclat de fon trône, c'eft en portant la plus
rigoureufe économie fur toutes les parties de l'Adminiftration, c'eft
en fupprimant même une partie de fes dons, en diminuant les récom-
penfes qu'il avoit acordées à d'anciens ferviteurs, qu'il cherche les
moyens de faire difparoître ce *deficit* qui s'eft formé avec tant de rapi-
dité, fans qu'aucune caufe connue ait pu le faire foupçoner avant
l'époque mémorable où le voile qui le couvroit a été déchiré; c'eft au
moment où le meilleur des Rois s'occupoit du bonheur de fes fujets,
où il fe croyoit permis de leur annoncer un fort plus doux, qu'il
apprend que loin de pouvoir foulager leur mifere, il craint d'être
forcé de l'aggraver; c'eft pour ne pas renoncer au vœu le plus cher à
fon cœur, que ne pouvant afoiblir l'Impôt, il veut au moins qu'une
répartition plus jufte l'adouciffe; & c'eft à vous, Meffieurs, qu'il
confie, dans cette Province, cette honorable fonction; c'eft à la
Province elle-même. Le Pere commun affocie fes enfans au Gou-

B b

vernement du patrimoine de la famille, perſuadé que les intérêts de tous ſeront reſpectés, que l'injuſtice & l'arbitraire n'approcheront jamais d'une Adminiſtration qui doit trouver ſon intérêt & ſa gloire à être incorruptible; & par-là, il croit avoir fait beaucoup pour ſon peuple; ce peuple lui-même croit avoir beaucoup obtenu; & cependant, Meſſieurs, le premier réſultat de vos travaux ſera de lui montrer une dépenſe nouvele, qui néceſſairement augmentera la charge publique, ou diminuera les reſſources de la bienfaiſance. Sans doute, Meſſieurs, la ſuite de vos opérations, l'économie que vous porterez dans les différentes branches de votre Adminiſtration, l'eſprit d'ordre & de juſtice que vous ferez régner dans la répartition des Impoſitions, les multiplieront un jour, ces reſſources, & elles diminueront la miſere publique; mais il vous eſt plus facile de les prévoir que d'en faire concevoir l'eſpérance; le malheureux qui ſoufre vous demande un ſecours prompt, il a cru y toucher dès l'inſtant qu'il a vu ſes intérêts confiés aux Peres de la Patrie; c'eſt à ce prix qu'il met ſa confiance, cette confiance qui vous eſt ſi néceſſaire pour opérer le bien, & qui doit être la plus douce récompenſe que vous puiſſiez ambitioner: Qui de vous, Meſſieurs, ne craindroit pas de la repouſſer? Qui de vous pouroit ſe refuſer aux ſacrifices néceſſaires pour l'acquérir? En travaillant pour le bonheur de nos concitoyens, nous travaillons pour le nôtre; & s'il nous eſt jamais donné d'avoir pu y contribuer, n'aurons-nous pas recueilli le véritable prix, le prix le plus honorable de nos travaux? Nos concitoyens à qui le nombre circonſcrit des Adminiſtrateurs n'a pas permis de vous être aſſociés, vous remplaceront un jour; chacun payera ſucceſſivement le tribut qu'il doit à ſa Patrie; les ſacrifices ainſi partagés ne ſeront au deſſus des facultés de perſone; la gloire de les avoir faits deviendra commune à tous, mais il vous reſtera, Meſſieurs, celle d'avoir donné l'exemple. Le Bureau ne prétend pas vous donner celui du déſintéreſſement; il croit l'avoir reçu de vous : c'eſt de vos propres ſentimens dont il s'eſt pénétré. Il a cru entrer dans vos vues, en vous propoſant, ſi non une Adminiſtra-tion entiérement gratuite, au moins la plus déſintéreſsée & la plus économique poſſible. Il ſent qu'il y a des dépenſes indiſpenſables, que de nouveaux établiſſemens ne peuvent ſe faire ſans frais, & que devant être conſacrés à l'avantage public, ils doivent s'exécuter ſur les deniers communs ; il ſent que parmi ceux qui partageront l'Ad-miniſtration, le poids du travail ne peut pas être également partagé ; qu'il ſeroit injuſte d'exiger des ſacrifices au deſſus des forces de ceux qui auroient la généroſité de les offrir, ou qu'il y auroit trop à perdre à ſe priver du ſecours qu'on doit ſe promettre de l'homme vertueux & éclairé qui ne manque que de fortune. C'eſt d'après ces prin-cipes, Meſſieurs, que le Bureau s'eſt livré au travail que vous lui avez impoſé.

D'abord, examinant qu'il étoit ordoné à toutes les Aſſemblées municipales de délibérer ſur les frais que pouroient occaſioner toutes les Municipalités & les taxations de leurs Syndics & de leurs Gréfiers, le Bureau a vu qu'en n'eſtimant cet objet que ſur le pied de 150ᵗᵗ par chaque Municipalité, ce ſeroit une dépenſe au moins de 150,000ᵗᵗ. Il y a ajouté le projet dreſſé par l'Aſſemblée préliminaire Provinciale, pour les honoraires, tant des Procureurs-Généraux-Syndics de l'Aſſemblée Provinciale, des Membres de la Commiſſion intermédiaire, de ſon Secrétaire-Gréfier & autres Officiers, que de ceux des Aſſemblées d'Élection ; il monte à la ſomme de 70,300ᵗᵗ, ce qui forme un total de 220,300ᵗᵗ de dépenſe annuele. Vous y emploîriez tous les fonds deſtinés aux indemnités, aux modérations, aux décharges, ceux qui ont pour objet de ſoulager les malheureux, enfin, tous ceux qui vont ſe trouver à votre diſpoſition, que vous reſteriez encore au deſſous de vos reſſources & ſeriez forcés de recourir à la voie de l'Impôt ; & au lieu des bienfaits que vos concitoyens atendent de vous, un Rôle nouveau d'une impoſition nouvele, ſeroit

le premier fruit qu'ils recueilleroient de votre Administration, &
peut-être qu'au lieu de bénédictions qu'ils vous préparoient, vous
ne verriez que leurs regrets pour l'ancien régime. Le Bureau,
Messieurs, n'a pas été moins éfrayé que vous le serez vous-mêmes
d'une pareille perspective; il a cru que vous proposer des retranchemens, c'étoit entrer dans vos vues, & s'il doit craindre quelque
chose, c'est que vous ne lui reprochiez de n'avoir pas été assez loin.

Il n'a point hésité à adopter le conseil que vous donne le Gouvernement, de n'acorder aucuns honoraires aux Gréfiers & Syndics
des Municipalités, & de vous borner à leur faire payer les déboursés sur des états vérifiés & certifiés; cette derniere dépense ne
sera pas considérable; d'ailleurs, il eût toujours fallu y pourvoir;
probablement vous diminuerez & le nombre des Rôles & celui des
Collecteurs, & ce que vous gâgnerez sur ces objets, dédomagera
de ce que les Municipalités pourront coûter, voilà une économie de
150,000^{tt}. Les honoraires que l'Assemblée Provinciale préliminaire
avoit proposé de donner aux Membres de la Commission & des
Bureaux intermédiaires, montoient à 27,500^{tt}: si le Bureau eût
comparé cette somme aux services que vous promettent le zele & les
lumieres des Membres de ces Commissions, au travail auquel ils
doivent se livrer, il l'eût trouvé, sans doute, infiniment au dessous, &
il n'a eu garde de se permettre une pareille comparaison; la part
qu'ils prendront à l'Administration, quoique continuele, ne sera pas
cependant journaliere, & ne les empêchera pas de vaquer à leurs
afaires particulieres; habituélement on ne leur demandera que le
sacrifice d'un jour par semaine; presque toujours ils seront pris, ou
dans le lieu du siége de la Commission, ou à peu de distance; il ne
peut pas en résulter pour eux des dépenses bien considérables; &
s'il s'en trouvoit qui eussent des déboursés à répéter, vous en ordo-
neriez le remboursement: si vous adoptez cet avis, c'est encore une
économie de 27,500^{tt}. Du retranchement proposé des honoraires des

Membres de la Commiſſion & des Bureaux intermédiaires, le Bureau a pensé qu'il en réſultoit une diminution à faire ſur ceux de MM. les Procureurs-Généraux-Syndics, & des Procureurs-Syndics des Aſſemblées d'Élection, & nous ne vous diſſimulerons pas, Meſſieurs, qu'il nous en a infiniment coûté pour adopter cette conséquence; mais ne craignons pas de le dire, il nous en coûte bien davantage encore, d'avoir à parler d'argent devant des hommes que l'honeur & l'amour de la Patrie ont engagé dans la noble cârière qu'ils parcourent avec tant de gloire, & à qui nous ne devrions parler que de notre reconoiſſance. Bien loin, Meſſieurs, de craindre qu'ils ſe plaignent d'avoir part au projet d'économie que le Bureau a l'honeur de vous propoſer, craignez au contraire que trop de déſintéreſſement ne leur faſſe faire des ſacrifices que vous ne devez pas accepter; mais qu'ils ſachent que lorſque vous leur demandez tout leur temps, lorſque vous les mettez dans le cas de ſacrifier leurs afaires pour ne s'occuper que de celles du public, le foible dédomagement que vous leur offrez, leur donnera, en l'acceptant, un nouveau droit à votre reconoiſſance. Le Bureau vous propoſe, Meſſieurs, de fixer les honoraires de MM. vos Procureurs-Généraux-Syndics, à 4000^{tt}, d'aſſigner 600^{tt} de logement pour celui qui, n'étant pas habitant de la Ville, ſeroit dans le cas de ſe déplacer, & de leur conſerver un Secrétaire aux apointemens de 1200^{tt}; il vous propoſe de fixer les honoraires des Procureurs-Syndics des Élections de Poitiers & de Fontenai, à 1000^{tt} au lieu de 1200^{tt}; & dans les autres Élections, à 800^{tt} au lieu de 1000. Ceux qui ſeront dans le cas de ſe déplacer, trouveront un logement dans les établiſſemens que chaque Élection ſe propoſe de faire : cet objet forme une économie de 5000^{tt}.

Vous avez admis, Meſſieurs, au Grêfe & au Bureau de votre Commiſſion intermédiaire, deux Commis, le ſieur Lintra & le ſieur Paulleau, l'un pour la partie des Impoſitions, l'autre pour celle des Travaux publics; vous avez fixé leurs apointemens à 1200^{tt}, &

vous leur avez perfonélement promis à chacun 300tt de gratification annuele; le travail qui fera confié à ces deux Agens, diminue
beaucoup celui de votre Secrétaire-Gréfier; l'Affemblée préliminaire Provinciale lui avoit fait efpérer 3000tt d'apointemens; elle
lui donnoit deux Commis, l'un à 1200tt de gages & l'autre à
600tt. Le fieur Lintra remplit la place du premier; le Bureau vous
propofe de fupprimer le fecond, ou de le laiffer à la charge & au
choix de votre Secrétaire-Gréfier, en fixant les apointemens de
celui-ci à 2800tt, non compris fes frais de Bureau, dont il lui fera
tenu compte fur fes mémoires arrêtés.

Dans ce nouveau projet, Meffieurs, vous ne gâgnez rien fur
celui propofé par l'Affemblée préliminaire Provinciale, au contraire,
la dépenfe fe trouve augmentée de 1200tt; c'eft l'admiffion du fieur
Paulleau & la gratification acordée au fieur Lintra, qui font cette
différence, avec 100tt que MM. les Procureurs-Généraux-Syndics
vous propofent de donner à un Concierge chargé de foigner la
Salle de vos féances, celles où fe tienent les Bureaux, ainfi que
celle où s'affemblera la Commiffion intermédiaire; le Bureau n'a
pu fe refufer à cette propofition, & croit devoir vous la porter avec
confiance.

Le Bureau a cru ne devoir rien diminuer fur les apointemens
projetés pour les Secrétaires-Gréfiers des Affemblées d'Élection, ils
fons fixés à des fommes très-modiques; il a auffi laiffé fubfifter ceux
des Huiffiers, excepté qu'il penfe devoir propofer de réduire ceux
des Élections de Poitiers & de Fontenai à 100tt, comme ceux de
toutes les autres Élections : c'eft une petite économie de 100tt.

Il réfulte, Meffieurs, que fi vous adoptez le plan que le Bureau
a l'honeur de vous préfenter, la fomme totale des honoraires,
apointemens & gages, tant de l'Affemblée Provinciale, que de
celles d'Élection, fera fixée à celle de 38,900tt, au lieu de 70,300tt,
à laquelle l'Affemblée Provinciale l'avoit portée; ce qui vous donne

une diminution, & par conséquent une économie de 31,400tt, sans compter, au moins, 150,000tt qu'euffent coûté les Syndics & Gréfiers des Municipalités, fi vous leur euffiez attribué des honoraires ; ainfi, Meffieurs, le Bureau, fur l'objet feul des honoraires, vous propofe une économie de 181,400tt, & il ne croit pas que vous puiffiez en efpérer une plus grande.

S'il étoit poffible, Meffieurs, de fixer aux feuls frais dont nous venons d'avoir l'honeur de vous entretenir, toutes les dépenfes de l'Adminiftration, le Bureau fe flateroit de vous avoir offert un réful-tat confolant; mais il nous refte à vous rendre compte & des dépenfes qu'a occafioné votre établiffement, & de celles qui feront indifpen-fables pour l'établiffement des différentes Affemblées d'Élection. Il nous refte à vous rendre compte des frais annuels de toute l'Admi-niftration, comme frais des Affemblées, pendant le temps de leurs féances, ceux de la Commiffion & des Bureaux intermédiaires, ceux de la correfpondance, & de ce qu'on appele généralement frais de Bureaux.

On nous a remis un état des dépenfes qui ont été faites, tant pour votre établiffement que pour les frais de vos féances, non compris votre Grêfe & les ports de lettres. Cet état, qui n'eft encore donné que par aperçu, poura monter à 7500tt, fur quoi M. l'Intendant a fait remettre à MM. vos Procureurs-Généraux-Syndics, une ordo-nance de 6947tt 17f 4g; & on a obfervé au Bureau, que, fur cette dépenfe, la provifion de bois, bougie & chandele étoit faite pour l'année. Vous ne paroiffez pas, Meffieurs, vouloir vous occuper, dans ce moment-ci, de vous procurer un autre établiffement que celui que vous avez choifi dans le grand Séminaire de cette Ville, difficilement en trouveriez-vous un plus beau, plus commode : & auffi long-temps que M. l'Évêque de Poitiers voudra vous le confer-ver, il épargnera une dépenfe confidérable à l'Adminiftration dont les intérêts lui font chers à plus d'un titre.

Il est difficile d'apprécier les frais de votre Grêfe, de ceux de la correspondance; 1200ᵗᵗ cependant payeront bien du papier, des plumes, de l'encre & de la cire; 1200ᵗᵗ payeront bien des ports de lettres. Votre Commiffion intermédiaire ne doit correspondre qu'avec les Affemblées d'Élection ou leurs Bureaux intermédiaires; 3000ᵗᵗ paroiffent devoir fuffire aux frais de la tenue de vos féances & de celles de la Commiffion intermédiaire; ainfi 5400ᵗᵗ formeront à peu près, en fus des honoraires de vos Officiers, la fomme néceffaire à vos dépenfes annueles. Lorfque vous vous raffemblerez l'année prochaine, les états de dépenfes vous feront préfentés; c'eft pour lors feulement que vous aurez une bâfe à peu près fûre pour les calculer; & nous ne doutons pas que l'économie & l'exactitude de MM. vos Procureurs-Syndics & de votre Gréfier, ne vous procurent un réfultat au deffous de l'aperçu que le Bureau s'eft cru permis de vous préfenter.

Vous avez vu, Meffieurs, par le compte que nous avons eu l'honeur de vous rendre des Délibérations des neuf Affemblées d'Élection qui vous font fubordonées, que celle de Poitiers n'a aucun frais d'établiffement à vous propofer, fi vous permettez que le lieu de vos féances lui foit commun avec vous. Comme elle ne s'affemblera pas en même temps, & que dans votre établiffement, il fera très-facile que la Commiffion intermédiaire Provinciale & le Bureau intermédiaire d'Élection puiffent tenir féparément leurs féances fans fe gêner, le Bureau ne prévoit aucun obftacle.

L'Affemblée de l'Élection de Fontenai a eftimé à 1200ᵗᵗ environ, les frais premiers de fon établiffement, dans la fuppofition qu'elle pourroit le former dans le Collège de cette Ville; mais fi, par les raifons dont nous avons eu l'honneur de vous rendre compte, vous la faites autorifer à louer une maifon qui puiffe fervir à fes féances, à fon Grêfe & au logement néceffaire au moins d'un Syndic, il faut évaluer à 2000ᵗᵗ environ, les réparations & ameublemens de ladite maifon.

maiſon. Ses frais annuels, outre les honoraires, peuvent être appréciés à peu près à 2000^{tt}, y compris le loyer annuel de la maiſon qu'elle déſire ſe procurer.

L'Aſſemblée de l'Élection des Sâbles porte les frais premiers de ſon établiſſement à 1375^{tt}; on peut eſtimer les frais annuels qu'elle n'apprécie pas, à 1000^{tt}, y compris 250^{tt} pour le loyer d'une maiſon.

Châtillon porte ſes premiers frais à 366^{tt}; 800^{tt} doivent ſuffire à ſes frais annuels, n'ayant point d'établiſſement à payer, puiſque l'Abbaye de Châtillon lui en offre un gratuitement.

Thouars trouve un établiſſement tout fait dans le Château de M. le Duc de la Trémoille; 600^{tt} ſont eſtimés devoir ſuffire à ſes frais annuels, toujours en ſus des honoraires aſſignés aux Officiers de l'Adminiſtration.

Confolens n'évalue les frais de ſon établiſſement qu'à 176^{tt}; on apprécie à 700^{tt} ſes dépenſes annueles.

Châtelleraud, au moins pendant le temps que M. le Marquis de Peruſſe préſidera cette Aſſemblée, a un établiſſement gratuit dans le Château, où il faut cependant des meubles évalués à 675^{tt}; ſes dépenſes annueles n'excéderont pas 500^{tt}.

Niort voudroit acheter une maiſon; il n'y a pas apparence que vous l'y autoriſiez, mais vous conſentirez que cette Aſſemblée en loue une néceſſaire à ſon établiſſement; elle lui coûtera 5 à 600^{tt} de loyer, 1000 à 1200^{tt} d'ameublemens; on ne peut guere eſtimer ſes autres dépenſes annueles, comme frais de ſéances, de bureau & de correſpondance, au deſſous de 700^{tt}.

St-Maixent ne porte les premiers frais de ſon établiſſement qu'à 300^{tt}; on peut évaluer à 800^{tt} ſes dépenſes annueles, y compris le loyer du lieu de ſes ſéances.

Il réſulte de cet aperçu, que 14 à 15 mille francs formeront, à peu près, toute la dépenſe première des établiſſemens, tant de l'Aſſemblée Provinciale que des neuf Aſſemblées d'Élection, & que les

C c

dépenses annuelles de toutes les Assemblées, n'excéderont guere 15 à 16,000^{tt}, qui, joint à 38,900^{tt}, à quoi se montent les honoraires, tels que le Bureau propose de les fixer, fera un total de dépenses annuelles de 54,900^{tt}, &, pour le porter au plus haut, de 60,000^{tt}; & encore, Messieurs, devez-vous croire que les frais de bureaux, de séances, de correspondance, qui entrent dans ce calcul, se trouveront probablement au dessous de ce que le Bureau les a estimés : chaque Élection pourra facilement faire des arangemens pour établir sa correspondance avec les Municipalités & avec ses propres Membres, sûrement lors de vos premieres séances, la plus exacte économie vous présentera des résultats qui vous mettront dans le cas de connoître, avec plus de précision, toutes les dépenses annuelles de l'Administration, & le Bureau ne doute pas que les résultats ne se trouvent au dessous de la somme à laquelle il les a évalués.

D'après l'esprit du Réglement du 5 Août, les dépenses, tant prémieres qu'annuelles, doivent être réparties sur toute la Province, & celles de chaque Assemblée de Département, sur les Élections qui les composent. Les fonds libres ou variables que vous aurez à votre disposition, Messieurs, sont des fonds communs à toute la Province; ils font partie des Impositions que supportent les différentes Élections; il paroîtroit donc juste de les employer à aquiter la dépense commune; mais si vous prenez ce parti-là, vous absorberez, peut-être, au-de-là des fonds destinés jusqu'à présent aux décharges, modérations, soulagement des malheureux, & vous ne voudriez pas vous priver de tout moyen de bienfaisance, au moment où vous avez tant d'intérêt à être bienfaisant; prendrez-vous donc le parti d'imposer sur les peuples les dépenses de l'Administration? Vous y êtes autorisés, si vous le jugez nécessaire; mais oserez-vous, pour prélude de vos travaux, présenter à la Province un nouveau Rôle d'imposition? Un pareil début, Messieurs, vous répugnera sans doute; il seroit cruel d'être forcé de recourir à ce moyen; il nuiroit trop à

la confiance publique dont vous êtes fi jaloux. Si vos collegues, qui
ont préparé vos Délibérations fur les Impofitions, ont été affez
heureux pour vous indiquer des économies dans la perception des
Impôts, employez-les à couvrir, au moins en partie, la nouvele
dépenfe que les circonftances rendent indifpenfable; nous devons
croire que M. l'Intendant étant dans le cas de faire quelques
retranchemens dans fes Bureaux, accroîtra par-là vos reffources;
peut-être retrancherez-vous dans l'Adminiftration générale, quelques objets de luxe qu'on ne peut fe permettre que dans le cas d'une
heureufe abondance dont vous êtes bien éloignés ; enfin, Meffieurs,
quelque parti que votre fageffe vous fuggere, le vœu du Bureau eft
que vous faffiez l'impoffible pour que vos concitoyens ne reçoivent
de vous aucun accroiffement d'Impôt ; & fi vous ne pouvez pas
adoucir leur mifere, confolez-les au moins par l'efpoir d'un avenir
plus heureux ; ne feroit-ce pas le cas de demander à Sa Majefté de
venir à notre fecours ?

    Peut-être, Meffieurs, atendiez-vous du Bureau du Réglement,
qu'il vous préfentât un travail fur la formation des différentes Municipalités de cette Province, qui pût vous mettre en état de donner
à M. le Contrôleur Général, l'avis qu'il vous a demandé, & qui doit
préparer les réformes qui feront jugées néceffaires ; les différens
Bureaux intermédiaires font chargés de s'occuper de ce travail, chacun en ce qui le concerne ; les Procès verbaux de formation des
Municipalités leur ont été envoyés; ils font encore entre leurs mains;
les lenteurs qu'ils éprouvent de la part des Syndics des Municipalités, mettent un obftacle à leur zele ; c'eft là caufe pour laquelle
le réfultat de l'examen qui leur eft confié, n'eft pas encore parvenu
à l'Affemblée Provinciale ; & felon toutes les apparences, vos féances feront terminées avant que vous l'ayez reçu ; vous chargerez
votre Commiffion intermédiaire d'un travail que nous euffions
défiré lui épargner : mais le Bureau a l'honeur de vous obferver,

Meſſieurs, qu'il croit de la derniere importance que vous renou-
veliez vos inſtances auprès de M. le Contrôleur Général, afin qu'il
vous laiſſe la liberté de juger définitivement ſur l'avis des Bureaux
intermédiaires, des irrégularités qui peuvent ſe trouver dans la formation des Aſſemblées Municipales; vous avez la regle qui doit les
juger, on ne doit pas craindre que vous vous en écartiez; Sa Majeſté
vous confie des objets d'une bien plus grande importance : celui-ci
l'occuperoit ſans néceſſité, & il en réſulteroit des lenteurs qui nui-
roient néceſſairement à la marche de vos opérations.

Nous devons, Meſſieurs, réclamer votre indulgence pour la
longueur de notre raport; mais il comprend néceſſairement tant
de détails, qu'il ne nous a pas été poſſible de les reſſerrer dans des
bornes plus étroites; nous aurions craint de ne pas vous inſtruire
autant que vous déſiriez de l'être.

Nous allons nous réſumer, afin de vous mettre en état de délibérer
ſucceſſivement, & par ordre, ſur les différens objets dont nous
avons eu l'honeur de vous rendre compte. Heureux ſi notre travail
vous eſt utile, & s'il peut juſtifier la confiance dont vous nous avez
honorés!

Résumé du premier Raport du Bureau du Réglement,

1.º, Sur le Procès verbal de l'Aſſemblée de l'Élection de Poitiers,
le Bureau eſt d'avis, que le projet qu'elle propoſe pour la fixation
des honoraires des Procureurs-Syndics, des Membres de la Commiſſion intermédiaire & de ſes Officiers, ſoit réduit au taux qui ſera
réglé par l'Aſſemblée Provinciale;

2.º, Le Bureau eſt d'avis, que l'Aſſemblée d'Élection de Poitiers
ait ſon établiſſement commun avec l'Aſſemblée Provinciale;

3.º, Le Bureau eſt d'avis, que l'Aſſemblée de l'Élection de Poitiers,
ne ſoit autoriſée à faire graver un Sceau, que lorſque l'Aſſemblée
Provinciale en aura adopté un pour elle; le Bureau, dans ce cas-là,

eſt d'avis qu'il ſoit commun à toutes les Élections, & propoſe à
l'Aſſemblée Provinciale, de prendre pour écuſſon celui qui ſera jugé
plus convenable, avec la légende : *Aſſemblée Provinciale du Poitou*,
& d'autoriſer les Aſſemblées d'Élection à prendre le même écuſſon,
en changeant ſeulement la légende, comme *Aſſemblée de Département de Poitiers*, & ainſi des autres. Le Bureau eſt d'avis qu'il y ait
un grand & un petit Sceau, le premier, pour ſcéler les Ordonances
& Proviſions, &c. le ſecond, pour cacheter les lettres écrites au
nom de l'Adminiſtration ;

4.°, Le Bureau eſt d'avis, que l'Aſſemblée faſſe employer l'Aſſemblée d'Élection de Poitiers pour 2000ᵗᵗ, dans les états de dépenſes
de l'Adminiſtration, pour les frais annuels de ſes ſéances, de ſon
Grêfe & de ſa correſpondance, en ſus des honoraires de ſes Officiers,
ſauf à en rendre compte.

Sur le Procès verbal de l'Aſſemblée de l'Élection de Fontenai,

1.°, Le Bureau eſt d'avis, que l'Aſſemblée Provinciale, ſur la
demande de l'Aſſemblée d'Élection de Fontenai, ſollicite de la
bonté du Roi, l'autoriſation néceſſaire pour que les différentes
Aſſemblées d'Élection, & même l'Aſſemblée Provinciale, puiſſent
joindre aux Membres ordinaires de la Commiſſion & du Bureau
intermédiaire, quatre Membres honoraires, dont un dans l'ordre du
Clergé, un dans celui de la Nobleſſe & deux dans le Tiers-État,
pris dans les arondiſſemens, leſquels ſeront convoqués par la Commiſſion & Bureaux intermédiaires, dans les cas prévus par un Réglement fait ſur ce point, & y auront voix délibérative ;

2.°, Le Bureau eſt d'avis, que l'Aſſemblée Provinciale doit ſan-
ctioner les Inſtructions que l'Aſſemblée de Fontenaï a donné à ſes
Procureurs-Syndics & à ſon Bureau intermédiaire, en tout ce qui
n'eſt pas contraire aux Inſtructions du 4 Novembre, & qu'en conſéquence, elle faſſe connoître qu'aucune Aſſemblée d'Élection ne

doit faire imprimer aucuns Mémoires, Raports ou Lettres circulaires, fans en avoir obtenu la permiffion de l'Affemblée Provinciale;

3.°, Le Bureau eft d'avis, que l'Affemblée Provinciale demande
au Confeil, d'autorifer l'Affemblée de Fontenai à louer une maifon
pour y établir fes féances, celle de fon Bureau intermédiaire, fon
Grêfe & le logement, au moins, d'un de fes Procureurs-Syndics;
d'employer 5 ou 600^{tt} au loyer de ladite maifon, & 2000^{tt} à l'aranger
& meubler, & de faire comprendre cette Affemblée pour 2000^{tt}
dans les dépenfes annueles de l'Adminiftration, y compris le fufdit
loyer, pour les frais de fes féances, de fon Grêfe & de la correfpondance, fauf à en compter & à en juftifier par le détail de chaque
article de dépenfe;

4.°, L'avis du Bureau eft, que l'Affemblée Provinciale prene en
confidération le vœu de l'Affemblée de Fontenai, de voir toutes
les Communautés particulières, compofées de hameaux ou de villages fous un même clocher paroiffial, ou de hameaux & villages
de différentes paroiffes, ayant des Collectes & Rôles particuliers
d'Impofitions, foient toutes réunies au chef-lieu fous un même Rôle,
pour ne former qu'une feule Municipalité, à moins qu'en raifon
d'une plus grande proximité & pour plus de facilité, au jugement
de l'Affemblée d'Élection, il ne fût trouvé plus convenable de réunir un ou plufieurs hameaux d'une paroiffe à une paroiffe plus voifine; que l'Affemblée Provinciale veuille bien auffi acueillir le projet
propofé par la même Élection, de réunir les paroiffes au deffous
de cent feux, entr'elles, ou à d'autres paroiffes voifines, de maniere
qu'il n'y ait aucune Municipalité moindre de cent feux, & moindre
de fix Membres, non compris le Seigneur & le Curé.

Sur le Procès-verbal de l'Affemblée d'Élection des Sâbles,

Le Bureau eft d'avis,

1.°, Que l'Affemblée Provinciale ne peut fe refufer à faire valoir les réclamations de l'Élection des Sâbles contre l'Ordonance du 19 Juillet dernier, concernant les Canoniers auxiliaires de la Marine, qu'elle doit prier M. le Préfident d'écrire, au nom de l'Affemblée, aux Miniftres de la Guerre & de la Marine, pour apuier auprès d'eux le Mémoire de l'Affemblée de l'Élection des Sâbles, & repréfenter les inconvéniens qui réfulteroient de l'exécution de ladite Ordonance ;

2.°, Que l'Affemblée Provinciale faffe autorifer l'Affemblée des Sâbles, à employer la fomme de 1200tt en premieres dépenfes pour fon établiffement, & de la faire comprendre pour la fomme de 1200tt dans la taxation des dépenfes annueles de l'Adminiftration, pour les frais de féances, de bureau & de correfpondance, y compris 250tt pour le loyer d'une maifon, en fus des honoraires de fes Officiers.

Le Bureau s'en raporte à vous, Meffieurs, pour juger s'il eft convenable que vous faffiez écrire au Bureau intermédiaire de cette Élection, que l'Affemblée a pafsé les bornes de fon pouvoir, en autorifant fes Procureurs-Syndics à paffer bail de la maifon qu'elle deftine à fon établiffement, avant que d'avoir obtenu l'approbation de l'Affemblée Provinciale, & l'autorifation de Sa Majefté.

Votre Délibération fur la demande de l'Affemblée de l'Élection de Fontenai, relativement aux Membres honoraires à admettre dans le Bureau intermédiaire, à réunir les Collectes particulieres au chef-lieu, fera commune à l'Élection des Sâbles, leur vœu étant commun fur ces objets, comme les Inftructions qu'elles ont données à leur Commiffion intermédiaire font les mêmes.

Sur le Procès verbal de l'Affemblée de l'Élection de Châtillon,

Le Bureau eft d'avis,

1.°, Que vous faffiez prévenir M. le Préfident de l'Affemblée de cette Élection, qu'il ne doit correfpondre, pour tout ce qui a raport

à l'Adminiftration, avec les Miniftres, que par la voie de M. le
Préfident de l'Affemblée Provinciale, ou par celle de la Commiffion
intermédiaire Provinciale;

2.°, Que l'Affemblée Provinciale doit demander que l'Affemblée
de Châtillon foit autorisée à employer 400^{tt} à l'ameublement de la
Salle deftinée à fes séances, & la faire comprendre pour 800^{tt} par
an, dans la taxation des frais annuels de l'Adminiftration, pour
les frais de fes séances, de fon Grêfe & de fa correfpondance, en
fus des honoraires que vous fixerez pour fes Procureurs-Syndics &
fes Officiers;

3.°, Que fur la demande formée par M. le Préfident de l'Affemblée d'Élection de Châtillon, à l'effet de faire transférer le Bureau
intermédiaire de cette Élection dans la ville de Montaigu. L'Affemblée Provinciale, confultée par M. le Contrôleur Général, doit
donner un avis contraire à cette demande, tant parce qu'elle n'a
point été faite avec la participation de l'Affemblée de cette
Élection, que parce que les inconvéniens qui en réfulteroient,
furpafferoient de beaucoup les avantages qu'on femble s'en promettre.

Sur le Procès verbal de l'Affemblée de l'Élection de Saint-Maixent.

Le Bureau eft d'avis,

Que l'Affemblée Provinciale faffe autorifer cette Élection à employer, ainfi qu'elle le propofe, 300^{tt} pour l'ameublement de la
Salle des séances, & qu'elle la faffe comprendre dans la taxation
des dépenfes annueles de l'Adminiftration, à 800^{tt}, pour les frais de
fes séances, de fon Grêfe & de fa correfpondance, y compris 300^{tt}
pour le loyer du lieu deftiné à fes séances, mais en fus des honoraires de fes Procureurs-Syndics & de fes Officiers.

Sur

Sur le Procès verbal de l'Assemblée de l'Élection de Confolens,

Le Bureau est d'avis,

1.°, Que, sur la demande de cette Élection, l'Assemblée Provinciale demande qu'elle soit autorisée à employer la somme de 200ʳ pour les premiers frais de son établissement, & de la faire comprendre sur l'état des dépenses annueles de l'Administration, pour 800ʳ pour les frais de séances, de bureaux & de la correspondance, toujours non compris les honoraires des Procureurs-Syndics, &c.

2.°, Que l'Assemblée Provinciale fasse remettre à M. l'Intendant, un état des dépenses faites par les Assemblées d'Élection pour leur établissement, afin qu'il donne ses Ordonances pour faire rembourser les avances, en atendant que l'Administration ait des fonds à sa disposition ;

3.°, Que l'Assemblée Provinciale, si elle juge que cela soit nécessaire, fasse écrire à M. le Président de l'Assemblée de Confolens, pour le prier de veiller à ce que les Instructions données, tant aux Membres de son Assemblée, qu'à ceux du Bureau intermédiaire, soient exécutées avec assez de prudence & de circonspection, pour que les propriétaires de cette Élection ne puissent pas en concevoir de l'inquiétude.

Sur le Procès verbal de l'Assemblée de l'Élection de Niort.

Le Bureau est d'avis,

1.°, Que l'Assemblée Provinciale doit faire écrire, par MM. les Procureurs-Généraux-Syndics, au Bureau intermédiaire de cette Élection, que la distribution qui a été faite des Membres de l'Assemblée, dans les différens arondissemens, n'est pas conforme aux Réglemens ; qu'on auroit dû affecter à chaque arondissement, un

D d

Membre du Clergé, un de la Noblesse & deux du Tiers-État, en raison de leurs propriétés ; qu'il est indispensable de changer le classement irrégulier qui en a été fait , & que s'il n'est pas possible de le faire, d'après l'assiete des propriétés des Membres qui composent l'Assemblée, on peut, pour cette fois, en faire abstraction, mais toujours affecter quatre Membres à chaque arondissement, dans l'ordre prescrit, afin que les remplacemens puissent, à l'avenir, se faire par lesdits arondissemens , dans la forme & dans la proportion ordonée par les Réglemens ;

2.°, Que l'Assemblée Provinciale doit faire autoriser l'Assemblée de Niort, à employer 5 à 600^{tt} pour le loyer d'une maison nécessaire à son établissement ; mais qu'elle ne peut l'autoriser à acquérir l'anciene maison des Hospitalieres de cette Ville, qu'elle demande ;

3.°, Le Bureau est d'avis, que l'Assemblée Provinciale peut faire comprendre l'Assemblée de l'Élection de Niort, pour 1500^{tt} dans la dépense annuele de l'Administration, pour les frais de ses séances, de son Grêfe & de sa correspondance, y compris le loyer de la maison pour son établissement, à la charge d'en rendre compte, & aussi en sus des honoraires de ses Procureurs - Syndics & de ses Officiers.

Sur le Procès verbal de l'Assemblée de l'Élection de Châtelleraud,

Le Bureau est d'avis,

1.°, Que l'Assemblée Provinciale doit faire autoriser l'Assemblée de Châtelleraud, à employer la somme de 600^{tt} pour faire meubler la Salle que M. le Marquis de Perusse veut bien lui acorder dans son Château, & la faire comprendre pour 800^{tt}, dans l'état des dépenses annueles, pour les frais de ses séances, de son Grêfe & de sa correspondance, en sus des honoraires des ses Officiers;

2.°, Que fi l'Affemblée Provinciale juge, qu'aux termes du Réglement du 12 Juillet, l'Hôtel-de-Ville de Châtelleraud a acquis les
droits & les fonctions attribués aux Municipalités établies dans les
Communautés de campagne, & qu'à ce titre, il eft chargé de faire
la répartition des Impofitions fur les Paroiffes de cette Ville, mal-
gré la poffeffion où elles étoient de ne voir faire cette répartition
que par des Syndics & Collecteurs choifis annuélement par elles, il
eft indifpenfable de faire avertir les paroiffes, qu'elles doivent provifoirement, & jufqu'à ce que Sa Majefté en ait autrement ordoné,
fe foumettre à ce nouvel ordre de chofes ; mais qu'il n'eft pas moins
néceffaire de faire confeiller à l'Hôtel-de-Ville de Châtelleraud,
& à ceux qui fe trouveront dans le même cas, comme Civrai &
autres Villes non tarifées, qui, atendu le petit nombre des Officiers
Municipaux, & qui font prefque tous Privilégiés & exempts de
Taille, il paroît indifpenfable, d'après l'efprit des Réglemens, que
s'ils veulent procéder à la répartition des Impofitions fur les paroiffes de la Ville, ils doivent fe faire affifter, au moins, de huit notables propriétaires taillables de chaque paroiffe, choifis par les
Communautés, & que l'Affemblée Provinciale doit le faire ordoner
par Sa Majefté.

3.°, Le Bureau eft d'avis, que MM. les Procureurs-Généraux-
Syndics de l'Affemblée Provinciale, faffent recomander au Bureau
intermédiaire de Châtelleraud, de donner fes foins pour que les
Inftructions du 3 Octobre à elle adreffées, foient exactement
fuivies, relativement à l'examen des Procès verbaux de formation
des Municipalités de fon Département, ainfi qu'à l'état demandé
des Communautés & Collectes particulieres qui peuvent fe trouver
dans une même paroiffe ou faire partie de plufieurs, & d'envoyer
leur travail fur ces objets, à la Commiffion intermédiaire.

Sur le Procès verbal de l'Assemblée de l'Élection de Thouars,

Le Bureau est d'avis,

Que l'Assemblée Provinciale fasse comprendre l'Assemblée de Thouars sur l'état des dépenses annueles de l'Administration, pour la somme de 1000^{tt} pour les frais de ses séances, de son Grêfe & de sa correspondance, en sus des honoraires de ses Procureurs-Syndics & de ses Officiers ; elle n'a eu aucun frais à faire pour son établissement.

Sur les autres objets de son Raport.

Le Bureau est d'avis,

1.°, Que l'état des dépenses annueles de l'Assemblée Provinciale, tant pour les frais de ses séances que pour ceux de son Grêfe, de ses bureaux, du bureau de MM. les Procureurs - Généraux - Syndics, & de la correspondance, en sus des honoraires de MM. les Procureurs-Généraux-Syndics, du Secrétaire-Gréfier, des Commis, Officiers ou Agens qu'elle a atachés à la suite de son Administration, peuvent être évalués à 5400^{tt} par an ; que les frais de son établissement n'excéderont pas 8000^{tt}, sur laquelle somme M. l'Intendant a déja fait payer celle de 6947^{tt} 17^{f} 4^{g}, & qu'elle peut, d'après cet aperçu, faire proposer un état au Ministre, en observant que le compte qui sera rendu en détail à la fin de l'année, de toutes les dépenses, mettra dans le cas de les apprécier plus justement, & que cette observation est applicable aux dépenses de toutes les Assemblées d'Élection.

2.°, Le Bureau est d'avis, que le projet de Réglement qu'il a l'honeur de mettre sous les ieux de l'Assemblée, pour les honoraires à fixer à MM. les Procureurs - Généraux - Syndics & Officiers des Assemblées Provinciale & d'Élection, soit adopté ; qu'en consé-

quence, on faſſe ſavoir aux Aſſemblées Municipales, qu'elles n'ont
plus à délibérer ſur la taxation des honoraires de leurs Syndics &
de leurs Gréfiers, auxquels on ne paſſera que les débourſés qu'ils
pouroient faire relativement à l'Adminiſtration, & dont ils ſeront
payés ſur les mémoires arrêtés par l'Aſſemblée Municipale, & vérifiés par le Bureau intermédiaire de l'Aſſemblée d'Élection.

3.°, Que le Bureau eſt d'avis, qu'il ne ſoit point fait de Rôle
particulier pour les dépenſes de l'Adminiſtration, qu'on cherche à
les compenſer par des économies qui puiſſent les couvrir, ou que ſi
une impoſition eſt jugée néceſſaire, tant ſur la Province que ſur les
Élections, chacune en ce qui les concerne, cette impoſition ſoit
confondue avec les autres, l'augmentation qu'elle occaſionera devant
être inſenſible, & que l'Aſſemblée faſſe des inſtances auprès de Sa
Majeſté, pour en obtenir des ſecours qui dédomagent la Province
des frais de ſon Adminiſtration.

4.°. Le Bureau eſt d'avis, que vous recomandiez à votre Commiſſion intermédiaire, dès qu'elle aura reçu le travail des Bureaux
intermédiaires ſur la formation des Municipalités, de ne pas perdre
de temps à les examiner & à former leur avis ſur chacune d'elles,
mais que vous devez, Meſſieurs, renouveler vos inſtances auprès de
M. le Contrôleur Général, afin qu'il vous laiſſe la liberté, & à votre
Commiſſion intermédiaire, de juger définitivement ſur l'avis des
Bureaux intermédiaires, des irrégularités qui peuvent ſe trouver dans
la formation des Aſſemblées Municipales, ces objets n'étant pas
au deſſus de la confiance à laquelle vous avez droit de prétendre,
n'étant pas digne d'occuper le Conſeil de Sa Majeſté, & demandant d'ailleurs une célérité ſans laquelle la marche de vos opérations
ſeroit trop ſouvent retardée.

PROJET DE RÉGLEMENT

Pour la Police intérieure de l'Assemblée Provinciale du Poitou & de celles qui lui sont subordonées, pour servir de Supplément aux Réglemens donnés par Sa Majesté.

CHAPITRE PREMIER.

De la Convocation des Assemblées.

Article premier.

L'Assemblée Provinciale déterminera, sous le bon plaisir du Roi, dans sa derniere séance, le jour où elle devra se rassembler l'année suivante. M. le Président en préviendra, par lettres, les Membres de l'Assemblée Provinciale, après que les ordres de Sa Majesté lui seront parvenus. Les Assemblées d'Élection, aux termes des Instructions du 4 Novembre, §. 6, &c. premiere Partie, se tiendront dans le courant d'Octobre, de maniere qu'elles soient toutes terminées le 30 Octobre au plus tard.

I I.

Les titres d'admission à l'Assemblée Provinciale seront, 1.°, le Procès verbal de l'Assemblée du Département dans laquelle les Membres auront été élus ; 2.°, l'extrait en forme de leur cote aux Rôles des Impositions ; 3.°, la quitance du montant.

I I I.

Les titres d'admission aux Assemblées de Département seront aussi, 1.°, le Procès verbal de l'Assemblée d'arondissement dans laquelle les Députés auront été élus; 2.°, l'extrait en forme de leur cote aux Rôles d'Impositions ; 3.°, la quitance du montant.

I V.

Les Députés de l'ordre de la Nobleffe, outre les titres d'ad-miffion ci-deffus, feront tenus de prouver, par titres originaux ou copies dûment collationées d'iceux, cent ans au moins de nobleffe, & quatre générations du côté paternel, l'élu non compris ; ils pro-duiront au moins deux titres par chaque degré. Les defcendans en ligne mafculine de ceux qui auront déja faits leurs preuves à l'Affemblée, ne feront tenus que de juftifier de leur filiation, en remontant à la preuve admife.

V.

Les titres d'admiffion & preuves de nobleffe feront remis au Grêfe de l'Affemblée de chaque Département, laquelle nommera une Commiffion particuliere pour les vérifier; elle fera composée de deux Eccléfiaftiques, de deux Gentilshommes & de quatre Membres du Tiers-État ; elle fera le raport de fon travail à l'Affemblée, & les Députés ne pourront y prendre séance qu'après l'admiffion de leurs titres. Les titres d'admiffion & preuves de nobleffe une fois jugés dans une Affemblée de Département, il n'y aura plus lieu à nouvele vérification, ni à nouvele preuve de nobleffe par-devant l'Affemblée Provinciale, pour les Membres qui pafferont d'une Affemblée de Département à l'Affemblée Provinciale, quand unefois celle-ci aura reçu & approuvé le Procès verbal de l'Affembléedu Département qui aura fait mention defdites vérifications & admiffions.

V I.

Les difficultés qui pouroient s'élever fur le fait de la nobleffe, feront provifoirement foumifes au jugement de l'Affemblée Provinciale, fauf le recours à Sa Majefté.

V I I.

Les Membres de l'Assemblée Provinciale & de celle de Département qui ne s'y feroient pas rendus dans les trois premiers jours, n'y feront plus admis, pour cette fois, à moins que, sur des motifs légitimes, ils n'eussent fait agréer leur retard par M. le Préfident.

V I I I.

L'Assemblée sera réputée suffisament complete par la préfence des deux tiers des Députés.

I X.

L'Assemblée, tant Provinciale que de Département, tiendra toujours ses séances, à l'exception des Dimanches & Fêtes chômées, à moins que l'expédition des afaires n'exigeât qu'on prît séance même ces jours-là, ce qui fera déterminé par l'Assemblée; L'heure des séances fera à neuf heures du matin, après la Messe qui se dira à huit heures & demie : l'Assemblée poura se proroger à l'après-midi, toutes les fois que les afaires exigeront des séances de relevée, & alors elles commenceront à trois heures.

X.

Aucun Député ne poura s'abfenter du lieu où se tiendra l'Assemblée, avant la fin des séances, fans en prévenir M. le Préfident, qui en rendra compte à l'Assemblée.

X I.

Toutes les actions, inftances & procédures en matiere civile, demeureront furfifes, dans tous les Tribunaux, en faveur des Membres de l'Assemblée, pendant sa durée & quinzaine après sa clôture, fans qu'on puiffe, pendant ce temps, faire contr'eux aucune pourfuite, fous peine de nullité & de tous domages & intérêts, à moins qu'ils ne se fuffent défiftés formélement de leur privilége.

X I I.

XII.

LES Chanoines & Dignitaires, Membres de l'Affemblée Provinciale ou de celles de Département, jouiront, pendant la durée des Affemblées, de tous droits de préfence dans leur Églife; tous les Magiftrats, Officiers de Judicature, même les Officiers des Juftices fubalternes, jouiront du même droit dans leurs Siéges; les Membres de l'Affemblée Provinciale en jouiront auffi quinze jours avant & quinze jours après l'Affemblée, & les Membres de l'Affemblée de Département feulement huit jours avant & huit jours après.

XIII.

LES rangs, places, séances, foufcriptions & autres aétes émanés, tant de l'Affemblée Provinciale que des Affemblées de Département, ne porteront aucun préjudice aux droits, titres, qualités, priviléges & prétentions des Bénéficiers, des Gentilshommes & autres Députés, fans qu'il foit befoin d'aucun aéte de proteftation pour les conferver.

XIV.

NULLE perfone, autre que les Membres, ne fera reçue dans l'Affemblée, qu'il n'ait été délibéré en commun de la recevoir.

CHAPITRE SECOND.

De la Formation des Bureaux & de l'Ordre dans les Délibérations.

ARTICLE PREMIER.

IL fera formé, dans les deux premiers jours des Affemblées, autant de Bureaux que le nombre & l'importance des afaires à traiter poura l'exiger, de maniere cependant que chaque Bureau

E e

ne foit pas moindre de fept Membres, ni plus nombreux que neuf. Ces Bureaux feront chargés de rédiger & préparer les afaires fur lefquelles l'Affemblée générale aura à délibérer. Chaque Bureau choifira un de fes Membres pour faire le raport de fon travail à l'Affemblée, & même plufieurs, fi différentes afaires ont été mifes en état d'être raportées en même temps; ceux qui auront préparé le travail du Bureau, en devront naturélement être les Raporteurs, tous les raports feront faits par écrit.

I I.

M. le Préfident propofera à l'Affemblée, les Députés qu'il croira le plus convenable d'atacher aux différens Bureaux, en fuivant, autant que faire fe poura, la proportion établie entre les trois ordres.

I I I.

M. le Préfident fera de tous les Bureaux; il n'y a point d'inconvénient que les autres Membres de l'Affemblée foient atachés à plufieurs Bureaux en même temps, lorfque l'Affemblée le jugera convenable, & que le travail poura y gâgner.

I V.

LES Bureaux s'affembleront auffi fouvent que l'exigera le travail dont ils feront chargés, le plus fouvent à des féances de relevées; mais ils pourront auffi s'affembler dès le matin, lorfque l'Affemblée l'aura jugé convenable, & qu'elle croira devoir à cet effet fufpendre fes féances, pour laiffer préparer la matiere de fes Délibérations.

V.

LES Bureaux n'admettront aucune Requête particuliere, & ne s'occuperont d'aucune afaire qui pouroit être préfentée, que fur le renvoï qui leur en fera fait par M. le Préfident.

V I.

ON fuivra, en recueillant les opinions dans les Bureaux, la même forme, le même ordre prefcrits pour l'Affemblée générale.

V I I.

OUTRE les Bureaux ordinaires, l'Affemblée poura, quand elle le jugera néceffaire, nommer des Commiffaires particuliers pour l'examen & la décifion des afaires importantes & extraordinaires.

V I I I.

L'ASSEMBLÉE ne délibérera fur aucune afaire fufceptible de quelque difcuffion, qu'après le raport du Bureau qui en aura été chargé.

I X.

M. le Préfident propofera à l'Affemblée les objets fur lefquels elle aura à délibérer ; chaque Député poura faire à l'Affemblée telle propofition, ou lui préfenter tel objet de délibération qu'il jugera convenable, après toutefois en avoir prévenu M. le Préfident.

X.

SI quelque Membre étoit perfonélement intéreféé dans une afaire, il feroit tenu de fortir pendant qu'on en délibéreroit, pour ne rentrer qu'après que la Délibération auroit été prife.

X I.

LE filence fera gardé dans l'Affemblée pendant qu'on y propofera les afaires ; & après la propofition, chacun opinera à fon tour, fans qu'il foit permis à perfone d'interrompre celui qui donnera fon avis. Si un des Opinans a quelque chofe à ajouter à fon premier avis, ou de nouveles réflexions à communiquer, il fera obligé d'atendre que le tour des opinions foit révolu.

X I I.

IL ne fera pas néceffaire à la validité de chaque Délibération, que les ordres y foient balancés dans la proportion établie entr'eux ; & la séance étant formée, on n'aura plus égard qu'au nombre des voix.

X I I I.

LES Délibérations pafferont à la pluralité des voix, fans qu'il foit permis de demander acte ou mention fur le Regiftre, d'un avis contraire, ni de fortir de l'Affemblée, fous prétexte qu'on n'y agrééroit pas les opinions qui y feroient portées, ou les réfolutions qui y feroient prifes.

X I V.

LES Délibérations en matieres importantes, pourront, fur la demande du quart des Délibérans, être renvoyées au lendemain ou aux jours fuiyans.

X V.

LES avis feront recueillis par le Secrétaire, qui fera l'appel des voix, dans l'ordre fuivant lequel chacun devra délibérer : aucun des Membres ne poura donner fon avis, qu'il n'ait été appelé par le Secrétaire : le Préfident opinera le dernier ; &, en cas de partage, fa voix fera prépondérante.

X V I.

TOUTES les fois qu'il s'agira de donner, par gratification ou autrement, une fomme d'argent qui ne feroit pas comprife dans les dépenfes ordinaires de l'Adminiftration, les deux tiers des voix feront néceffaires pour former la pluralité ; & elles feront prifes au fcrutin fi quelqu'un de l'Affemblée le requiert.

Les Affemblées de Département qui prendront des Délibérations de ce genre, feront tenues de les faire approuver par l'Affemblée Provinciale avant que d'en permettre l'exécution.

X V I I.

L'Assemblée Provinciale déterminera par fes Délibérations, les fommes qui devront être employées aux travaux publics, aux âteliers de charité, dans les temps intermédiaires ; tous les objets de dépenfes habituelles, en y comprenant les frais de l'Affemblée prochaine, enfemble les fonds qu'elle jugera néceffaires pour les dépenfes imprévues ; fes Délibérations fur ces objets, ne feront exécutées qu'après qu'elles auront été autorisées par Sa Majefté, & il en fera rendu compte à l'Affemblée qui fuivra.

Les Affemblées de Département prendront, chaque année, pareilles Délibérations, lefquelles avant de pouvoir être exécutées, feront & devront être approuvées par l'Affemblée Provinciale.

X V I I I.

Toutes les Délibérations de l'Affemblée & les raports fur lefquels elle feront prifes, feront recueillies par le Secrétaire-Gréfier, dans un Procès verbal qui fera revu par deux Commiffaires nommés à cet effet, qui feront proposés par M. le Préfident, & pris indifféremment dans tous les ordres.

Indépendament dudit Procès verbal, toutes les Délibérations de l'Affemblée, les raports fur lefquels elles feront prifes, & les Mémoires qui auront été adoptés, feront infcrits par le Gréfier fur un regiftre en papier blanc, coté & parafé par M. le Préfident.

X I X.

Il ne fera délibéré fur aucune Requête non fignée, ni fur celles qui contiendroient contre quelque Membre de l'Affemblée, des perfonalités étrangères à l'objet de la plainte ou de la demande.

X X.

L A lecture de chaque séance particuliere fera faite par le Secrétaire, dans une des séances fuivantes ; le réfultat de chaque séance
fera parafé de page en page, par ledit Secrétaire, figné feulement
par le Préfident & le Gréfier ; mais à la fin de chaque Affemblée,
le Procès verbal fera revêtu de la fignature générale de tous les
Membres de l'Affemblée, qui feront tenus de le figner purement &
fimplement, quand même ils n'auroient pas été préfens à toutes
les séances.

X X I.

L E s Députés qui, après avoir affifté à une ou deux Affemblées,
ne pourront plus continuer de s'y rendre, en préviendront M. le
Préfident, un mois au moins avant la tenue de l'Affemblée, fi faire
fe peut : ceux qui pour raifon de leurs afaires, ou pour caufe de
maladie, fe verront forcés de manquer une Affemblée, en préviendront auffi M. le Préfident auffi-tôt qu'ils auront prévu l'obftacle
qui les retiendra, & M. le Préfident en rendra compte à l'Affemblée.

X X I I.

L E s Députés qui feront dans la cas d'être remplacés, auront
voix délibérative pendant toute l'Affemblée dans laquelle on devra
s'occuper de leur remplacement.

X X I I I.

L E s Membres des Affemblées de Département qui s'abfenteront
de la Province & qui devront être plus d'un mois abfent, même
dans les intervalles des Affemblées, en préviendront le Préfident
du Département, afin qu'on puiffe fuppléer à la portion de correfpondance ou d'afaires dont ils pouroient être chargés.

CHAPITRE TROISIEME.

Des Officiers de l'Administration.

ARTICLE PREMIER.

LES Officiers de l'Administration ne pourront être contraints dans leurs biens pour les afaires de la Province, & leurs honoraires ne feront fusceptibles d'aucun arrêt, fi ce n'est au nom de l'Administration.

I I.

MM. les Syndics ne pourront prendre directement ni indirectement d'intérêt dans aucune afaire de Finance de la Province.

I I I.

ILs feront leur réfidence habituélement dans le lieu de l'Affemblée, & fe tranfporteront fur les ordres de l'Administration, par-tout où leur préfence fera jugée néceffaire pour le bien des afaires.

I V.

ILs affifteront à toutes les féances de l'Affemblée & de la Commiffion intermédiaire, ils n'auront voix délibérative qu'à la Commiffion intermédiaire, ainfi qu'il eft réglé par les Inftructions du 4 Novembre. Ils rendront compte des afaires dont ils auront été chargés, ou de celles qui leur auroient été dénoncées, & feront toutes réquifitions qu'ils jugeront utiles au bien de la Province.

V.

LES Syndics de chaque Affemblée agiront toujours de concert, & après s'être mutuélement communiqués toutes les afaires qui leur feront adrefsées; ils ne répondront aux Mémoires fur des afaires importantes, qu'après en avoir référé à l'Adminiſtration & reçu ſes Inſtructions; les Syndics des Aſſemblées de Département ſeront en outre obligés, en pareil cas, d'en référer à l'Aſſemblée Provinciale ou à ſa Commiſſion intermédiaire.

V I.

ILS n'agiront au nom de l'Adminiſtration & n'interviendront dans aucune afaire, qu'en conſéquence des Délibérations priſes par l'Aſſemblée générale ou la Commiſſion intermédiaire.

V I I.

LES Syndics de l'Aſſemblée Provinciale ſeront chargés, ſous les ordres de l'Adminiſtration, de la correſpondance qu'il ſera néceſ-ſaire d'entretenir à Paris, ou dans l'intérieur de la Province, avec les Aſſemblées de Département, ou même avec les autres Pro-vinces; les Syndics de Département ſeront chargés de la correſpon-dance avec les Syndics Provinciaux, avec toutes les Municipalités du Département & les Membres de l'Aſſemblée, lorſqu'ils ſeront diſperſés dans leurs arondiſſemens.

V I I I.

ILS formeront, d'une Aſſemblée à l'autre, un recueil des Mémoires qu'ils auront faits & préſentés ſur les différentes afaires de la Pro-vince & de chaque Département, chacun à ſon égard; ils y joindront toutes les pieces inſtructives de leur geſtion, enſemble les Déciſions & Arrêts obtenus ſur l'intervention de l'Adminiſtration, & ledit recueil ſera mis ſous les ieux de chaque Aſſemblée.

I X.

EN cas de mort de quelque Officier ou Agent de l'Adminiſtra-tion, ils feront toutes les diligences néceſſaires pour recouvrer les
titres

titres & papiers qui pouroient lui avoir été confiés ; & si ledit Officier étoit dépositaire de fonds apartenans à la Province, ou à un Département particulier, à quelque titre que ce fût, ils se pourvoiront par toutes voies de droit, chacun dans son district, pour que lesdits fonds soient mis à couvert & conservés.

X.

EN cas de démission ou mort de l'un des Procureurs-Syndics, sa place restera vacante jusques à la prochaine Assemblée, & le Syndic qui restera, exercera seul les fonctions des deux places ; mais si tous les deux venoient à manquer, la Commission intermédiaire, en appelant les Membres honoraires dont il sera parlé ci-après, fera choix d'un Syndic indifféremment dans les trois ordres, mais toujours parmi les Membres de l'Assemblée, & le Syndic n'exercera que provisoirement, jusqu'à ce que l'Assemblée suivante y ait pourvu.

X I.

LE Secrétaire-Gréfier sera choisi parmi les citoyens d'un état & condition honêtes, résident & domicilié, au moins depuis cinq ans, dans la Province, pour le Gréfier de l'Assemblée Provinciale, & dans l'Élection pour le Gréfier de l'Assemblée de Département ; & il ne poura exercer aucun autre Office ou Commission, qu'avec l'agrément exprès de l'Administration.

X I I.

IL fera sa résidence & aura son Grêfe dans la Ville où se tiendra l'Assemblée, en un lieu décent & convenable ; & ledit Grêfe sera ouvert, en tout temps, depuis neuf heures du matin jusqu'à midi, & depuis trois heures jusqu'à six heures du soir.

F f

XIII.

Il affiftera à toutes les séances, tant de l'Affemblée que de la Commiffion intermédiaire, & exécutera les ordres qu'il en recevra relativement à fes fonctions. En cas de maladie ou de jufte empêchement, dont l'Affemblée ou la Commiffion intermédiaire feront Juges, il fera remplacé par fon Commis ; & arivant le cas de fa mort ou de fa retraite pendant l'intervalle des Affemblées, la Commiffion intermédiaire fera choix d'un autre Gréfier, mais provifoirement feulement, jufqu'à la tenue de l'Affemblée qui y pourvoira définitivement.

XIV.

Il tiendra fur un regiftre parafé par M. le Préfident, l'état le plus exact des Pieces, Titres, Mémoires & Procès verbaux qui feront dépofés à fon Gréfe par les ordres de l'Adminiftration, & du jour de leur dépôt.

XV.

Il recueillera avec foin, les Édits, Arrêts, Déclarations & Lettres Patentes concernans l'Adminiftration, ou fur fon intervention, & tous les Titres en vertu defquels les Députés entreront à l'Affemblée, des traités qui pourront être faits pour les levées des Impofitions, pour la confection des Travaux publics, pieces au foutien, enfin des Rôles d'impofition, ainfi que des états de fonds arrêtés par chaque Affemblée ou par la Commiffion intermédiaire.

XVI.

Les pieces dépofées au Gréfe ne pourront être déplacées, & le Secrétaire-Gréfier n'en poura délivrer des expéditions ni des extraits, qu'après avoir pris les ordres de l'Adminiftration ; pourront cependant MM. les Procureurs-Syndics, avoir les pieces en communication, en laiffant leur récépiffé au Gréfe.

X V I I.

Il sera nommé, dans chaque Assemblée, quatre Commissaires, pour reconoître l'état du Grêfe & des Archives, lesquels en rendront compte à l'Assemblée, & ordoneront le tranfport du Grêfe aux Archives, des pieces qui ne feront plus néceffaires aux afaires courantes.

X V I I I.

En cas de mort ou de deftitution, le fcélé fera appofé fur les papiers du Secrétaire-Gréfier, & diftraction fera faite de ceux qui apartiendront à l'Adminiftration.

X I X.

Le Secrétaire-Gréfier fera arrêter, tous les trois mois, par la Commiffion intermédiaire, l'état de fes avances & débourfés, pour en être payé fur les fonds qui feront deftinés aux dépenfes communes.

CHAPITRE QUATRIEME.

De la Commiffion intermédiaire.

ARTICLE PREMIER.

Les Membres de la Commiffion intermédiaire réfideront habituélement dans le lieu de l'Affemblée, ou affez près, pour qu'ils puiffent affifter aux Affemblées ordinaires ou extraordinaires de ladite Commiffion.

I I.

La Commiffion intermédiaire s'affemblera au moins une fois par femaine, & plus fouvent fi le bien des afaires l'exige ; les Affemblées extraordinaires feront arrêtées de féance en féance, ou convoquées par le Préfident.

III.

OUTRE les Membres ordinaires, il y aura à la Commission intermédiaire Provinciale, quatre Membres honoraires, choisis par l'Assemblée Provinciale parmi ses Membres, de maniere que la même proportion soit toujours conservée, entre les trois ordres, aux Commissions intermédiaires de chaque Département ; il y aura pareillement quatre Membres honoraires, choisis par l'Assemblée du Département parmi ses Membres, dans la proportion mentionée ci-dessus, pour chaque ordre : ces Membres honoraires auront voix délibérative toutes les fois qu'ils entreront à la Commission intermédiaire. Arivant la mort, la démission ou l'absence d'un des Membres ordinaires, la Commission appélera, pour le remplacer, un des Membres honoraires du même ordre que celui qui aura laissé la place vacante : la Commission convoquera tous les Membres honoraires, lorsqu'elle aura à délibérer sur des afaires importantes & difficiles, & sur-tout lorsqu'elle devra s'occuper d'asseoir ou de répartir les Impositions.

IV.

LE Bureau sera réputé suffisament complet par la présence de trois Délibérans, non compris MM. les Syndics, pour les afaires ordinaires, & de sept au moins pour les afaires extraordinaires & d'une grande importance, notament pour le fait de la répartition de l'Impôt, dans la supposition de l'admission de l'article III ; la présence des Délibérans sera constatée par l'inscription de leurs noms au commencement, & par leurs signatures à la fin de chaque séance.

V.

LES Délibérations se prendront à la pluralité des voix, en se conformant à l'ordre établi pour l'Assemblée générale.

V I.

L A Commiffion intermédiaire connoîtra de tous les objets confiés à l'Affemblée générale, qui n'auroient pas été exprefsément
réfervés par elle, en fuivant les Réglemens & les Délibérations qui
auroient été prifes par l'Affemblée générale; les Commiffions intermédiaires de chaque Affemblée de Département, foumettront toutes leurs opérations à l'Affemblée Provinciale ou à fa Commiffion
intermédiaire; elles demanderont leur avis dans les afaires difficiles,
& fe conformeront aux Inftructions qu'elles en recevront.

V I I.

L ES Commiffions intermédiaires pourvoiront à l'état des fonds
néceffaires pour les travaux ordonés par l'Affemblée Provinciale,
ou, fous fon autorité, par les Affemblées de Département & pour
les dépenfes ordinaires de l'Adminiftration, en fe conformant exactement à tout ce qui aura été réglé fur ces objets par l'Affemblée
Provinciale précédente, ou, par fuite de fes Délibérations, par les
Affemblées de Département, fans pouvoir augmenter ledit état de
fonds pour quelque caufe que ce foit.

V I I I.

L A Commiffion intermédiaire Provinciale, à plus forte raifon
les Commiffions intermédiaires des Départemens, ne pourront, fur
les fonds ordinaires, acorder aucune gratification; elles renverront
à l'Affemblée générale pour ftatuer fur celles qui leur paroîtront
convenables.

I X.

Les Commiffions intermédiaires recevront toutes les Requêtes &
Mémoires à l'effet d'obtenir des décharges, modérations & indemnités; elles prononceront, en appelant tous les Membres hono-

raires, fur toutes celles qui ne pouroient être renvoyées fans inconvéniens, au temps de l'Affemblée générale; mais elles ne pouront
jamais excéder en déchargés ou modérations effectives, les fonds
deftinés à ces objets, fauf à y être pourvu par l'Affemblée qui fuivra.

Les Délibérations que les Commiffions intermédiaires de Département pouroient prendre à cet égard, feront envoyées par les
Syndics, à la Commiffion intermédiaire Provinciale, & ne feront
exécutées qu'après avoir reçu fon approbation.

X.

Chaque Commiffion intermédiaire de Département fera exécuter
dans fon diftrict, fur les routes & chemins vicinaux, les travaux
déterminés par l'Affemblée Provinciale, & dirigera les ateliers de
charité qui auront été établis par les Délibérations des Affemblées
de Département, fans en prefcrire d'autres, fi ce n'eft pour remédier à des accidens extraordinaires, & pour empêcher que des communications importantes ne foient interceptées; les frais indifpenfables en pareil cas, feront pris fur les fonds deftinés aux dépenfes
imprévues, & il en fera rendu compte fur le champ à la Commiffion
intermédiaire Provinciale.

X I.

Les lettres & paquets adrefsés à la Commiffion, feront retirés
par MM. les Procureurs-Syndics, & ouverts par eux ou par M. le
Préfident, & les réponfes feront arrêtées dans l'Affemblée.

X I I.

Les afaites y feront raportées par tel Membre de la Commiffion
qu'elle en chargera ou par les Procureurs-Syndics.

X I I I.

Les Délibérations feront recueillies dans un Regiftre en papier blanc, parafé par M. le Préfident, lequel fera mis fous les ieux de l'Affemblée générale dès l'ouverture de fa séance.

Nota. Tous les articles du préfent Réglement feront communs à l'Affemblée Provinciale & à celles des différens Départemens de la Province, à l'exception des difpofitions particulieres qui font exprimées apartenir à l'une ou aux autres dans certains articles.

Les raports finis, l'Affemblée a renvoyé au lendemain pour délibérer.

M. le Préfident a proposé de nommer trois Avocats, pour former le Confeil indiqué par le Réglement du 4 Novembre dernier, les fuffrages fe font réunis en faveur de MM. Granier, Giraudeau & Guiller.

La séance a été indiquée au lendemain, 7 du mois de Décembre, à neuf heures du matin.

Signé, † M. L. Évêque de Poitiers.

GIRAUDEAU, *Secrétaire-Gréfier.*

Du Vendredi, 7 Décembre, à neuf heures du matin.

Lecture a été faite du Procès verbal des deux dernieres séances.

MM. de l'Univerfité font venus complimenter l'Affemblée, au nom de leur Corps. Ils ont été reçus par quatre Députés.

M. le Préfident leur a répondu au nom de l'Affemblée, & ils ont été reconduits par les mêmes Députés.

MM. les Officiers de l'Élection fe font enfuite fait annoncer, ils ont été reçus & introduits par quatre Députés; ils ont complimenté l'Affemblée, & M. le Préfident leur a répondu; ils ont été reconduits avec les mêmes honeurs. Il a été nommé des Députés pour aller remercier MM. de l'Univerfité, dans la perfone de M. l'Abbé Brault, & MM. de l'Élection, dans la perfone de M. Chocquin.

L'Affemblée a enfuite délibéré fur les raports précédemment

faits par le Bureau du Réglement ; le premier, fur les honoraires des Procureurs-Syndics de l'Affemblée Provinciale, de celles d'Élection & leurs Commiffions intermédiaires, les frais de Bureaux, correfpondance & autres ; le fecond, fur la police intérieure de l'Affemblée Provinciale & de celles qui lui font fubordonées.

Les honoraires de MM. les Procureurs-Syndics des Affemblées Provinciale & d'Élections, ceux de leurs Officiers, les frais de leurs bureaux, correfpondance & établiffement, ont été, fous le bon plaifir de Sa Majefté, réglés de la maniere fuivante :

ASSEMBLÉE PROVINCIALE.

MM. les Procureurs-Syndics, chacun 4000^{tt}.

600^{tt} pour le logement de celui qui eft obligé de fe déplacer.

A chacun un Secrétaire, aux apointemens de 600^{tt}.

Au Secrétaire-Gréfier, 3000^{tt}.

Au fieur Lintra, premier Commis du Grêfe, 1200^{tt} & 300^{tt} de gratification.

Au fieur Paulleau, 1200^{tt} & 300^{tt} de gratification.

A un fecond Commis du Grêfe, 600^{tt}.

Au premier Huiffier, 400^{tt}.

Au fecond Huiffier, 200^{tt}.

A un Concierge, 200^{tt}.

Pour frais de premier établiffement, environ 6000^{tt}.

Frais annuels de féances, bureaux & correfpondance, environ 6000^{tt}.

Affemblée de l'Élection de Poitiers.

Aux Procureurs-Syndics, 1000^{tt} chacun.

Au Secrétaire-Gréfier, 1500^{tt}, pour lui & fon Commis.

A un Huiffier, 150^{tt}.

Pour frais annuels de bureaux, féances & correfpondance, 1000^{tt}, fauf à rendre compte.

Affemblée

Assemblée de l'Élection de Fontenai.

A MM. les Procureurs-Syndics, 1000^{tt} chacun.
Au Secrétaire-Gréfier, compris son Commis, 1100^{tt}.
A un Huissier, 100^{tt}.
Frais de bureaux, séances & correspondance, 2000^{tt}, sauf à rendre compte.

Assemblée de l'Élection des Sables.

A MM. les Procureurs Syndics, chacun 800^{tt}.
Au Secrétaire-Gréfier, 600^{tt}.
A un Huissier, 100^{tt}.
1000^{tt} pour les frais de son établissement, & pareille somme pour les dépenses annuelles de bureaux, séances & correspondance, sauf à rendre compte.

Assemblée de l'Élection de Châtillon.

A MM. les Procureurs-Syndics, 800^{tt} chacun.
Au Gréfier, 600^{tt}.
A l'Huissier, 100^{tt}.
Frais d'établissement, 400^{tt}.
Frais annuels de bureaux, séances & correspondance, 800^{tt}, sauf à rendre compte.

Assemblée de l'Élection de Saint-Maixent.

A MM. les Procureurs-Syndics, 800^{tt} chacun.
Au Gréfier, 600^{tt}.
A l'Huissier, 100^{tt}.
Pour frais d'établissement, 300^{tt}.
Frais annuels de bureaux, séances & correspondance, 800^{tt}, sauf à rendre compte.

G g

Assemblée de l'Élection de Niort.

A MM. les Procureurs-Syndics, 800^{tt} chacun.
Au Gréfier, 600^{tt}.
A l'Huiffier, 100^{tt}.
Pour frais annuels de correspondance, bureaux & séances, 900^{tt},
fauf à rendre compte.

Assemblée de l'Élection de Confolens.

A MM. les Procureurs-Syndics, 800^{tt} chacun.
Au Gréfier, 600^{tt}.
A l'Huiffier, 100^{tt}.
Frais d'établiffement, 100^{tt}.
Frais annuels de bureaux, séances & correfpondance, 800^{tt}, fauf
à rendre compte.

Assemblée de l'Élection de Thouars.

A MM. les Procureurs-Syndics, 800^{tt} chacun.
Au Gréfier, 600^{tt}.
A l'Huiffier, 100^{tt}.
Frais annuels de bureaux, séances & correfpondance, 800^{tt}, fauf
à rendre compte.

Assemblée de l'Élection de Châtelleraud.

A MM. les Procureurs-Syndics, 800^{tt} chacun.
Au Gréfier, 600^{tt}.
A l'Huiffier, 100^{tt}.
Frais d'établiffement, 600^{tt}.
Frais annuels de séances, bureaux & correfpondance, 800^{tt}, fauf
à rendre compte.

Il a été arrêté que MM. les Procureurs - Syndics & Membres des Bureaux intermédiaires qui ne seroient pas domiciliés, seront remboursés de ce qui poura leur en coûter pour se procurer un logement commode & décent.

Les Assemblées Municipales seront informées qu'elles n'ont plus à délibérer sur la taxation des honoraires de leurs Syndics & Gréfiers, & qu'on ne leur passera en compte que les déboursés qu'ils justifieront avoir légitimement faits, relativement à l'Administration, lesquels seront payés sur leurs mémoires arrêtés par l'Assemblée Municipale, & vérifiés par le Bureau intermédiaire de l'Assemblée d'Élection.

Sur les autres objets proposés dans le même raport, l'Assemblée a été d'avis,

1.°, Que l'Assemblée d'Élection de Poitiers tiendroit ses séances dans le même lieu que l'Assemblée Provinciale;

2.°, Que l'Assemblée Provinciale fera graver un Sceau aux Armes de la Province, avec la légende : *Assemblée Provinciale du Poitou;* que ce Sceau sera commun aux Assemblées d'Élection, avec la légende : *Assemblée d'Élection de* .... &c.

3.°, Elle a approuvé, sous le bon plaisir de Sa Majesté, les Instructions données par l'Assemblée d'Élection de Fontenai à ses Procureurs - Syndics, à l'exception de l'article qui concerne l'impression des Mémoires, Raports & Lettres circulaires, sur lequel il a été statué depuis, par l'Instruction du 4 Novembre;

4.°, Que sur le vœu de l'Assemblée d'Élection des Sâbles, M. le Président a été prié d'apuier auprès des Ministres de la Guerre & de la Marine, ses réclamations contre l'Ordonance du 19 Juillet dernier, concernant les Canoniers auxiliaires de la Marine;

5.°, Que la demande faite par M. le Président de l'Assemblée d'Élection de Châtillon, relativement à la translation du Bureau intermédiaire de cette Assemblée dans la ville de Montaigu, ne pouvoit être acueillie, & que M. le Président voudra bien faire part à M. le Contrôleur Général, de l'avis de l'Affemblée Provinciale à cet égard;

6.°, Que l'Hôtel-de-Ville de Châtelleraud, ceux des autres Villes non tarifées, excepté Poitiers, feront la répartition des Impôts fur les différentes paroiffes defdites Villes, en y appelant fucceffivement huit Notables choifis par chacune d'elles, pour y affifter & donner leur avis, jufqu'à ce qu'il en ait été autrement ordoné par Sa Majefté.

Que l'Affemblée Provinciale renouvélera fes inftances auprès de M. le Contrôleur Général, pour obtenir du Roi qu'il lui laiffe, & à fa Commiffion intermédiaire, la liberté de juger définitivement fur l'avis des Bureaux intermédiaires, des irrégularités qui peuvent fe trouver dans la formation des Affemblées Municipales.

Que MM. les Procureurs-Généraux-Syndics recomanderont au Bureau intermédiaire de l'Élection de Châtelleraud, de donner fes foins pour que l'Inftruction qui lui a été adreffée foit exactement fuivie, relativement à l'examen des Procès verbaux de formation des Municipalités; & que MM. les Procureurs-Syndics feront auffi chargés de demander au Bureau intermédiaire de cette Élection, l'état des Communautés qui peuvent fe trouver dans une même paroiffe.

7.°, Que fur le vœu particulier formé par les Affemblées d'Élections de Fontenai & des Sables, d'être autorisées à joindre quatre Membres honoraires à ceux des Bureaux intermédiaires, lorfque les circonftances l'exigeront, Sa Majefté fera très-humblement fuppliée de permettre à tous les Bureaux intermédiaires de la Généralité & même à la Commiffion intermédiaire Provinciale, de fe procurer ce fecours lorfqu'il leur paroîtra néceffaire, en obfervant de ne prendre lefdits Membres honoraires que dans les trois ordres, & fuivant la proportion établie parmi ceux des Affemblées.

L'Affemblée délibérant également fur le projet de Réglement pour la Police intérieure de l'Affemblée Provinciale & de celles qui lui font fubordonées, a arrêté que Sa Majefté fera fuppliée, d'autorifer ce projet, & d'ordoner qu'il foit executé dans toutes fes difpofitions.

La féance a été indiquée au lendemain, Samedi, à neuf heures du matin.

Signé, † M. L. Évêque de Poitiers.

GIRAUDEAU, *Secrétaire-Gréfier.*

Du Samedi, 8 Décembre, à neuf heures du matin.

Lecture a été faite du Procès verbal de la féance précédente.
Le Bureau des Travaux publics a fait le Raport fuivant :

MESSIEURS,

VOUS aurez été furpris, fans doute, que le Bureau chargé par vos ordres de s'occuper des Travaux publics, ne vous ait encore préfenté aucun réfultat de fes recherches; l'activité des Bureaux qui, comme nous, étoient occupés des intérêts de la Province, la promptitude avec laquelle ils fe font approchés du terme de leur travail, fembloient un reproche qui accufoit notre lenteur ; mais obligés de parcourir des fentiers qui nous étoient inconnus, n'ayant pour nous guider que des lumieres incertaines & d'emprunt, embarafsés dans des détails immenfes, forcés de refpecter une Loi qui nous défend de porter nos regards en arriere, & d'y chercher des points d'apui, nous avons dû n'avancer, qu'avec circonfpection, dans la câriere qui nous étoit ouverte : la courte durée de vos féances ne nous a pas même permis d'aprofondir toutes les queftions qu'il auroit, peut-être, été de notre devoir de difcuter.

Dans la néceffité où nous fommes, Meffieurs, de vous entretenir des travaux de la Corvée, nous aurions pu vous parler de ces chaufsées romaines que l'œil confidere encore avec étonement, & immorteles comme le peuple qui les conftruifit; vous dire que les légions de ce Peuple Roi ne dédaignoient pas, dans le loifir de la paix, de confacrer leurs mains à ce pénible travail : nous pourions vous répéter ce vœu fi patriotique, de voir nos troupes livrées, à leur exemple, à des travaux qui les endurciroient aux fatigues des marches militaires, plus redoutables pour elles que le fer de l'ennemi ; vous peindre la France n'offrant pendant de longs fiecles, que des fentiers peu frayés, des Provinces fans communications, fans débouchés, fans commerce; il nous auroit été facile de vous rapeler l'époque où le Gouvernement crut devoir porter fes regards fur cet objet important ; le moment où, fans aucune Loi préalable, la Corvée en nature, qui femble devoir fa naiffance à l'afferviffement féodal, s'établit parmi nous, & où le pauvre paya la dette de la propriété.

Nous aurions pu orner notre raport du nom de ce Miniftre citoyen, qui, le premier, ofa ftipuler les intérêts du corvéable ; vous parler du cri univerfel d'aplaudiffement qui s'éleva du milieu de nos campagnes, lorfque le cultivateur ceffa d'être arraché au fillon qu'il traçoit, pour être traîné fur les grandes Routes, y confumer fans falaire un temps précieux dérobé à la culture; vous raporter, enfin, les Loix plus douces qui ont claffé la Corvée dans le rang des Impôts, & l'ont balancée fur les facultés des contribuables : mais nous ne vous dirions, Meffieurs, que ce qui a été répété cent fois. Écartons donc ces objets intéreffans, mais de pure curiofité, & renfermons-nous dans les bornes que le défir d'être utiles nous prefcrit.

La Province du Poitou offre, à peine, une Riviere navigable, aucun canal ne la traverfe ; il femble même que la nature lui refufe ce moyen d'importation & d'exportation; quelques barques fe chargent du blé moiffoné fur les côtes de la Mer & du fel recueilli fur fes rives ; mais tout le commerce intérieur, on le doit aux grandes Routes ; elles feules offrent aux denrées un débouché. Entretenir & multiplier les chemins, c'eſt donc ouvrir une fource de vie & de richeſſes à cette vaſte Province, c'eſt la tirer de cet état de ſtagnation & d'aſſoupiſſement où elle a toujours langui : des communications libres, le tranſport facile des denrées, lui rendront le mouvement, & l'aſſocieront bientôt au commerce auquel l'appelent en vain, depuis long-temps, les Provinces voiſines.

Déja, dans cette Généralité, les Routes meres, ſi nous pouvons nous exprimer ainſi, touchent au moment où elles n'auront plus beſoin que d'un léger entretien ; déja des rameaux ſe ſont étendus en divers ſens, ſur toute la ſurface de la Province, & ils ont ouvert ou préparé des liaiſons d'intérêt avec quelques-unes de celles qui l'entourent. Beaucoup d'autres Routes ſont commencées, tracées ou projetées. Pendant long-temps ces ouvrages n'ont avancé qu'à pas lents vers le terme de leur perfection. La Corvée n'offrant que des bras qui ſe remuoient à regret, ſans enſemble, ſans intelligence & ſans intérêt, ne permettoit pas de mettre dans les travaux des Routes, l'activité & la perfection qu'on y remarque aujourd'hui.

C'eſt ſur-tout au zele de M. de Nanteuil, Intendant de cette Province, c'eſt à ſa vigilance active, que nous devons la révolution heureuſe qui, depuis quelques années, s'eſt opérée dans cette partie de l'Adminiſtration : c'eſt, Meſſieurs, un hommage que nous nous empreſſons de lui rendre, & ce n'eſt pas le ſeul que cette Généralité doit à ſes ſoins bienfaiſans. Depuis l'abolition de la Corvée en nature, on fait plus d'ouvrage, on le fait mieux, & même à moindre frais pour le peuple : cependant une ſomme de 520,000ᵗ, deſtinée à cet objet, peſe annuélement ſur la Province. C'eſt à vous, Meſſieurs, c'eſt à votre ſurveillance, qu'eſt réſervée la gloire de hâter le moment où il ſera permis d'alléger ce fardeau.

Joindre la célérité dans le travail à l'économie dans l'exécution, voilà ce que nos concitoyens demandent de vous. Le plus doux des prix vous atend, la reconoïffance des peuples.

Raprocher, en quelque forte, cette Province de touts le points du Royaume, par la facilité des communications; unir cette Généralité avec celles qui l'environent, lier les différentes Élections entr'elles; ouvrir aux Communautés particulieres un libre accès aux grandes Routes; telle est, en abrégé, la tâche qui vous est imposée; de cette réflexion naît le partage des chemins en quatre clâsses différentes.

La premiere clâsse fera composée des Routes qui traverfent le Royaume, & font d'une utilité générale.

La deuxieme comprendra les Routes qui établissent la communication de cette Province avec celles qui l'entourent, & qui offrent de grands motifs d'utilité;

La troifieme, celles qui parcourent deux ou plufieurs Élections, & paroiffent avoir été tracées pour leur avantage particulier;

La quatrieme, celles des chemins vicinaux, qui lient entr'elles les différentes paroiffes, & conduifent aux grandes Routes.

On a fuivi long-temps en France, l'ufage de donner aux grandes Routes une largeur exceffive; quelquefois 72 pieds, communément 60, étoient la mefure de cette largeur. L'augmentation des frais de conftruâions & d'entretiens qui en réfultoit, n'étoit pas l'unique mal dont on avoit à gémir; l'œil du voyageur ne fe repofoit qu'avec regret fur une immenfe étendue de terrain enlevé inutilement à la culture; les corvéables, privés fans indemnité de leurs poffeffions, fe voyoient encore condamnés à ruiner, de leurs mains, leur propre héritage, dans une largeur défaftreufe.

Des vues d'une politique plus éclairée & plus patriotique ont referré les Routes; l'Arrêt du Confeil, du 6 Février 1776, ordone: Que celles de la premiere clâsse feront déformais ouvertes fur la
largeur

largeur de 42 pieds ; que les Routes de la seconde claſſe le feront ſur la largeur de 36 pieds ; & celles de la troiſieme, ſur la largeur de 30 pieds. Ce même Arrêt aſſigne aux chemins vicinaux ou particuliers, une largeur de 24 pieds, le tout non compris les foſſés ni les empatemens des talus ou glacis.

Nous avons l'honeur de vous obſerver, Meſſieurs, que la largeur de 24 pieds, fixée ſans diſtinction par cet Arrêt, pour les chemins vicinaux, mérite quelques modifications : Tous les chemins de paroiſſe à paroiſſe ne ſont pas également fréquentés & de la même utilité ; on rencontre dans chaque canton, des lieux qui, par l'avantage de leur ſituation, ſervent, en quelque ſorte, de dépôts aux denrées des Communautés voiſines, d'où elles ſont verſées ſur les grandes Routes pour alimenter le commerce.

Il eſt juſte que les chemins qui uniſſent ces Bourgs ou Villes aux grandes Routes, ayent une largeur proportionée à leur utilité, & celle de 24 pieds ſemble néceſſaire.

Mais par-tout ailleurs, une largeur de 18 à 20 pieds nous a paru ſuffiſante.

L'Arrêt du 6 Février 1776, ne donne aucun effet rétroactif à ces diſpoſitions ; l'article X ordone même qu'il ne ſera fait aucuns changemens aux Routes précédemment conſtruites ; ſe réſervant Sa Majeſté de régler à cet égard, ce qu'Elle jugera convenable. Il paroît cependant, que, déterminé ſans doute par l'eſprit de l'Arrêt & par le motif de rendre aux propriétés une vaſte étendue de terrain ſacrifié au luxe des grandes Routes, on a entrepris, dans preſque toutes les Généralités, le rétréciſſement des Routes anciennes. Dans cette Province, ce travail eſt déja très-avancé ſur la Route de Paris en Eſpagne : ſur pluſieurs autres, il eſt commencé ; & les Devis que l'Ingénieur de la Province nous a remis, ſe trouvent chargés, pour 1788, d'une ſomme de plus de 50,000^{tt} deſtinée à cette opération.

Le premier mouvement de votre cœur, Meſſieurs, feroit ſans

H h

doute d'applaudir à la Loi bienfaifante, qui rendroit à la propriété
& à la fécondité, un terrain rendu inutilement ftérile ; mais une
réflexion douloureufe vient bientôt fe mêler au fentiment de reconoiffance que cette Loi paternele pouroit infpirer. Les fofsés qui
défendent les Routes anciénement tracées, les arbres qui les bordent
& offrent aux voyageurs un ombrage utile, tout le travail que ces
objets ont néceffité, eft perdu pour la Province : c'eft peu ; le rétréciffement des Routes exigera un nouveau travail, de nouveaux frais,
& le corvéable verra augmenter ou perpétuer l'Impôt fous lequel
il gémit. Ainfi, par un malheur trop ordinaire, une Loi de bienfaifance offriroit les caractères d'une furcharge d'Impofition ; ainfi
l'homme fenfible eft fouvent forcé de verfer des pleurs fur le bien
même qu'il veut faire.

D'un côté, l'agriculture doit s'enrichir du terrain que les grandes Routes feront forcées de lui rendre par leurs rétréciffemens ; les
frais de l'entretien journalier feront diminués ; l'écoulement des eaux
deviendra plus facile ; mais d'un autre côté, ces avantages feront
balancés par les confidérations fuivantes :

1.°, La toife courante du double fofsé des chemins, eft évaluée
de 15 à 20ƒ ; cette dépenfe excede incomparablement celle que
peut exiger l'entretien de quelques pieds d'acotemens ;

2.°, Dans les Devis propofés pour 1788, une fomme de 83,297ᵗᵗ
eft deftinée à ouvrir une partie des nouveaux fofsés, y compris les
terraffemens d'acotemens : or, ces 83,297ᵗᵗ pouroient fervir à perfé-
ctioner la communication avec l'Anjou ; & l'avantage qu'en retirera
la Province du Poitou, nous a paru compenfer abondament celui
qu'elle auroit à efpérer du terrain abandoné par les fofsés propofés ;

3.°, Plufieurs des Routes de cette Généralité n'ont que 48 pieds
de largeur ; il faudroit les réduire à 42 & 36 ; la différence eft peu
confidérable ; il feroit même en quelque forte impoffible d'ouvrir
fur ces Routes, de nouveaux fofsés ; ils fe confondroient avec les

anciens ; ces réflexions & d'autres fur lefquelles il eft inutile de s'appefantir, nous font défirer, Meffieurs, que vous preniez en confidération, s'il ne feroit pas plus avantageux pour le bien public,

1.°, D'ordoner que les difpofitions de l'Arrêt du Confeil du 6 Février 1776, concernant la largeur des Routes, foient fuivies pour toutes celles à ouvrir ou commencées, & même pour celles qui ne font pas encore perfectionées, dans le cas où on fe fera écarté de fes difpofitions ;

2.°, De fufpendre le rétréciffement des deux Routes de la Rochelle à Nantes, & de Fontenai aux Sâbles;

3.°, De régler que de nouveaux fofsés feront ouverts dans les diftances prefcrites & par-tout où befoin fera, lorfque les anciens fofsés feront en quelque forte comblés & hors d'état de fournir à l'écoulement des eaux.

Le premier pas à faire dans toute Adminiftration, eft de connoître l'étendue des objets foumis à fa vigilance.

Quelles font les Routes de la Province ? Dans quel état fe trouvent-elles ? Telle eft la premiere demande à laquelle nous devons répondre.

Nous croyons cependant, Meffieurs, qu'il feroit fuperflu d'embaraffer la marche de nos Raports en y faifant entrer le détail de toutes les Routes de cette Généralité; nous avons jugé qu'il feroit plus commode, plus, utile plus agréable même pour vous, Meffieurs, & pour ceux que le patriotifme ou peut être la curiofité porteroient à parcourir nos Procès verbaux, de joindre à notre Raport, une Carte itinéraire de cette Généralité, gravée il y a quelques années & divisée en Département d'Ingénieurs ; toutes les Routes y font tracées & numérotées; nous croyons à propos d'y joindre deux Tableaux, l'un pour l'année 1787, qui fera divisé par colonnes où il fera porté la longueur des Routes, leur largeur, les ouvrages ordonés pour entretien, réparations, conftructions neuves,

&c. Le prix eftimatif de ces divers travaux & le rabais des adjuditions.

Le deuxieme Tableau, pour l'année 1788, préfentera à peu près les mêmes détails; mais on joindra à chaque Route, les motifs de fon utilité & les obfervations que le Bureau a cru pouvoir fe permettre à cet égard.

De pareils Tableaux nous ont paru offrir un enfemble plus facile à faifir, plus lumineux que de longs difcours; nous penfons même, Meffieurs, que l'on ne peut donner à ces Tableaux, trop de publicité; c'eft affocier en quelque forte la Province à votre travail; c'eft lui laiffer un droit d'infpection fur vos opérations, & fans doute, les regards publics, loin de vous paroître à craindre, feront pour vous un motif d'encouragement; chacun de nos concitoyens pour avoir dans ce Tableau, les ouvrages entrepris dans le cours de l'année, le prix qu'aura coûté leur exécution; il y verra les plans formés pour l'avantage de la partie de la Province qu'il habite ou qui lui eft connue; il poura en difcuter l'utilité, propofer peut-être des vues plus avantageufes ou plus économiques, & adreffer à votre Commiffion intermédiaire, les réflexions que le défir de coopérer à la profpérité de fa Patrie poura lui faire naître; nous pourions ajouter que c'eft une confolation pour celui qui porte le fardeau des charges publiques, de connoître l'emploi qu'on a fait ou qu'on doit faire de fa contribution; l'habitant des différentes Élections de cette vafte Généralité, trouvera auffi dans ce Tableau, les raifons de préférence qui vous auront déterminé à porter les forces de la Province fur une Route plutôt que fur une autre; fi dans ces premiers momens, vous n'avez pu vous occuper de fes interêts particuliers, il verra du moins qu'ils ne font point oubliés, & l'efpérance adoucira la peine d'une privation momentanée;

Ces Tableaux feront encore d'une utilité digne de quelque confidération; ils ferviront à conftater l'état dans lequel cette Adminiſtration naiſſante a reçu les chemins de cette Généralité, le point d'où elle eſt partie ; un Tableau pareil, conſigné tous les ans dans vos Procès verbaux, annoncera la marche annuele & l'étendue de vos travaux ; ce feront en quelque ſorte des pierres milliaires poſées ſur la route de votre Adminiſtration, qui atteſteront vos éforts ou vos ſuccès.

Mais quel que ſoit le jugement que vous portiez, Meſſieurs, ſur les réflexions que nous venons de propoſer, les fonctions qui vous ſont confiées vous impoſent la néceſſité de régler la diſtribution des travaux à faire ſur les différentes Routes dont le Tableau vient d'être mis ſous vos ieux ; il eſt de notre devoir de vous préſenter quelques données qui puiſſent vous aider à fixer vos opinions ſurce point important.

TRAVAUX DES ROUTES.

Nous aurions déſiré, Meſſieurs, pouvoir vous épargner, nous épargner à nous-mêmes, l'ennui des détails où nous allons être forcés d'entrer ; mais ils ſerviront peut-être à répandre quelques lumieres ſur les réformes que nous ſerons dans la néceſſité de vous propoſer. Tout a dû céder à cette conſidération ; une autre réflexion nous a frapés. On ne peut jeter un trop grand jour ſur la maniere dont on procede aux travaux des Routes : juſques à ce moment, on a cru, bien légérement ſans doute, qu'on avoit cherché à enveloper d'un voile épais, toutes les opérations qui y ſont relatives ; il eſt de notre devoir de diſſiper ces ſoupçons injurieux.

Les travaux qu'exigent les Routes, peuvent les faire conſidérer ſous trois points de vue différens. Routes à l'entretien ; Routes en réparation ; Routes en conſtruction.

On comprend ſous la dénomination d'entretien, les ouvrages néceſſaires pour conſerver en bon état, par un travail journalier, une Route entiérement faite.

La réparation est la perfection à donner à certaine partie de Route anciénement faite, & qui n'avoit pas été parfaitement exécutée, ou c'est la reprise des dégradations occasionées par la négligence ou le défaut d'entretien.

La construction neuve consiste dans la chaussée d'empierrement & les terrassemens nécessaires à l'établissement d'une Route, conformément aux plans qui en ont été dressés.

De ces définitions, il est aisé de conclure que l'objet ultérieur de tous les travaux, est de mener toutes les Routes à l'état de simple entretien.

Entretien des Routes. L'entretien d'une Route demande plus de soins que de travail, plus d'assiduité que d'intelligence ; une pierre remise aussi-tôt que déplacée ; une orniere comblée au moment où elle vient de s'ouvrir, tant sur la chaussée, que sur les acotemens ; quelquefois même une tranchée ouverte à propos, pour faciliter l'écoulement des eaux, & empêcher qu'elles ne pénetrent la chaussée ; la tenue des fossés à la largeur & profondeur prescrites : voilà les précautions faciles qui suffisent pour entretenir une Route toujours belle & bien roulante.

Ce travail est confié à des journaliers connus sous le nom de Cantoniers, parce qu'ils sont distribués par cantons ; un pareil travail ne demande, de la part de celui qui en est chargé, que de l'exactitude, des soins & une habitude facile à acquérir.

Sous le régime actuel, les Cantoniers sont placés sur les Routes, d'espace en espace, & doivent être journélement occupés à l'entretien des chemins ; ils sont dans la dépendance des Adjudicataires d'ouvrages, & soumis à leur inspection ; on passe à l'Adjudicataire, pour chaque Cantonier, 250^{tt} par an, & on lui donne, en sus, le dixieme de cette somme, pour prix de sa surveillance : si le nombre des Cantoniers est jugé ne pas suffire au travail, on y supplée par des Adjoins, connus sous le nom d'aides, que l'Adjudicataire est tenu de fournir, de payer, & dont on lui tient compte au prix fixé pour les Cantoniers, conformément à l'état exact du nombre de jours qu'ils ont été employés, ils font également dans la dépendance de l'Entrepreneur.

D'après le relevé des Devis remis pour l'année 1788, par l'Ingénieur de la Province, 165 Cantoniers doivent être établis fur 125 lieues $\frac{1}{4}$, faisant partie de 131 lieues $\frac{1}{2}$, mifes cette année à l'entretien. Les 6 lieues $\frac{1}{4}$ excédentes devant être entretenues fans Cantoniers, parce que la main d'œuvre de l'entretien eft comprife au détail eftimatif; ainfi, les Cantoniers doivent coûter à la Province, à raifon de 275^{tt}, la fomme de 45,375^{tt}; fi on y ajoute celle de 7915^{tt}, portée en dépenfe pour les aides, la totalité formera celle de 53,290^{tt}. Cette fomme, comme nous l'avons dit, eft confiée aux Adjudicataires chargés d'en furveiller l'emploi.

La voix publique, Meffieurs, s'élève contre cette forme d'Adminiftration; on a voulu nous perfuader qu'il s'y gliffoit de très-grands abus, mais nous avons penfé que nous devions nous refufer à des foupçons vagues & fans doute peu fondés; cependant, comme le but de toute fage Adminiftration doit moins être de corriger les abus que de les prévenir, nous avons jugé qu'il fera plus fûr & plus économique de fouftraire les Cantoniers à la dépendance des Entrepreneurs, & de les faire payer directement par les Préposés au recouvrement des deniers des travaux des Routes. Les Cantoniers feront furveillés par les Sous-Ingénieurs & par les Conducteurs d'ouvrages, dont nous aurons à vous parler dans la fuite de notre raport; ils feront, fur-tout, furveillés par vous, Meffieurs, par chacun des Membres de l'Affemblée d'Élection, que des afaires conduiroient fur les Routes : la plus petite négligence doit être punie.

En ôtant ainfi de deffous la main des Entrepreneurs, les Cantoniers & leurs aides, non feulement vous les foumettez à une surveillance plus suivie, mais vous épargnerez encore une somme de 4844^{tt}, formant le dixieme de celle de 48,446^{tt}, destinée au paiement des Cantoniers & de leurs aides ; ce dixieme est acordé aux Entrepreneurs chargés de les payer, comme nous l'avons déja dit.

Nous aurons aussi l'honeur de vous proposer une économie de plus de 7915^{tt} par la suppression de ces aides. Des Cantoniers placés de 1000 en 1000 toises sur la Route de Paris en Espagne, & de 2000 en 2000 sur toutes les autres, nous ont paru pouvoir suffire à leur entretien ; nous croyons devoir doubler les Cantoniers sur la Route d'Espagne, parce qu'elle est extrêmement fatiguée par un continuel roulage.

Nous avons également pensé qu'il seroit avantageux d'ordoner que la tâche de chaque Cantonier fût adjugée au rabais, dans la paroisse la plus voisine des pierres milliaires qui bornent son travail ; la proximité du lieu, la concurrence des journaliers contribueront à réduire l'adjudication à sa juste valeur. Peut-être que cette opération sera encore une source d'économie pour la Province ; mais ce n'est qu'avec circonspection que nous pouvons nous livrer à la flateuse espérance d'adoucir le fardeau de la Corvée ; les rêves du bien public sont si séduisans pour des âmes sensibles, qu'elles doivent veiller continuélement sur elles-mêmes, pour ne pas se laisser entraîner au-delà des bornes que la prudence prescrit. Quelques années éclairciront nos doutes sur ce point : refusons nous donc, puisqu'une nécessité impérieuse le veut, refusons nous à la satisfaction de diminuer, dès ce moment, le poids de l'Impôt. Si lors de la tenue de votre Assemblée prochaine, les économies que vous aurez prévues & préparées se réalisent, comme nous osons l'espérer, vous pourez, Messieurs, jouir du bonheur de contribuer au soulagement de vos concitoyens. Il est à souhaiter pour l'exactitude du service continuel qu'exige l'entretien des Routes, que la

tâche

tâche de chaque Cantonier foit invariablement fixée par des pierres milliaires ; le Gouvernement a ordoné que de femblables pierres fuffent élevées fur toutes les Routes du Royaume. Cette Loi a eu fon exécution fur celles de Paris en Efpagne & de Poitiers à Niort.

Nous penfons, Meffieurs, qu'il feroit avantageux qu'on s'occupât dès l'année 1788, du foin de continuer ce travail fur celles de la Rochelle à Nantes, de Niort à la Rochelle, &c.

L'entretien fuppofe un aprovifionement fait. On entend par ce mot, 1.º, l'extraction de la pierre dans une câriere défignée, ou l'amâs des pierres & cailloux dans des champs pareillement défignés.

2.º, L'apport de fes matériaux & leur dépôt fur le bord d'un des acotemens;

3.º, Le caffage des pierres à la grôffeur d'un pouce cube;

4.º, Enfin, leur entoifage en tas prifmatiques, dont les dimenfions & la diftance doivent être toujours proportionées au roulage que la Route eft dans le cas de fupporter.

On poura fe fervir des deux proportions fuivantes pour les tas prifmatiques.

SAVOIR:

Sur la Route de Paris en Efpagne, . . { Longueur. . . 18 pieds. / Largeur. . . . 3 / Hauteur. . . . 2 } 54 pieds ou un quart de toife cube.

Sur les autres Routes moins fréquentées, { Longueur. . . 8 / Largeur. . . . 3 / Hauteur. . . . 2 } 24 pieds ou un neuvieme de toife cube.

Nous défirons que les dimenfions de ces tas, foient uniformes fur une même Route.

L'aprovifionement néceffaire aux Routes, eft divisé en différens âteliers & adjugé au rabais : doit-on préférer les Adjudications confidérables, ou doit-on les morceler ? De toutes les queftions,

I i

Meſſieurs, qui, dans cette matiere, pouront être ſoumiſes à votre examen, la plus importante, nous ne diſons pas la plus difficile, la plus importante eſt celle qui s'offre, en ce moment, à votre déciſion.

Aprovifionemens de matériaux. On ne peut révoquer en doute, que l'aproviſionement des matériaux néceſſaires à l'entretien des Routes, ne ſoit un travail facile, qui n'exige qu'une intelligence bornée, & dont les mains les moins habiles peuvent s'occuper; quelques pierres à extraire, à ramaſſer, à voiturer, câſſer & entoiſer, voilà à quoi ſe réduit cette opération : rien ne ſemble impoſer la loi qu'un pareil ouvrage ſoit traité en grand, ſi l'on peut s'exprimer ainſi.

Cependant l'uſage de ne pourvoir à l'aproviſionement des Routes que par de grandes Adjudications de 10 à 15,000^{tt}, ſemble avoir prévalu; c'eſt le prix ordinaire des Baux. Les Ingénieurs ont été forcés, ſans doute, de préférer ce moyen à celui des petites Adjudications : au moment où nos campagnes furent ſouſtraites au joug de la Corvée en nature, il parut difficile de trouver dans le pays, des ouvriers qui vouluſſent ou puſſent s'occuper des travaux des Routes; il fallut donc y attirer par l'apât d'un gain conſidérable, des gens de l'art, qui, d'ailleurs, devenoient abſolument néceſſaires pour les travaux plus importans de réparations ou de conſtructions neuves; mais aujourd'hui que l'art de la conſtruction des Routes eſt plus connu, que les Entrepreneurs ſont plus multipliés, on peut ne pas ſe laiſſer entraîner par les mêmes conſidérations : nous croyons que le moment eſt arivé de ne conſulter que des vues d'économie.

Il nous paroît donc qu'il eſt de la plus grande importance, de diviſer, de morceler, autant que faire ſe poura, les Adjudications, & que le nombre des âteliers d'aproviſionemens doit être déterminé par celui des Cantoniers deſtinés à faire l'emploi de ces matériaux.

Plus les Adjudications font confidérables, moins il fe préfente de concurrens, & il eft à craindre qu'il ne regne entr'eux, un concert fecret qui vous mette dans leur dépendance : divifez ces Adjudications; que perfone ne foit repoufsé par le défaut d'un certificat inutile en pareil cas, ni éfrayé de la grandeur de la tâche imposée; dès lors, chaque particulier ofera fe préfenter pour Adjudicataire; le jeu de la collufion ceffe; le prix de l'objet fe balance & defcend à fon niveau réel. Que réfulte-t-il de la méthode actuélement adoptée? Les Adjudicataires font fouvent forcés de faire des fous-baux, & de traiter, pour l'aprovifione-ment des chemins, avec différens particuliers; en paffant ces fous-baux, ils fe réfervent fans doute un bénéfice : multiplions nos âteliers, la Province traitera directement avec les Sous-Entrepreneurs, & le gain qu'auroient fait de grands Adjudicataires, tournera à fon profit. Choififfons, s'il eft poffible, nos Entrepreneurs parmi les habitans des lieux voifins de celui de l'âtelier; l'ouvrage étant fous leurs mains, ils n'auront à calculer fur aucun déplacement; ils pourront confacrer aux aprovifionemens, les momens de l'année où les travaux de la campagne leur laiffent quelque loifir, & dès lors ils fe borneront au profit le plus modique : ce gain vivifiera les lieux même où pefe l'Impôt; l'argent ne fortira point de la Généralité, & la Corvée ne fera point, comme elle l'eft actuélement, un Impôt mis fur la Province en faveur des Provinces voifines d'où font tirés prefque tous les ouvriers occupés fur nos Routes.

Une autre confidération fe préfente, elle mérite toute votre attention : Les travaux des Routes peuvent devenir pour l'habitant malheureux des campagnes, un foulagement dans fa mifere; un grand nombre n'a, pour nourir fa famille, que le fecours de fes bras; fouvent l'ouvrage manque à ces infortunés, ils affiégent les portes du riche, & notre oifiveté les taxe quelquefois de pareffe, lorfque peut-être le travail feul leur eft refusé : ouvrez, Meffieurs, dans le

I i ij

voifinage des bourgs & villages, des âteliers en grand nombre; ces travaux offriront à l'indigent, au moins fur la ligne des Routes, un moyen de fubfifter, & le pauvre trouvera, dans l'Impôt même, une reffource pour le payer : il nous eft bien doux, Meffieurs, d'avoir de pareils motifs à vous propofer pour fixer vos Délibérations.

Ces réflexions ont déterminé le Bureau à changer les Devis d'entretiens qui lui avoient été préfentés, & qui, prefque tous, n'offroient que des âteliers de 10 à 18000ᵗᵗ. Il a demandé qu'ils fuffent divifés en un nombre confidérable de petites Adjudications. Nous défirons que ce plan obtiene l'approbation de cette Affemblée. Ce projet rendoit inutile le travail qui nous avoit été préparé par l'Ingénieur de cette Province , & en néceffitoit un autre de fa part ; nous lui devons le témoignage qu'il s'eft prêté avec zele à nos défirs, & qu'il a fuffi de lui dire que le bien paroiffoit l'exiger.

Vous jugerez , peut-être , Meffieurs, que nous vous avons occupé long-temps de l'entretien des grandes Routes ; mais de tous les travaux qu'elles néceffitent, s'il eft le plus facile, il eft auffi le plus important : qu'on donne à cet objet la plus grande attention , les réparations à faire deviendront extrêmement rares.

Réparations.   La réparation, comme nous avons eu l'honeur de vous l'obferver, eft la reprife ou la reconftruction des chauffées dégradées, cette dégradation eft plus ou moins confidérable ; elle a fa fource dans le défaut d'entretien, ou dans la négligence avec laquelle la conftruction neuve a été faite. Il eft certain , que du défaut d'entretien, naiffent fouvent des réparations coûteufes ; mais, plus fouvent encore, elles font occafionées par la maniere défectueufe dont les anciens chemins ont été conftruits. Nous l'avons dit, la Corvée en nature offroit des bras, mais peu de bonne volonté ; nous pouvons ajouter même que l'art des chemins s'eft perfectioné, & que le corps des Ingénieurs des Ponts & Chauffées offre , plus que jamais, des connoiffances & des talens diftingués.

Dans la conftruction de prefque toutes les Routes anciennes, on s'eft écarté des regles que l'art & la prudence prefcrivoient. La Route du Port de la Claye, aux Sâbles, exige aujourd'hui des réparations très-difpendieufes, qu'une conftruction plus foignée auroit épargnées.

Les travaux que demande la réparation d'une Route, confiftent dans l'aprovifionement, les terraffemens, les fofsés, & enfin la direction de l'ouvrage & l'emploi des matériaux.

Il a toujours été d'ufage de renfermer ces objets différens fous une feule Adjudication, auffi s'élevoit-elle communément à 20,000^{tt} & plus. Ces entreprifes devenoient très-confidérables, &, par conféquent, elles fe concentroient entre les mains d'un petit nombre d'Adjudicataires. Ici, reparoiffent tous les inconvéniens dont nous avons déja eu l'honeur de vous rendre compte : il feroit donc intéreffant de divifer ou de réduire ces Adjudications; mais le court intervalle qui s'écoulera depuis la clôture de vos féances jufqu'au 15 Janvier, époque de l'envoi que l'on doit faire au Confeil, des Plans & Devis, pour y être approuvés, ne nous a pas permis de tenter, cette année, une divifion dont nous fentons toute l'utilité; nous fommes donc forcés de vous prier d'adopter, pour les ouvrages en réparations, les Devis tels qu'ils nous ont été préfentés. C'eft avec regret que nous nous voyons dans la néceffité de remettre à une autre année, une réforme auffi utile : une réflexion cependant nous confole; des changemens de ce genre demandent à être réfléchis & mûris par le temps. Heureux ceux à qui vous voudrez en confier un jour l'exécution! Témoins de leurs fuccès, en regrétant de ne les avoir pas partagés, nous aurons du moins la fatisfaction d'y applaudir, & peut-être de les avoir préparés.

Le Bureau fe borne donc à préfenter à l'Affemblée, quelques obfervations fur cette matiere.

L'aprovifionement ou fourniture des matériaux, forme l'objet principal de la dépenfe qu'exige la réparation d'un chemin ; ce travail eft le même que celui dont nous avons parlé dans l'article concernant l'entretien des Routes, il ne demande pas plus de talens; on peut donc en faire une adjudication particuliere, & toute perfone folvable doit être admife à l'enchere: on peut en dire autant des terraffemens & de l'ouverture des fofsés; les Adjudicataires eux-mêmes paffent ordinairement des fous-baux de ces différens ouvra-ges : l'Adminiftration poura donc ordoner que ces adjudications foient diftraites du Devis général, & la Province profitera du rabais qu'auroient obtenu les Entrepreneurs.

Refte la direction des ouvrages : Si un fort rechargement, fi une efpece de reconftruction eft néceffaire, l'ouvrage ne peut être adjugé au hazard; il faut quelques connnoiffances des regles de l'art, & la prudence défend de confier cette entreprife à un Adjudicataire ignorant; mais les Piqueurs que nous ferons obligé de réformer, auront les qualités néceffaires pour une pareille entreprife, & il eft à défirer qu'ils fe préfentent à l'adjudication qui s'en fera; dans tous les cas, il faudra s'affurer, foit par des certificats, foit par d'autres moyens, de la folvabilité & de la capacité des Adjudica-taires, & plus encore de celle des Entrepreneurs des conftructions neuves.

Conftructions neuves. On appele conftructions neuves, tout l'ouvrage néceffaire, tant en chaufsée qu'en terraffement, pour former une Route.

La largeur de la chaufsée, l'épaiffeur de l'encaiffement, fon bombement, la pofe des bordures, la largeur des acotemens, leurs pentes (que nous jugeons ne devoir jamais être de plus de 8 pouces pour les Routes de 42 pieds de largeur), enfin, les dimenfions des fofsés, doivent être détaillés au Devis.

Ces ouvrages fuppofent des aprovifionemens, des terraffemens, des fofsés, des efcarpemens, enfin la conduite de ces travaux & l'emploi des matériaux; l'adjudication de tous ces objets fe fait en bloc & monte ordinairement de 20 à 25000ʳᵗ. Tout ce que nous avons dit au fujet des baux des Routes à réparer, peut avoir ici fon application avec des proportions différentes.

Les mêmes obftacles qui fe font opposés à ce que nous puffions nous occuper de la divifion des âteliers de réparations, nous arrêtent, & ne nous permettent pas le plus léger changement dans la grandeur de ceux de conftructions.

Veiller à l'exécution des claufes du Devis, eft le feul bien que l'Affemblée puiffe fe promettre pour l'année 1788, & le Bureau ofe affurer que d'une infpection rigoureufe & continuele, dépend uniquement le fuccès de l'ouvrage ; elle doit fur-tout avoir pour objet, l'aprovifionement. Il eft important que les matériaux foient pris dans les lieux preferits, il l'eft également que la quantité fixée foit exactement fournie ; la furveillance doit fe porter fur toutes les efpeces d'âteliers, & l'on ne peut trop la recomander aux Affemblées d'Élection. Les fraudes qui peuvent fe gliffer dans les déblais & remblais, fe découvrent par les profils, celles qu'on foupçone dans les encaiffemens font facilement reconues par les fondes ; mais celles commifes dans les aprovifionemens, ne laiffent prefque jamais de traces, dès que les matériaux ont été employés, fur-tout lorfqu'il eft queftion de réparations ; il faut donc ne permettre l'emploi des matériaux, que lorfqu'on aura conftaté la quantité de ceux qu'on aura dépofé fur les lieux.

On compte fur la furface de cette Généralité, 32 Routes, dont 7 font achevées, mais ou quelques conftructions neuves font néceffaires ; 12 Routes commencées, ce qui forme 19 Routes approuvées au Confeil, & 13 Routes demandées, ou fimplement projetées.

Du total de la fomme impofée fur la Province & confacrée aux travaux des Routes, celle de 228,273 5 f 10 eft deftinée cette année à des conftructions neuves.

Il eft inutile de vous obferver, Meffieurs, que cette fomme feroit infuffifante pour fatisfaire à la quarantieme partie des ouvrages ordonés, projetés ou follicités. Suivant le calcul qui nous a été remis par l'Ingénieur de cette Province, les feuls chemins ouverts ou tracés, abforberoient les fonds pendant près de vingt-cinq ans; ils ne peuvent donc être faits que fucceffivement.

Il vous feroit infiniment doux de pouvoir acquiefcer à toutes les demandes qui vous feront adrefsées; mais vous ne devez pas vous flater de remplir tous les vœux, & de réunir tous les fuffrages de vos concitoyens; ici les intérêts fe croifent, les Élections font oppo-fées aux Élections, les Villes aux Villes, les particuliers aux particuliers; tout s'ifole, perfone n'eft enfant de la Patrie commune; chacun connoît fes befoins & ferme les ieux fur ceux d'autrui; chacun s'imagine que la préférence qu'il demande eft une juftice, & il vous juge d'après ce principe : n'en doutez pas, Meffieurs, parmi les différentes Routes dont le tableau eft joint à ce raport, quelle que foit votre attention à ne vous déterminer que par les motifs de la plus grande utilité dans le choix de celles dont vous ordonerez la continuation pour l'année 1788, vous ferez des mécon-tens, des reproches, des inculpations même, font le prix qu'on prépare à vos foins.

Le Bureau des Travaux publics fent ici, plus que jamais, com-bien eft difficile la tâche que vous lui avez imposée, & il eft cruel pour lui, d'avoir à former une opinion dans une matiere auffi déli-cate, mais vous lui en avez fait un devoir.

Queftions impor-tantes fur l'ouver-ture des Routes.

PREMIERE QUESTION à examiner : Eft-il de l'intérêt de la chofe publique, d'ouvrir en même temps un grand nombre de Routes, & de partager entr'elles la fomme deftinée aux travaux des conftructions neuves ?

Si l'on ne jete fur cette queftion qu'un regard vague & fuperfi-ciel, on fera tenté de dire : Chaque Élection, chaque canton contribue à la charge publique.

Il n'en eft donc aucun qui ne foit en droit de demander qu'on

s'occupe

s'occupe de fes intérêts particuliers à raifon de fa mife ; on dira :
Tous font appelés à partager le poids de l'Impôt ; tous doivent être
appelés à partager l'avantage qu'il procure ; on poura encore s'apuier
fur ce grand principe d'Adminiftration, que l'Impôt doit retourner
à fa fource par une circulation continuele ; on ajoutera enfin, que
les Travaux publics font une reffource offerte aux miférables journaliers, & qu'il feroit injufte de concentrer ces fecours dans quelques
endroits privilégiés.

De toutes ces réflexions faites à la hâte, on conclura, finon qu'il
faut faire autant de chemins que d'individus, qu'il faut en ouvrir
dans chaque canton ou du moins dans chaque Élection ; mais celui
qui aura écarté de deffus fes ieux, le bandeau de l'intérêt perfonel,
qui oubliera, pour un moment, le lieu qui l'a vu naître, qui,
s'élevant au deffus du petit calcul des confidérations particulieres,
pefera, la balance à la main, les grands intérêts de la Province &
de l'État, poura fe former fur cette queftion, une opinion bien
différente.

Suppofons que dans cette Province, la fomme deftinée aux
conftructions neuves, foit annuélement de 150,000tt ; fuppofons
qu'il y ait dix Routes ouvertes ; fuppofons enfin, qu'une fomme
d'environ 350,000tt eft néceffaire pour perfectioner chacune d'elles ;
quel que foit le parti qu'on prene fur la queftion préfente, 30 ans
s'écouleront avant que les dix Routes foient finies.

Si chaque année vous partagez la fomme de 150,000tt entr'elles
toutes, aucune ne fera achevée ; aucune communication libre avec
les Provinces voifines ne fera établie avant l'époque de trente ans
révolus.

Si, au contraire, vous raffemblez vos forces fur une feule Route,
à peine trois ans feront écoulés, qu'elle fera finie, & cette partie
de la Province vivifiée.

Ainfi, fucceffivement tous les trois ans, une nouvele commu-

K k

nication offrira un nouveau débouché à nos denrées, & la dixième & derniere Route sera également achevée au bout de trente ans. On doit donc conclure, qu'en suivant ce dernier plan, aucune Route, aucun pays n'en aura souffert; & tous, à l'exception d'un seul qui n'y aura rien perdu, y trouveront un avantage considérable.

Une autre réflexion se présente : tracez en même temps dix Routes, voilà une étendue immense de terrain enlevé pendant 30 ans à la culture, sans nécessité, sans fruit, sans dédomagement.

Tracez ces Routes successivement; chacune d'elles, dès qu'elle sera finie, compensera par le commerce, le vol fait à l'agriculture; enfin, ces travaux commencés sur chaque Route, il faudra les entretenir pendant 30 ans, sans presque aucun espoir, jusqu'à ce moment, d'en tirer utilité, ce seront des fonds perdus pour la chose publique.

Il nous paroît donc démontré, qu'une des plus grandes fautes qu'on pourroit commettre dans l'Administration des Routes, seroit celle d'en ouvrir un grand nombre à la fois; il n'est aucun Administrateur qui n'en ait gémi, même en l'ordonant. Ce n'est pas, Messieurs, que le Bureau veuille s'ériger en censeur de la conduite qu'on a tenue jusqu'à ce jour dans cette Province; les circonstances en faisoient une nécessité, dans les temps malheureux de la Corvée en nature, on ne pouvoit appeler sur une même Route, les habitans de tous les points de cette vaste Province : pour employer un plus grand nombre de bras, il fallut ouvrir en même temps un grand nombre de Routes, & vouer des terrains précieux à la stérilité, long-temps avant que l'utilité de la Route pût payer ce sacrifice : & ce n'est pas un des moindres maux qu'ait produit la Corvée en nature; mais aujourd'hui que, par une heureuse révolution, il est permis de hâter le travail à volonté, & de placer 10 ateliers sur une même Route, si on le juge à propos, ce seroit commettre un crime de lèse-bien public, que d'entreprendre en même temps, un grand nombre de Routes.

Sans doute, Meffieurs, que les âteliers des Travaux publics font une reffource pour le peuple des lieux où ils font placés, & il y a quelque juftice dans la réflexion faite à cet égard ; mais il ne nous paroît pas que cette réflexion puiffe balancer un inftant l'intérêt général : cependant le Bureau aura l'honeur de vous propofer d'ordoner que les rabais qu'on poura obtenir dans les baux d'adjudication, pour l'année 1789 & fuivantes, foient employés tous les ans, à la conftruction des chemins vicinaux, & portés de préférence dans l'étendue des Élections où il ne fera établi aucun âtelier de conftruction.

Le Bureau croit donc, Meffieurs, que la premiere réfolution à prendre, feroit de n'ouvrir aucune Route nouvele, avant que celles qui le font & qui feront jugées néceffaires, foient achevées.

La deuxieme, feroit celle d'ordoner que, dans la fuite, on n'ouvrira de Routes nouveles, qu'en nombre tel qu'elles puiffent être exécutées en peu de temps.

La troifieme, feroit de régler qu'une Route fur laquelle l'Affemblée aura décidé de porter les travaux, fera continuée fans interruption. Dans cette Généralité on compte 21 Routes commencées, & 11 Routes feulement tracées.

Par une conféquence des mêmes principes, le Bureau penfe qu'il eft néceffaire de remettre à des momens plus favorables, les Routes fimplement tracées, & de porter tous fes regards fur les Routes où les travaux font commencés ; parmi celles-ci, on doit écarter encore, pour un moment, les Routes de la troifieme & quatrieme clâffe, & s'occuper uniquement de celles de la premiere & feconde, qui offrent de grands objets d'utilité.

Ces Routes font au nombre de 14, & par une fuite néceffaire des principes que nous avons établis, il eft évident qu'il feroit contraire au bien public, de divifer les forces de la Province fur chacune de fes Routes.

Le Bureau croit donc que l'Assemblée peut se borner au choix de 4 Routes principales dont on presseroit l'exécution; vous jugerez peut-être à propos, Messieurs, d'y joindre quelques ouvrages indispensables pour la perfection de deux Routes importantes.

Question sur le choix des Routes dont on doit s'occuper de préférence.

Seconde Question. Quelles sont les Routes dont on doit ordoner la continuation pour l'année 1788?

Le Bureau des Travaux publics, animé du défir de justifier votre confiance, a porté des regards attentifs sur toutes les parties de la Province; il a vu que si quelques Élections, favorisées sans doute par leur position, jouissent des avantages que procurent les grandes Routes, d'autres, négligées peut-être pendant trop long-temps, manquent encore des communications les plus nécessaires : frapé de cette inégalité, il a cherché les moyens d'y remédier avec promptitude, & s'est arrêté à celui de vous inviter, Messieurs, à suspendre, pour un temps, les travaux des Routes qui n'ont pas un caractere d'utilité assez générale, ou qui tendent à favoriser les cantons les mieux percés, & de vous proposer de réunir vos forces sur les Routes destinées à vivifier les parties de la Province qui sont privées de débouchés.

Pour ne rien négliger de ce qui pouvoit l'éclairer sur un choix qui intéresse toutes les Élections, le Bureau a demandé des mémoires à leurs Bureaux intermédiaires, & ce n'est, Messieurs, qu'après les avoir lus avec la plus scrupuleuse attention, après avoir comparé & pesé leurs intérêts particuliers à la balance de l'intérêt général, qu'il s'est déterminé à vous proposer les Routes suivantes :

Routes à continuer dès l'année 1788.

1.°, La Route de Poitiers à Nantes, par Ayron, Partenay, Bressuire, Châtillon, Mortagne & Clisson :

Il suffit, Messieurs, de vous indiquer la direction de cette Route, pour vous en faire sentir l'importance. Elle traverse une vaste contrée, fertile en grains de toute espece, abondante en fourages, en beftiaux ; elle vivifie plufieurs Villes intéreffantes , & établit entr'elles des communications effenticles à leur commerce.

Cette Route , commencée depuis long-temps & toujours interrompue , n'eft encore réguliérement tracée qu'entre Poitiers & Partenay. On a fait , à différentes époques & fous le régime des Corvées , quelques lieues de chauffées auprès de Châtillon, mais fans fuite & fans enfemble.

Vous jugerez fans doute convenable , Meffieurs , de charger votre Commiffion intermédiaire , de preffer la levée des Plans depuis Partenay jufqu'aux limites du Poitou , & d'en folliciter l'approbation au Confeil , afin qu'à la reprife de vos féances, vous puiffiez donner des ordres pour qu'on mette cette Route en pleine activité fur les trois Élections qu'elle traverfe. Nous voyons avec regret qu'on ne poura y travailler en 1788 , que dans la partie qui eft entre Poitiers & Partenay.

2.°, La Route de Poitiers en Périgord & en Limofin , par Gençay, Saint-Martin-Lars, Preffac , Confolens , Chabanais , Rochechouart, Vaires & Saint-Mathieu.

Cette Route eft actuélement en activité entre Poitiers & Gençay ; le Bureau penfe, Meffieurs, qu'après la Route de Nantes, elle mérite vos premiers regards.

Elle ouvrira une communication entre le Poitou, le Limofin & le Périgord, qui ont des échanges continuels à faire, de vins, de fers, de grains & de beftiaux. Elle débouchera une partie confidérable de l'Élection de Poitiers ; & l'Élection entiere de Confolens qu'elle percera dans toute fa longueur, en traverfant trois Villes , dont le commerce intéreffant eft fouvent interrompu par des chemins impraticables.

La Route de Confolens poura procurer à la ville de Poitiers, une communication directe avec Limoges, qui n'eft éloignée de Confolens que de dix lieues ; toutes fur le Limofin, & dont fept aboutiſſant à Éreignac, ſont entiérement finies, les trois autres ſont ouvertes depuis long-temps ; le Limoſin ſe hâtera de les achever, dès qu'il verra le Poitou s'avancer vers Confolens, & s'empreſſera à profiter d'une communication plus commode au voyageur, plus avantageuſe au commerce que celle commencée depuis pluſieurs années par Luſſac. Vous n'ignorez pas, Meſſieurs, les réclamations que l'établiſſement de la Route par Luſſac à excitées dans la Province.

Derniérement encore, l'Aſſemblée de l'Élection de Poitiers, éfrayée des ſommes énormes qu'elle coûteroit, vous a demandé qu'on en ſuſpendît les travaux ; & ſi pour la remplacer, elle vous a propoſé d'en conſtruire une nouvele, par Montmorillon, c'eſt que ne portant pas ſes vûes au-de-là des bornes de ſon département, elle ne s'eſt pas aperçue ſans doute, que la Route ordonée & commencée par Confolens pour le Périgord, procureroit, ſans nouveaux frais, une communication de Poitiers à Limoges : elle ſera même ſous un autre point de vûe, d'une utilité générale pour la Province ; le Limoſin s'occupe depuis long-temps du projet d'une Route de Limoges à Nantes ; le Poitou éclairé par ſes intérêts, a demandé au Conſeil, que cette Route ſe dirigeât par Confolens, Melle & Niort ; & qu'elle traverſât toute la Province. Le Limoſin propoſe une direction différente. Le Conſeil n'a point encore prononcé, mais un moyen de faire pencher la balance en faveur du Poitou, eſt d'établir une communication libre de Limoges à Poitiers, par Confolens ; cette Route offrira quelques lieues qui lui feront communes avec celles de Limoges à Niort, & qui diminueront d'autant le travail à faire ſur cette derniere Route, vers laquelle le Limoſin s'avancera avec empreſſement.

3.º, La Route de communication de l'Angoumois & de la Saintonge avec l'Anjou, par Chef-Boutonne, Melle, Saint-Maixent, Partenay, Thouars, &c.

Cette Route traverſera le Poitou dans toute ſa longueur du Midi au Nord; elle n'est encore que projetée dans la partie qui est entre Chef-Boutonne & Saint-Maixent; elle est presque faite de Saint-Maixent à Partenay, ouverte & commencée de Partenay jusqu'à la limite de l'Anjou, & c'est sur cette derniere partie que le Bureau vous propose, Messieurs, de porter des travaux capables d'en accélérer la confection, pour ouvrir au Thouarsais, un débouché nécessaire à son commerce de grains & d'eau-de-vie, & lui en faciliter le transport jusqu'à Montreuil-Bellay, où le Thoué est navigable.

L'Élection de Saint-Maixent demande qu'on lui ouvre incessament la partie de cette Route qui est entre cette Ville & Melle, où elle s'embrancheroit avec celle des chârois de Paris à Bourdeaux, & procureroit à Saint-Maixent, une communication directe avec la Saintonge, d'où elle tire des vins, des laines nécessaires à ses Manufactures, &c.

Votre Commission intermédiaire poura, quand vous le jugerez à propos, Messieurs, faire lever les plans de cette derniere partie de Route, & en solliciter l'approbation.

4.°, La Route des Sâbles en Anjou, par la Mothe-Achard, la Roche-sur-Yon, les Essars, les Herbiers, Mortagne & jusqu'à Chollet.

L'énumération des lieux que cette Route traverse, vous donne, Messieurs, une idée de son utilité ; elle débouchera tout l'intérieur de l'Élection des Sâbles, & une partie considérable de celle de Châtillon ; le pays qu'elle coupe est intéressant & n'a besoin que d'être vivifié : on y trouve les plus beaux bois de Marine du Poitou, le défaut de communication les a rendus jusqu'à présent peu utiles ; cette Route augmentera leur valeur en facilitant leur transport.

Indépendamment des quatre Routes principales dont le Bureau vient de vous rendre un compte circonstancié, & dont il pense que vous devez suivre les travaux sans interruption, il croit qu'il seroit intéressant de poursuivre ceux déja avancés sur la Route de Poitiers à Étables, qui ouvre la communication la plus courte de cette Ville avec Saumur, & ceux qui font néceffaires à l'entiere perfection de la Route de Niort en Saintonge. Si vous confentez qu'on les continue, ces deux Routes feront entiérement finies & mifes à l'entretien au plus tard en 1790.

A cette époque, vous jugerez peut-être à propos, Meffieurs, d'entreprendre la Route de Poitiers à Bourges, par Chauvigny, & d'y porter les fommes qui ne feront plus néceffaires aux deux Routes qui fe trouveront alors achevées, cela ne diminuera point les fommes que vous aurez deftinées aux quatre Routes principales, dont le Bureau vous a indiqué la preffante néceffité. Nous efpérons, Meffieurs, que vous nous pardonerez, fi déja nous vous préfentons une efpece d'exception à la regle que nous avons crû devoir vous propofer, de n'ouvrir aucune Route nouvele, avant que celles qui le font déja, & qui feront jugées néceffaires, foient achevées.

Les avantages que retireront de la Route de Chauvigny, l'Élection de Poitiers & la Province de Berry qui la défirent depuis long-temps, pourront juftifier à vos ieux, cette exception.

Plantation des Routes.

NOUS avons compté, Meffieurs, parmi les obligations que vous nous avez prefcrites, celle de nous occuper de la plantation des grandes Routes; elle offre en même temps à la Province, un motif d'utilité, & aux voyageurs, un objet d'agrément.

Plantations. On compte aujourd'hui fur la furface du Poitou, 817,828 ᵗ de Routes tant ouvertes que projetées.

Ces Routes, plantées, pouront dans l'efpace d'un demi-fiecle, fournir à la Province, 408,900 pieds d'arbres, qui, évalués par aperçu à 10ᵗ chacun, forment une fomme totale de plus de 4 millions.

Jufqu'ici la plantation des Routes a été fort négligée. Les Pépinieres établies dans les différentes Élections de la Province, étoient

fa

sa feule reffource : les arbres arrachés plufieurs jours avant d'être tranfportés, dépofés fur les Routes dans une faifon rigoureufe & fouvent long-temps avant de les planter, le peu d'attention qu'on apportoit, la négligence avec laquelle ces arbres étoient foignés; telles étoient les caufes du peu de fuccès de ces plantations.

Nous ne vous dirons rien, Meffieurs, des inconvéniens de ces Pépinieres; le Bureau du bien public vous en a fait un raport qui vous a déterminé à en demander la fuppreffion. Les propriétaires riverains ont été autorifés à faire fur les Routes, les plantations néceffaires; & à leur défaut, un Arrêt du Confeil, du 12 Avril 1786, leur fubftitue les Seigneurs-Voyers.

Le Bureau penfe qu'en fuivant l'efprit de cette Loi, il feroit à propos d'obliger tous les propriétaires à fe charger des plantations, à la charge de fuivre les alignemens & diftances qui leur feroient marqués par les Ingénieurs du Département.

La haute Guiene a propofé de donner 20ſ par arbre lors de la plantation; nous croyons que 12ſ fuffiroient, compris la façon des foffes dont la proportion fera de 4 à 6 pieds en câré, & de 2 à 3 pieds de profondeur, felon la qualité du terrain & efpece des arbres, & nous vous propofons d'acorder aux propriétaires, pour chaque arbre vif, la troifieme année, 10ſ de gratification, & 10 autres fols au bout de 10 ans, fi l'arbre eft de belle venue.

Il fera facile de conftater la plantation & l'âge des arbres, par des états qu'on obligera les Sous-Ingénieurs de faire tous les ans pour chaque Route, lefquels feront approuvés par les principaux propriétaires, & dépofés au Grêfe des Bureaux intermédiaires : les fonds, pour ces dépenfes, pouroient être pris fur ceux qui étoient deftinés aux Pépinieres; & pour augmenter cette reffource, vous pouriez, Meffieurs, demander au Gouvernement, qu'il vous autorifât à faire vendre, par les différens Bureaux intermédiaires, les anciens arbres exiftans aujourd'hui fur le bord des Routes, & que le rétréciſſement des chemins met hors de la limite preſcrite, ces arbres, pour la plupart, apartenans au Roi.

Nous croyons qu'il eſt à propos de fixer l'eſpece de ceux que les riverains ſeront tenus de planter, & de vous propoſer, Meſſieurs, de ne laiſſer le choix que parmi l'orme, le frêne, le noyer, le châtaignier & le peuplier du pays.

Fonds deſtinés aux travaux des Routes.

Sommes deſtinées aux travaux des Routes, & leur emploi.

Une ſomme de 520,000ᵗᵗ eſt répartie annuélement ſur la Province, au marc la livre des Impoſitions réunies de la Taille, Acceſſoires & Capitation, ſous la dénomination de contribution aux Travaux des Routes.

Déterminés par des vues économiques, vous vous propoſez de traiter avec les différens Recèveurs particuliers des Finances de cette Généralité, & de les charger du recouvrement de cette ſomme: vous avez arrêté que le Collecteur verſera entre leurs mains, & dans une Caiſſe particuliere, le montant de la cote impoſée ſur chaque paroiſſe.

Vous avez également délibéré que cette ſomme ſeroit employée ſur les mandemens de votre Commiſſion, ou des Bureaux intermédiaires, aux paiemens des Travaux des Routes.

Qu'il nous ſoit permis de vous obſerver, Meſſieurs, qu'il eſt eſſentiel d'inſérer dans le traité que vous ferez avec vos Receveurs, les deux conditions ſuivantes:

La premiere, qu'ils ſeront obligés de former à leurs frais, à trois lieues tout au plus de l'âtelier qui leur ſera dénomé, une Caiſſe ou Dépôt, pour y faire compter les ſommes néceſſaires à la ſolde des travaux ordonés, & pour cela le bordereau de celles à payer dans le courant du mois, leur ſera remis un mois auparavant; mais lorſque le prix de l'Adjudication excédera la ſomme de 5000ᵗᵗ, le Receveur poura exiger que l'Adjudicataire ne reçoive ſes à comptes & la totalité de ſes paiemens qu'à ſon Bureau.

La feconde, que, dans le cas où l'importance des entreprifes forceroit l'Adminiftration de porter les fommes levées dans une Élection, au fecours de quelqu'autre, les Receveurs particuliers des Impofitions fe chargeront de verfer, à leurs frais, dans la Caiffe du Receveur qui lui fera indiqué, la fomme réglée par votre Commiffion intermédiaire.

Il eft inutile de vous détailler, Meffieurs, les motifs qui néceffitent ces claufes, ils font fenfibles; les Cantoniers que vous ferez obligés d'employer, font des journaliers qui, prefsés par la plus dure des loix, ne peuvent atendre long-temps leurs falaires; il eft indifpenfable de les faire payer tous les quinze jours au plus tard : on ne peut exiger de ces malheureux qu'ils aillent à fept ou huit lieues, recevoir, au chef-lieu de l'Élection, la modique fomme de 6 ou 8tt; les Laboureurs ou autres Adjudicataires des aprovifionemens font dans la même impoffibilité.

Depuis quelques années, la répartition de l'Impôt de la Corvée a été faite d'une maniere uniforme fur tous les taillables; mais Sa Majefté permet qu'on mette en queftion ce que la Loi fembloit avoir décidé.

L'Impofition repréfentative de la Corvée doit-elle être mefurée fur l'intérêt particulier que les contribuables peuvent avoir à la conftruction ou entretien des Routes, & fur l'avantage qu'ils en retirent? ou tous les Habitans d'une Province doivent-ils être regardés comme les enfans d'une nombreufe famille dont les intérêts font communs, & dont la taxe ne doit avoir pour bâfe que la feule proportion de leurs facultés?

Notre travail nous avoit conduit à l'examen de cette grande & importante queftion : MM. du Bureau des Tailles l'ont également agitée, nous avons crû devoir en conférer enfemble, & le même avis nous a réunis; heureufement ils nous ont prévenus dans le raport que nous nous propofions de vous faire des motifs qui nous avoient décidés ; nous fupprimons notre travail, & notre amour propre gâgne à n'avoir pas à vous parler fur le même objet.

Vous aurez fans doute obfervé que l'avis déja confacré par votre délibération, opérera, fi le Confeil de Sa Majefté l'approuve, quelques changemens dans la fomme deftinée aux Travaux publics, & en entraînera auffi dans la confection des Rôles.

Pour nous renfermer dans les bornes de notre miffion, nous aurons l'honeur de vous repréfenter feulement que, dans cette Province, la Corvée eft environ le neuvieme de la Taille, Acceffoires & Capitation. Par le projet que vous croyez devoir mettre fous les ieux du Confeil, cette impofition ne fera que le dixieme du même Rôle pour toutes les paroiffes dont le clocher fera à plus de trois lieues de la ligne des grandes Routes, & d'environ un neuvieme pour toutes les autres ; ainfi aucune paroiffe n'éprouvera d'augmentation, & beaucoup éprouveront une diminution.

Le montant de l'Impôt fera donc au deffous de la fomme actuele. Que ce réfultat ne vous alarme pas, Meffieurs ; des économies que nous avons déja annoncées, d'autres dont nous aurons l'honeur de vous parler, une furveillance continuele nous font efpérer, nous font même vous annoncer avec confiance, que cette diminution d'Impôt ne mettra aucun retardement à la marche actuele des Travaux publics.

Nous fommes auffi autorisés à prévoir qu'il y aura quelque rabais fur les Devis des ouvrages ordonés pour l'année prochaine. Ce rabais a été dans l'année préfente, de plus de 17,000^{tt}, il eft impoffible de pouvoir affurer qu'il fera auffi confidérable en 1788. Les Devis eftimatifs qu'on a drefsés pour cette année, offrent une diminution fenfible dans les prix affignés aux divers travaux pour l'année 1787 : nous efpérons cependant que vous obtiendrez quelques rabais fur le prix eftimatif des Adjudications ; & dans cette confiance, nous ofons vous propofer d'autorifer votre Commiffion intermédiaire à employer cette fomme à faire pofer des pierres milliaires fur la Route de la Rochelle à Nantes, & de régler que dans la fuite, ces rabais feront deftinés à ouvrir des chemins vicinaux.

Un autre objet, Meffieurs, mérite de fixer votre attention : un malheur eft inféparable de l'ouverture d'une Route nouvele, elle enleve au propriétaire, un terrain fouvent précieux. Les Réglemens ou les ufages fuivis jufqu'à ce jour, n'ont acordé d'indemnités que pour les maifons, jardins, prés, vignes & bois; fi des terres labourables fe rencontroient fur la ligne de la Route, le propriétaire étoit dépouillé de fa propriété fans aucune compenfation ; un malheureux fe voyoit quelquefois arracher fon unique efpérance, & fes plaintes n'étoient pas admifes. **Indemnités pour perte de terrains.**

Le Bureau penfe que la Loi naturele défend de forcer un citoyen au facrifice abfolu de fa poffeffion ; c'eft affez que les Loix de la fociété lui impofent la néceffité de céder pour l'avantage de la chofe publique, l'héritage de fes peres; il eft jufte que le prix lui en foit rembourfé; nulle diftinction ne doit être admife entre les terres labourables & celles qui ne le font pas; il fuffit que le terrain foit fructifere; la valeur des fonds doit être la feule regle de la compenfation.

On ne peut établir aucune différence entre le riche & le pauvre; ils font également propriétaires, & doivent être régis par les mêmes Loix : que la contribution du riche aux charges, foit proportionele à la maffe de fes poffeffions ; exiger davantage, feroit une injuftice.

La fomme qui poura être due pour caufe d'indemnité, ne doit point être prife fur l'Impôt de la Corvée; les corvéables n'ont jamais fourni que la main d'œuvre néceffaire à la conftruction des chemins; il paroît donc jufte que ces indemnités foient la dette de la propriété; il nous a paru également, qu'en fuivant à la rigueur les Loix de la juftice diftributive, les feules poffeffions qui peuvent, par leur voisinage, tirer un avantage particulier de la construction d'une Route nouvele, doivent être assujéties à rembourser les frais des indemnités qui seront arbitrées. On pourroit donc conclure de ce principe, que toutes les paroisses dont le clocher n'est distant que de 3 lieues de la ligne de la Route qu'on veut ouvrir, seront appelés à supporter l'Imposition que nécessitera le dédomagement dû aux propriétaires, & elle doit être répartie dans la même forme que celle mise pour raison des charges publiques.

Le Gouvernement avoit assigné, sur les fonds variables de la Capitation, une somme annuele de 5000^{tt}, pour être employée au paiement de ces indemnités; l'avis du Bureau est que cette modique somme conserve la même destination. Dans les années où il ne sera ouvert aucune Route, cette somme poura être appliquée au besoin de la Province.

Longueur totale des Routes de la Province.

La totalité des grandes Routes, tant ouvertes que projetées en Poitou, est de 408 lieues $\frac{3}{4}$, dont 263 sont ouvertes, & 145 $\frac{3}{4}$ ne sont que projetées; des 263 lieues ouvertes, 175 peuvent être regardées comme faites, parce qu'il n'y a que 26 lieues qui n'exigent, pour être mises à l'entretien, que quelques réparations, principalement en terrasses d'acotemens & fossés. Il reste à construire en entier 233 lieues $\frac{3}{4}$. L'entretien & les réparations absorbent annuélement une somme que l'on peut apprécier à 260,000^{tt}, il reste donc pour les constructions nouveles, 260,000^{tt}. Cette somme poura fournir, chaque année, à la construction d'environ neuf lieues de Route. En prenant pour prix moyen de la lieue, 30,000^{tt}, il faudra donc au moins 27 ans d'impositions pour achever la totalité de ces Routes. Si l'on ajoute que chaque année la dépense de l'entretien doit augmenter à raison des constructions annueles; si l'on calcule les demandes journélement faites de nouveles Routes à ouvrir, le terme où l'on verra finir ces différens travaux est bien plus éloigné.

Somme imposée fur la Province & deftinée aux travaux des Routes. . . . . 520,000^tt . . . . .

EMPLOI.

Année 1787.

PRIX ESTIMATIF.

Pour l'entretien de 121 lieues ¼ de Route, la fomme de. . . . . 176,126^tt 15 10^s

Pour la réparation de 28 lieues ½. 106,786 18 2

Pour conftruction de 4 lieues. . . . . . . 115,191 » »

Pour les abords du pont neuf de Poitiers, du pont Châron, près Chantonnay, du pont de Pranzais, du pont d'Oulmes, &c. 96,107 » »

Pour ouverture de plufieurs parties de Routes. 14,273 » »

Pour aprovifionement de matériaux des ouvrages d'art. . . . . 11,516 » »

520,000^tt » »

Les Adjudications ont produit un rabais de 17,020^tt, ce qui donne à peu près un trentieme de diminution. Ce rabais a été employé en nouveaux ouvrages.

En 1788.

PRIX ESTIMATIF.

On deftine à l'entretien de 131 lieues ½ de Route. . . . . 147,396^tt 10^s 4^s

A la réparation de 19 lieues ⅟₇. 113,502 5 10

Pour conftruction de 7 lieues ¼ de Route. 207,845 11 7

Pour perfection du remblais aux abords du pont de Pranzais, &c. 20,427 14 3

Pour le tranfport des matériaux néceffaires aux ouvrages d'art. . . . . 5,827 18 »

Et une fomme de 25,000^tt gardée en réferve, fauf l'approbation du Confeil, pour être employée aux chemins vicinaux, ci. . . 25,000 » »

520,000^tt » »

Ouvrages d'Art.

LES Travaux publics embraffent deux parties qui n'ont, à la vérité, qu'un but principal, la sûreté & la commodité des Routes; mais la nature des fonds qui leur font deftinés, a néceffité une comptabilité différente; les travaux des routes & les ouvrages d'art ont donc toujours formé, dans l'Adminiftration, deux branches entiérement séparées.

Nous avons eu l'honeur de vous rendre compte des connoiffances que nous avons pu acquérir fur ce qui concerne les travaux des Routes; il nous refte à vous entretenir des recherches que nous avons faites fur les ouvrages d'art.

On appele ouvrages d'art, ceux qui ont pour objet la conftruction des ponts & des chauffées de pavés, les travaux des Ports maritimes, les Canaux de navigation, &c.

L'exécution de ces ouvrages importans, exige, de la part des Entrepreneurs, des connoiffances particulieres; ainfi, ils ne peuvent être confiés aux mains des corvéables; dans tous les temps, il a donc fallu les faire exécuter à prix d'argent. Des fonds unis à la Taille & à fes Acceffoires, en étoient détachés par le Gouvernement, & employés annuélement à la conftruction des ouvrages d'art : de-là naît la dénomination des fonds du Roi, par oppofition, fans doute, à ceux de la Corvée, qu'on regarde comme fonds des Communautés.

La Province du Poitou fournit, tant pour les Ponts & Chauffées que pour les Ports Maritimes & les Canaux de navigation, différentes contributions dont voici le tableau :

1.°, Dans

1.°, Dans les fonds ordinaires des Ponts & Chaufsées. . . . . 8,000^{tt} „ſ „ȝ

2.°, Dans les fonds des apointemens, gratifications , fupplémens d'apointemens & frais d'Ingénieurs des Ponts & Chaufsées. . . . . 4,143 „ „

3.°, Supplément de fonds des Ponts & Chaufsées. 179,274 12 2

4.°, Dans les fonds deftinés aux ouvrages des Ports maritimes. . . . . 44,870 „ „

5.°, Dans les fonds des Canaux de Picardie & de Bourgogne, & de la navigation de la Charente. . . . . 40,425 „ „

276,712^{tt} 12ſ 2ȝ

Toutes ces fommes imposées fucceffivement fur la Province, font portées dans le fecond brevet des Tailles, à l'exception cependant de la premiere , qui , vrai-femblablement, eft confondue dans le premier brevet, avec les autres objets qui y font défignés fous la dénomination de crues de la Taille.

La fomme de 40,425^{tt} imposée pour les Canaux de Picardie & de Bourgogne & la navigation de la Charente, eft employée par les ordres du Roi, conformément à fa deftination : mais nous ne doutons pas, Meffieurs, que vous n'obteniez facilement de la juftice de Sa Majefté, que ces fonds foient rendus à cette Généralité, auffi-tôt que les Provinces pour lefquelles s'exécutent les travaux dont nous venons de parler, pourront feules fournir à leur dépenfe fans éprouver une trop forte furcharge : nous penfons que vous chargerez votre Commiffion intermédiaire de prendre fur cet objet, tous les renfeignemens convenables.

M m

Le dernier article de 40,425^{tt} eſt deſtiné aux travaux qui s'exécutent annuélement aux Ports maritimes des Sables & de Saint-Gilles.

Juſques & compris 1786, il étoit fait annuélement au Conſeil, une diſtribution des fonds deſtinés tant aux ouvrages des Ponts & Chauſſées qu'à ceux des Ports maritimes ; chaque Province y étoit compriſe pour une ſomme réglée, non ſur le montant de ſon impoſition, mais ſur le degré d'importance qu'avoient aux ieux du Conſeil, les ouvrages entrepris dans la Généralité.

Le Poitou, depuis 1780, a reçu chaque année plus qu'il n'a fourni ſur les Ports maritimes. La différence eſt d'environ 75,690^{tt} pour les 7 années ; mais la différence au préjudice de cette Province, eſt infiniment plus conſidérable dans l'article des Ponts & Chauſſées, car la balance étoit contr'elle de plus de 100,000^{tt} par année, ſomme réduite pendant 6 ans.

Les fonds deſtinés au beſoin de chaque Province, étant une fois fixés au Conſeil, un état du Roi, qui y étoit arrêté pour chacune d'elle, aſſignoit la diſtribution & l'emploi de ces fonds ; Sa Majeſté les faiſoit remettre au Tréſorier Général des Ponts & Chauſſées, pour être employés aux ouvrages dont l'exécution avoit été approuvée ; les Ordonances étoient expédiées par M. l'Intendant, d'après les certificats des Ingénieurs. Nous devons vous obſerver, Meſſieurs, que les états du Roi d'un exercice, ont toujours raport aux ouvrages qui s'exécutent l'année ſuivante : ainſi la dépenſe de ceux qui s'exécuteront en 1788, s'aquitera ſur les fonds de l'état du Roi de l'exercice 1787 : & cela doit être ainſi. Les fonds impoſés pour l'année 1787, ne ſont rentrés qu'à la fin de cette même année, ils ne peuvent donc être deſtinés qu'à l'aquit des obligations contractées pour l'année ſuivante.

Sa Majeſté, par l'article 1.er de l'Arrêt de ſon Conſeil, du 6 Novembre 1786, a rendu à chaque Province, les différentes ſommes qu'elles payoient pour les ouvrages d'art; il paroît qu'il ne s'eſt fait aucun changement pour les fonds des Ports maritimes, & les diſpoſitions des différens Arrêts & Réglemens ſe taiſent ſur ce point; cependant nous devons préſumer que l'emploi des ſommes deſtinées à cet objet, vous ſera remis ſi vous croyez devoir le réclamer.

Ce nouvel ordre eſt très-avantageux au Poitou; la maſſe des fonds employés annuélement aux ouvrages d'art, eſt conſidérablement augmentée : depuis 1780 juſques à 1786 excluſivement, la ſomme réduite ne s'eſt élevée, année commune, qu'à 72,206^{tt}; celle fournie pour les travaux de 1787, eſt de 173,510^{tt} 12$\int$ 2^9; ſi nous ajoutons le fermage des droits de Péage du Bac de Mareuil, dont Sa Majeſté, par Lettres Patentes du 21 Janvier 1759, a ordoné la réunion aux fonds des Ponts & Chauſsées, & qui eſt afermé, par bail du 30 Avril 1787, 1270^{tt}; la ſomme annuele dont la diſpoſition vous eſt confiée pour les ouvrages d'art, eſt de 174,780^{tt} 12$\int$ 2^9.

De tout ce que nous avons dit, il auroit dû réſulter qu'une ſomme de 191,417^{tt} 12$\int$ 2^9, devroit être annuélement à la diſpoſition de la Province; mais vous voudrez bien obſerver que, par ordre de Sa Majeſté, il eſt fait une retenue de 17,907^{tt} pour frais généraux d'Adminiſtration des Ponts & Chauſsées; il ne reſte donc à la Province, comme nous l'avons dit, que la ſomme de 174,780^{tt} 12$\int$ 2^9.

Nous devons encore ajouter que, ſur cette ſomme, il faut prélever les apointemens & gratifications des Ingénieurs & Éleves des Ponts & Chauſsées & le ſalaire des Conducteurs, ce qui réduit la ſomme à 133,980^{tt} 12$\int$ 2^9.

Il paroît que l'emploi de ces fonds ſe fera, comme ci-devant, en vertu d'un État du Roi, arrêté au Conſeil de Sa Majeſté, dans la forme ordinaire ; mais ce fera déformais à l'Affemblée Provinciale, ou à fa Commiffion intermédiaire, que l'Ingénieur de la Province foumettra fes projets : il doit, d'après la connoiffance qu'il a du befoin de chaque Route & de l'état des ponts & des chauffées de pavés, propofer chaque année, à l'Affemblée, les travaux qu'il croira néceffaires, & le prix eftimatif de ce qu'ils pourront coûter.

L'Affemblée en fera l'examen ; & d'après fes réflexions, les Plans feront rédigés fuivant les formes prefcrites, & remis à la Commiffion intermédiaire, qui fera chargée de les adreffer au Confeil pour y être définitivement arrêtés ; ils feront renvoyés à la Commiffion intermédiaire, pour en faire paffer l'Adjudication après les publications & encheres néceffaires.

Comme ces Adjudications font ordinairement d'un prix fort confidérable, il feroit à défirer qu'elles ne fe fiffent jamais qu'en préfence d'un des Membres de votre Commiffion intermédiaire, ou, du moins, d'un Membre délégué par elle, & choifi dans le Bureau intermédiaire de l'Élection la plus voifine du lieu où fe fera l'Adjudication. Il fera indifpenfable de s'affurer de la capacité & de la folvabilité de l'Adjudicataire, & toujours d'exiger un cautionement fuffifant.

Les regles établies pour l'Adjudication, la réception, les paiemens, les changemens à faire aux Devis des travaux des Routes, doivent être obfervés pour les ouvrages d'art.

Vous efpérez fans doute, Meffieurs, que le Bureau mettra fous vos ieux, le Tableau des ouvrages d'art dont vous devez régler l'exécution & prefcrire les Plans & Devis pour l'année 1788 ; nous ne pourons pas remplir vos vœux : le Bureau a fait auprès de l'Ingénieur de cette Province, les démarches néceffaires pour fe procurer les renfeignemens dont il avoit befoin ; il nous a répondu que l'ufage avoit toujours été de ne s'occuper de la formation des Projets & Devis d'ouvrages d'art, que dans les mois de Janvier & de Février; que n'ayant pas prévu qu'il dût y avoir à cet égard aucun changement, il n'avoit point encore fait fon travail; qu'au refte, il fe conformeroit aux défirs de l'Affemblée, dès qu'elle les lui auroit fait connoître.

Nous fommes perfuadés que, chaque année, la dépenfe pour ouvrages d'art & travaux des Routes, a été balancée fur la recette & ne l'a jamais excédée; qu'il a été pourvu tous les ans au remplacement des fommes qui pouvoient provenir des rabais & réfilimens des Adjudications; que, conféquemment, l'Adminiftration eft au pair : mais tous ces objets nous font en quelque forte étrangers; & fans doute votre Bureau de Comptabilité s'en fera occupé.

Des travaux font commencés, au Port des Sâbles, depuis plus de 20 ans, & l'on ne peut encore en prévoir la fin : une fomme confidérable eft annuélement confacrée à ces ouvrages, & cependant leur utilité paroît conteftée. Sans doute que l'Affemblée de l'Élection des Sâbles prendra cet objet important en confidération, & qu'elle vous fera paffer le réfultat de fes recherches. Jufques à ce moment, nous ne devons nous permettre aucune réflexion fur ce point; nous nous bornerons à vous mettre fous les ieux l'état des fommes qui, depuis 1766, ont été employées à ces travaux; mais nous n'avons pu faire entrer dans le bordereau de ces dépenfes, celles qu'ont exigé les travaux conftruits antérieurement à 1766; nous favons feulement que le Corps du Génie a été chargé de la direction de quelques ouvrages affez confidérables; on nous a affuré qu'ils avoient coûté 5 à 600,000^{tt}, nous ne pouvons garantir ce fait que nous n'avons pu vérifier.

Dépenfe faite au Port des Sâbles depuis 1766 jufqu'au 31 Décembre 1786.

Adjudication de *Fournier*, du 7 Janvier 1766,
    de 162,780^{tt} 18$\int$, réduite, pour moins
    d'ouvrages, à . . . . 160,410^{tt} 15$\int$ »$\int$

Adjudication de *Pierre Lemit*, du 14 Jan-
    vier 1768. . . . . 394,600 » »

Adjudication de *Jean Guenier*, du 12 Fé-
    vrier 1766, de 881,860^{tt}, augmentée de
    437,778^{tt} 17$\int$, pour plus d'ouvrages, ci. 1,320,638 17 »

                                  1,875,649^{tt} 12 »$\int$

Des ouvrages ont été exécutés en 1787, & nous ignorons ce qu'ils peuvent avoir coûté.

Les apointemens & gratifications des Infpecteurs, Sous-Ingénieurs, &c. du Port des Sâbles, font actuélement à 8300^{tt}; fi on les fuppofe, année commune, depuis 1766, de 7000^{tt}, ils formeront une fomme de 154,000^{tt} qu'il faut ajouter à celle employée aux travaux du Port des Sâbles, ces deux fommes formeront celle de. . . . . 2,029,649^{tt} 12$\int$ »$\int$

Apointemens & Gratifications des Ingénieurs & Conducteurs.

Les apointemens des Ingénieurs, Éleves, Conducteurs, &c., font pris fur les fonds du Roi; ils montent, pour l'année 1787, à une fomme de 33,592^{tt}, & les gratifications, à 13,250^{tt}, enfemble 46,842^{tt}, dont 38,542^{tt} pour les Ponts & Chaufsées, & 8300^{tt} pour les Ports maritimes;

SAVOIR:

	APOINTEMENS pour 1787.	GRATIFICATIONS payées pour 1786.
Gratification de l'Inspecteur Général, y compris frais de bureaux.		4,000ᵗᵗ ,, ſ ,,ᵈ
A l'Ingénieur en Chef. . . .	2,202ᵗᵗ ,,ſ ,,ᵈ	2,800 ,, ,,
A un Inspecteur.	1,800 ,, ,,	600 ,, ,,
A quatre Sous-Ingénieurs à 1,500ᵗᵗ d'apointemens & 600ᵗᵗ de gratification chacun.	6,000 ,, ,,	2,400 ,, ,,
Au Sous-Ingénieur ataché à la fuite des travaux du Port des Sâbles.	1,500 ,, ,,	1,500 ,, ,,
Au Subdélégué des Sâbles.		300 ,, ,,
A fix Éleves employés en 1787, pendant huit mois, à 80ᵗᵗ.	3,840 ,, ,,	
A la veuve du fieur Mathieu, Inspecteur.		1,000 ,, ,,
A un Géographe-Deſſinateur, pendant 9 mois, à 1000ᵗᵗ par an.	750 ,, ,,	150 ,, ,,
Frais de Conducteurs, Piqueurs & Commis au Bureau de l'Ingénieur en Chef. . . .	15,000 ,, ,,	
	31,092ᵗᵗ ,, ,,	12,750ᵗᵗ ,, ,,

A joindre pour différentes Retraites d'Ingénieurs ; . . . . 43,842ᵗᵗ ,, ,,

SAVOIR:

A M. Barbier, Inspecteur Gé-
néral, retiré. . 2,100ᵗᵗ ,, ,,
A M. Parent,
  Sous-Ingénieur. . 600 ,, ,, } 3,000 ,, ,,
A M. de Brie,
  Inspecteur. . . 300 ,, ,,

Dépenſe totale de 1787. . . . . 46,842ᵗᵗ ,, ,,

Nous croyons devoir réduire la gratification annuele de l'Infpecteur Général à 3000ᵗᵗ, y compris fes frais de Bureaux ; mais le traitement de l'Ingénieur en Chef & des Sous-Ingénieurs ne nous paroît pas fuffifant ; en conféquence, nous propofons de les augmenter, en portant les apointemens de l'Ingénieur en Chef à 3000ᵗᵗ, & fa gratification à 2400ᵗᵗ. Les apointemens des Infpecteurs à 2000ᵗᵗ ; ceux des Sous-Ingénieurs à 1800ᵗᵗ, en leur faifant efpérer une gratification annuele de 600ᵗᵗ, d'après le jugement de la Commiffion intermédiaire qui prendroit à cet égard l'avis des Bureaux intermédiaires, laquelle gratification feroit follicitée par l'Affemblée Provinciale.

L'Infpecteur ataché à la conduite des travaux du Port des Sâbles, a un traitement de 3000ᵗᵗ. Il nous paroît d'autant plus jufte de le réduire à 2600, qu'il n'a aucun frais de tournée à fupporter, fon travail étant borné à l'infpection des ouvrages du Port. Quant à la gratification acordée au Subdélégué, nous croyons devoir la fupprimer.

On doit rendre juftice aux talens dont les Sous-Ingénieurs font généralement pourvus. On exige avant de les placer un travail long, fuivi, & des épreuves multipliées : la maniere dont ce Corps eft compofé, prouve la furveillance éclairée du Magiftrat qui préfide à l'Adminiftration des Ponts & Chauffées.

Au lieu d'un feul Conducteur & de beaucoup de Piqueurs, nous nous propofons, Meffieurs, d'atacher à chaque Département, un premier Conducteur, aux apointemens de 1000ᵗᵗ, avec 72ᵗᵗ de gratification ; & un fecond, à 800ᵗᵗ & 48ᵗᵗ de gratification, & de régler, dès 1788, les apointemens des Ingénieurs, ainfi qu'il fuit :

SAVOIR:

S A V O I R:

	APOINTEMENS pour 1788.	GRATIFICATIONS à proposer pour 1788.
A l'Inspecteur Général.		3,000^{tt} ,,$\int$,,$\mathcal{S}$
A l'Ingénieur en Chef.	3,000^{tt} ,,$\int$,,$\mathcal{S}$	2,400 ,, ,,
A un Inspecteur.	2,000 ,, ,,	600 ,, ,,
Aux quatre Sous-Ingénieurs, à 1,800^{tt} chacun & 600^{tt} de gratification.	7,200 ,, ,,	2,400 ,, ,,
A trois Éleves, si l'Assemblée les demande.	1,920 ,, ,,	480 ,, ,,
A l'Inspecteur chargé de la conduite des travaux du Port des Sâbles.	2,000 ,, ,,	600 ,, ,,
A un Géographe-Dessinateur, nécessaire au Bureau de l'Ingénieur en Chef.	1,000 ,, ,,	
Aux cinq premiers Conducteurs, à 1000^{tt} & 72^{tt} de gratification.	5,000 ,, ,,	360 ,, ,,
Aux cinq autres Conducteurs à 800^{tt} & 48^{tt} de gratification.	4,000 ,, ,,	240 ,, ,,
Pour deux Commis nécessaires au Bureau de l'Ingénieur. . .	1,600 ,, ,,	
	27,720^{tt} ,, ,,	10,080^{tt} ,, ,,

37,800^{tt} ,, ,,

Traitement des Ingénieurs retirés. . . 3000 ,, ,,

40,800^{tt} ,, ,,

N n

La différence en moins que préfente cet aperçu, donne un bénéfice de 6042^{tt}, qui retournera au profit & en augmentation des ouvrages d'art.

Ateliers de Charité.

Nous comptions, Meffieurs, au rang des devoirs que vous nous avez imposés, celui de vous entretenir des âteliers de charité, de ces fecours précieux offerts à l'indigence, & jamais à la pareffe.

Livrés pendant long-temps à des difcuffions arides, nous regardions le moment où il nous feroit permis de nous occuper des intérêts des malheureux & des moyens de foulager leur mifere, comme un dédomagement qui nous atendoit; mais le Bureau du bien public nous a prévenu, il s'eft faifi de cet objet intéreffant; il ne pouvoit être confié en des mains plus dignes de foutenir la caufe de l'humanité & de la bienfaifance: il ne nous refte donc encore fur les âteliers de charité, que les détails de l'art à vous offrir.

Contribution des Particuliers aux âte-liers de Charité.

Jufqu'à ce jour, lorfqu'une Communauté ou des particuliers demandoient qu'une Route fût ouverte & des âteliers formés fur les fonds de charité, l'ufage étoit d'exiger que ces Communautés ou particuliers contribuaffent pour un tiers dans la dépenfe de ces travaux : nous croyons que cet ufage doit être ponctuèlement obfervé; il eft inutile, Meffieurs, de vous en détailler les motifs.

Les Bureaux intermédiaires pourroient être autorifés à recevoir, dès ce moment, les demandes qui feront formées à ce fujet par les Communautés ou particuliers, avec la foumiffion de leur part, & par écrit, de contribuer à la dépenfe dans la proportion réglée : les paiemens fe feront en trois termes, le premier tiers par l'Adminiftration auffi-tôt l'ouvrage commencé; le fecond, par celui qui aura obtenu l'âtelier, au tiers de l'ouvrage; & le troifieme, par l'Adminiftration, après les deux tiers de l'ouvrage fait.

Les Bureaux intermédiaires, après avoir fait choix des âteliers qui

mériteront la préférence, soit en raison de l'utilité de la communication, soit du besoin accidentel de quelques cantons, enverront
l'état de ces demandes avec leurs observations à la Commission
intermédiaire qui prendra tel parti qu'elle jugera à propos. Cet
état sera approuvé & renvoyé aux différens Bureaux intermédiaires
qui chargeront les Sous-Ingénieurs du Département de faire les
Devis estimatifs de chaque atelier, d'y joindre un Plan figuré,
& sans échele, de la ligne du chemin, coté par distances, pour
servir d'indication seulement, en leur recomandant de suivre, autant
qu'il sera possible, les ancienes directions, afin d'éviter la dépense
& le préjudice qui en résulteroit pour les riverains.

Ils auront aussi attention que l'estimation du Devis soit en proportion du prix des journées du canton, & subdivisé autant qu'il
sera possible, afin de procurer de l'ouvrage à toutes les classes d'ouvriers, même des deux sexes.

Un double de ce Devis restera au Grêfe de l'Assemblée d'Élé-
ction, & un autre à la Communauté ou au particulier qui aura
obtenu l'atelier.

Le Sous-Ingénieur du Département, ou un des Conducteurs,
sera averti par celui qui aura obtenu l'atelier, de venir planter les
piquets & indiquer les ouvrages; il se transportera de temps en
temps pour savoir si on ne change rien au Devis.

On le préviendra de l'époque où l'ouvrage sera fini, afin qu'il
puisse le certifier au pied du Devis, & y faire mention des changemens qu'il auroit pû être nécessaire d'y apporter.

Dans tous les cas, il se concertera avec le particulier ou la
Communauté qui aura obtenu l'atelier.

Il sera rendu, à la fin de l'ouvrage de chaque atelier, un compte
détaillé de l'emploi des sommes & du travail, par celui qui l'aura
obtenu, suivant le modele qui sera envoyé. Ce compte sera remis
au Bureau de la Commission intermédiaire.

N n ij

Édifices Publics.

Nous aurions dû, Messieurs, pour répondre à la confiance dont vous nous avez honorés, vous parler des monumens élevés pour la décoration ou utilité des Villes, & des édifices publics dont l'entretien est dans les paroisses, la dette de la Communauté; vous rendre compte de l'état où il se trouvent; des moyens ou des fonds destinés à leurs réparations; des précautions à prendre pour prévenir la surcharge qu'éprouvent souvent les paroisses par les contributions que nécessite la dégradation de ces édifices.

Votre espérance & la nôtre sont trompées, votre Commission intermédiaire n'avoit point été chargée par l'Assemblée préliminaire, de rassembler sur ces objets les matériaux nécessaires à votre travail; & la courte durée fixée à vos séances, ne nous a pas permis de demander aux Municipalités, les détails qui auroient pu nous servir de base.

Nous ne pouvons donc vous offrir, Messieurs, qu'une bonne volonté stérile, & le regret de nous voir dans l'impossibilité de remplir votre attente : nous devons nous borner à vous prier d'ordoner que votre Commission intermédiaire s'occupera dans l'intervalle des tenues de vos Assemblées, à faire sur cet objet les recherches nécessaires; son zele & son activité vous sont garans de ses succès.

Édifices publics; Presbyteres, &c.

Les édifices les plus intéressans pour la Province, parce qu'ils sont les plus multipliés, sont les Nefs des Églises, les Presbyteres, les Cimetieres, &c.

Les Nefs des Églises, & même le Clocher, lorsqu'il porte sur la Nef, sont à la charge des habitans. Quelquefois l'omission de quelques petites réparations produit insensiblement une dégradation totale, & entraîne des dépenses accâblantes pour les Communautés : on a vu même des Églises s'écrouler subitement, & ensévelir sous

leurs débris, une partie des habitans de la paroisse. De légeres précautions auroient prévenu ce malheur : mais l'indifférence ordinaire
à des membres isolés tout entiers à leurs intérêts personels, que
rien n'éguillone & ne force en quelque sorte à s'occuper de la chose
publique, est la source de cette négligence qui peut avoir des suites
si funestes.

Les grosses réparations des Presbyteres sont également à la charge
de la Communauté ; elle doit donc apporter une attention suivie
à prévenir les dégradations que pouroient éprouver les grôs murs,
la charpente, &c. de ces mêmes maisons Curiales. Les Curés sont
obligés aux réparations usufruitieres & locatives ; il est de leur devoir
de tenir toujours les couvertures en bon état & de prévenir la
dégradation des murs, & d'empêcher que les pluies ne pourrissent la
charpente : il est de l'intérêt des Communautés de veiller à ce que
les Curés remplissent à cet égard leurs obligations.

Nous croyons donc, Messieurs, que l'Assemblée pouroit, conformément à l'esprit des Réglemens, ordoner aux Municipalités,
de dresser, chaque année & sans frais, un Procès-verbal de visite de
tous les édifices publics à la charge de la Communauté, qui consta-
teroit l'état où ils se trouvent, & d'y joindre un Devis estimatif
des réparations jugées nécessaires ; ce Procès-verbal seroit envoyé
chaque année, au plus tard le 15 Septembre, au Bureau intermédiaire de l'Élection qui en rendroit compte à votre Commission
intermédiaire.

L'Assemblée poura également ordoner que les Bureaux intermédiaires formeront un état de tous les édifices publics qui se trouvent
dans l'étendue de leur Élection, & dont l'entretien est une dette
des Communautés, auquel ils joindront un mémoire des demandes
ou besoins des paroisses, relativement à cet objet.

Fonctions des Ingénieurs des Ponts & Chaufsées, & devoirs des différens Employés aux Travaux publics.

Le travail que vous avez imposé, Messieurs, au Bureau des Travaux publics, le met dans la néceffité de vous offrir le Tableau des fonctions qu'auront à remplir, fous votre infpection, les Ingénieurs des Ponts & Chaufsées, & les devoirs de tous ceux que vous emploîrez fous leurs ordres aux mêmes objets.

Notre intention ne peut pas être de vouloir prefcrire à l'Ingénieur en Chef de cette Province, fes devoirs ; ils lui font connus : fes talens n'ont pas befoin d'être dirigés, ni fon zele furveillé ; c'eft donc plutôt pour notre propre inftruction que pour la fienne, que nous allons entrer dans les détails qui le concernent.

Ingénieur en Chef.

L'Ingénieur en Chef a la direction de tous les travaux qui s'exécutent fur les Routes & aux différens Ports maritimes de la Province : c'eft par lui que doivent paffer les ordres à adreffer aux Départemens & à tous les Employés dans fa partie ; il révife les projets que chaque Sous-Ingénieur eft chargé de lui fournir, & foumet à la fin de chaque année, à la Direction générale, les comptes par lui certifiés, des travaux exécutés dans la Province, tant fur les fonds du Roi que fur ceux des Communautés.

L'Ingénieur ne peut juger que par lui-même, au moyen des tournées qu'il eft dans l'ufage de faire, de l'exactitude des comptes qui lui font rendus par fes fous-ordres.

Lorfque dans l'exécution d'une Adjudication, il eft reconnu utile de changer quelque chofe aux difpofitions du Devis, l'Ingénieur en Chef doit en rendre compte à la Commiffion intermédiaire ; ce ne fera que d'après l'autorifation qu'il en aura obtenue, que les changemens proposés pourront avoir lieu. Cette autorisation lui fera donnée par écrit, & motivée de maniere à ne laisser aucun doute; il en sera pris acte déposé au Grêfe de l'Assemblée; l'Ingénieur en fera mention en marge de sa minute du Devis, ainsi que sur l'expédition de l'Adjudicataire.

C'est dans les bureaux de l'Ingénieur en Chef qu'on doit toujours trouver les renseignemens dont on poura avoir besoin sur tous les points de sa comptabilité.

Il est bon d'exiger que les Plans & profils des ouvrages de constructions neuves soient joints aux Devis qui seront remis à la Commission intermédiaire; il est nécessaire que l'Adjudicataire en ait aussi une expédition, afin qu'il connoisse l'ouvrage qu'il a à faire; l'Ingénieur conservera sa minute par-devers lui.

Pour s'assurer de l'exactitude des sous-ordres à visiter les âteliers dont la conduite leur est confiée, l'Ingénieur se fera remettre, par chacun des Sous-Ingénieurs, un état circonstancié de leurs tournées sur les âteliers & des tournées de leurs Conducteurs, ainsi qu'il sera ci-après expliqué : il remettra trois fois par mois, à la Commission intermédiaire, un état général par Département, pris sur ces différens états de situation, & y joindra ses observations, s'il y a lieu.

L'Ingénieur ne sauroit être trop en garde sur deux objets essentiels des travaux dont il a la direction;

Le premier est la manie des lignes droites qui sont dans le cas de forcer à des travaux immenses, tels que ceux qu'on exécute à la montagne de Pranzais, près Lusignan, & au pont Châron, près Chantonnay : on ne peut voir qu'avec regret, les sommes énormes que ces travaux ont absorbées : il eût été bien plus facile & moins dispendieux, de contourner ces deux montagnes par un dévelopement qui eût montré plus de génie, & offert plus d'agrément aux voyageurs.

Le fecond objet eſt le réglement des pentes : le plus fouvent les déblais & remblais preſcrits pour les conſtructions neuves, n'offrent qu'une magnificence déplacée : des vues plus économiques préſide-ront déformais à ces opérations : les diſpoſitions du local ſemblent devoir preſcrire quelquefois la néceſſité de grands déblais & remblais ; mais on peut, ſur ce point, ſe faire des regles applicables à beaucoup de cas. On eſtime que 6 pouces de pente par toiſe, doit être la plus rapide pour les montagnes ; & pour les Routes en plaine, 3 pouces ; les eaux s'écoulent plus aiſément, & au moyen de quelques caſſis ou écharpes en revers, traverſant les bermes, on évite la dégradation des ravins.

Inſpecteurs & Sous-Ingénieurs.

Le grade d'Inſpecteur, quoique au deſſus de celui de Sous-Ingénieur, n'admet aucune différence dans les fonctions, l'un & l'autre ſont également ſubordonés à l'Ingénieur en Chef ; la ſeule différence qui exiſte, c'eſt que le premier eſt donné par le Roi, & que la place de Sous-Ingénieur eſt à la nomination du Contrôleur Général.

Il y a dans la Province, cinq Départemens occupés par un Inſpecteur & quatre Sous-Ingénieurs ; un cinquieme Sous-Ingénieur eſt employé uniquement à la conduite des travaux du Port des Sâbles.

Tout ce qui concerne le ſervice du Département auquel chaque Sous-Ingénieur eſt ataché, eſt ſoumis à ſa ſurveillance immédiate, ſous l'inſpection de l'Ingénieur en Chef.

Chaque Sous-Ingénieur a actuéllement à ſes ordresquatre ou cinq Piqueurs & un premier Conducteur. On penſe que deux Conducteurs par Département, ſeront ſuffiſans pour faire le ſervice & aider le Sous-Ingénieur dans la rédaction des plans, devis, eſtimations & tournées ſur les âteliers.

Quoique l'Adminiſtration Provinciale ait pris le parti de pourvoir
par

par elle-même au falaire des Cantoniers, les Sous-Ingénieurs &
les Conducteurs n'en feront pas moins tenus de les furveiller,
inftruire & diriger.; ils rendront compte, dans leur état de fituation
par mois, de la conduite de ces ouvriers.

L'ordre des tournées fera difposé de maniere que les ouvrages
foient continuélement fuivis; en conféquence, un des Conducteurs
partira pour fe porter fucceffivement fur tous les âteliers du Département; le fecond Conducteur fuivra la même marche auffi-tôt le
retour du premier, & le Sous-Ingénieur ira vérifier fi les comptes
de fes deux Conducteurs font exacts, ce qui fera une tournée générale par mois pour chacun.

Chaque Infpecteur ou Sous-Ingénieur adreffera à l'Ingénieur en
Chef, à la fuite de chaque tournée, un état de fituation de tous
les Entrepreneurs de fon Département, fuivant le modele imprimé
qui fera fourni. Il enverra auffi aux Bureaux intermédiaires d'Élection
d'où dépendront les âteliers, un pareil état de tournées; ce fera
fur ces états de fituation que la Commiffion intermédiaire délivrera
les mandats d'à comptes.

Ce tableau fera foi que le Sous-Ingénieur & fes Conducteurs
auront vifité, chaque mois, tous les âteliers du Département; il
offrira l'état du progrès des travaux dans le plus grand détail.

Chaque Sous-Ingénieur fournira, au 30 Septembre 1788, pour
être remis à la Commiffion intermédiaire, un double de l'itinéraire
de chacune des Routes de fon Département. Cet itinéraire fera
dreffé, par Route, fur un cahier de quinze pouces de long & fept
pouces de large, fur une échele d'une demi-ligne par toife; on y
défignera toutes les marques d'indication, telles que les chemins,
les ponts, les villages, les bornes milliaires, les cârieres ouvertes,
avec défignation en note de l'efpece de pierre & de la diftance per-
pendiculaire defdites cârieres à la Route, fans affervir ces diftances
à la proportion de l'échele.

O o

On ajoutera au deſſus du plan de la Route, un profil figuré ſur la longueur, où les pentes & contre-pentes ſeront cotées ſur une ligne de niveau, priſe à volonté pour chaque feuille, le tout ſuivant le modele qui ſera fourni.

Les Ingénieurs ſeront auſſi chargés de la rédaction des projets de tous les ouvrages quelconques à exécuter dans cette Généralité, dont la dépenſe devra être à la charge de la Province ou des Villes & Communautés. Ces Devis ſeront dreſsés ſans frais & à la réquiſition de la Commiſſion intermédiaire, à laquelle toutes les demandes en ce genre ſeront renvoyées par les Bureaux intermédiaires, avec leur avis.

Éleves.

La Commiſſion intermédiaire demandera à l'École des Ponts & Chauſsées, le nombre d'Éleves qu'elle croira néceſſaire à la levée des Plans, ou qu'elle déſirera atacher à quelque ouvrage particulier ſur lequel la ſurveillance du Sous-Ingénieur du Département ne ſeroit pas reconue ſuffiſante.

L'Ingénieur en Chef préviendra, par écrit, la Commiſſion intermédiaire, du jour de leur départ pour ſe rendre ſur le lieu où ils devront opérer, afin qu'on puiſſe en prévenir les Bureaux intermédiaires à proximité.

Ces Éleves ſeront payés, ſuivant l'uſage, à 80^{tt} par mois pendant le temps de leur ſervice dans la Province; il leur ſera acordé une gratification de 20^{tt} auſſi par mois, ſi la Commiſſion intermédiaire juge que leur travail & leur aſſiduité l'ayent mérité.

Conducteurs.

Les Conducteurs ſeront choiſis par la Commiſſion intermédiaire, d'après l'avis de l'Ingénieur en Chef. Il ſera envoyé aux Bureaux intermédiaires, un état contenant le nom & le domicile de chacun de ces Employés dans leur Élection.

Les Conducteurs doivent savoir toiser, calculer, & même lever & raporter les Plans & profils, pour aider le Sous-Ingénieur dans ses opérations. On a vu à l'article des Sous-Ingénieurs, que l'objet principal des Conducteurs est de surveiller les Entrepreneurs par des tournées assidues.

On pouroit les obliger à porter un habit uniforme, avec un parement suivant les couleurs des Armes de la Province & des boutons de cuivre marqués de la lettre *P*. Ces boutons leur seront fournis. Cette distinction les feroit reconoître des ouvriers & de tous ceux qui auront quelque intérêt à constater leur assiduité. Il ne peut qu'être avantageux au bien du service de leur faire espérer une légere gratification d'une somme de 120^{tt} par Département, dont 72^{tt} au premier & 48^{tt} au second.

Ces Conducteurs pouront être destitués à la volonté de la Commission intermédiaire.

Cantoniers.

A commencer de l'année 1788, les Cantoniers ne seront plus portés à la charge des Adjudicataires des aprovisionemens des entretiens. Les Sous-Ingénieurs & les Conducteurs attesteront dans l'état de situation qu'ils remettront aux Bureaux intermédiaires, la conduite de ces Cantoniers. Ce sera sur cette attestation que le salaire leur sera délivré, au moyen du fonds qu'on aura le soin de faire passer aux lieux les plus à proximité des âteliers auxquels ils seront appliqués.

Ces Cantoniers veilleront attentivement à ce que les aprovisionemens de pierre ou de caillou soient déposés sur le côté droit de chaque Route, en partant de Poitiers, à commencer de 1788, & alternativement de chaque côté d'année en année. S'il se trouve quelques restes de 1787 sur ce côté, leur premier ouvrage sera de les tranfporter du côté gauche. Ils commenceront par employer ces matériaux, & ne toucheront pas à ceux fournis pour 1788, avant que la réception en ait été faite, & qu'il leur ait été ordoné de les mettre en œuvre. Si le befoin de la Route exige qu'il foit répandu fur quelques parties, une portion de la pierre, l'Ingénieur & les Conducteurs jugeront de ce befoin : ils requéreront MM. les Commiffaires des Bureaux intermédiaires, pour conftater la réception de la qualité & quantité de ces matériaux, qu'on fera forcé d'employer avant que tout l'aprovifionement de l'Adjudicataire foit complété, afin d'affurer à ce Fourniffeur, le paiement de la partie des matériaux qu'on lui aura prife à l'avance. Pendant que les aprovifionemens fe compléteront, les Cantoniers feront employés à rabatre les ornieres de la chaufsée & des acotemens; ils recureront les fofsés fur les Routes déja rétrécies, ils feront même du guéret au pied de chaque arbre des plantations, dans la faifon convenable; ils entretiendront enfin la Route belle & bien roulante fur tous fes points. Ce premier travail leur donnera plus de temps pour faire l'emploi à propos des matériaux après la réception.

Les Bureaux intermédiaires, ou les Commiffaires délégués par la Commiffion intermédiaire, adjugeront publiquement les places de Cantoniers au rabais; ils pafferont un marché écrit, avec un journalier qui ne poura avoir moins de 18 ans & plus de 60; ils expliqueront bien à chacun de ces ouvriers, qu'il s'engage à travailler tous les jours de l'année, excepté les Dimanches & Fêtes, fur la partie de Route qui lui fera confiée, moyénant la fomme dont on fera convenu, laquelle ne doit pas excéder 200^{tt}.

Adjudications, Paiemens & Réceptions des Travaux des Routes.

Les Adjudications feront paffées, au plus tard, le premier jour de Mars de chaque année.

La forme des Adjudications est réglée dans l'Arrêt du 6 Novembre 1786, par les articles VIII, IX, X, XI & XIII.

Chaque paroisse doit recevoir de la Commission intermédiaire ou des Bureaux intermédiaires d'Élections, un avertissement contenant le jour & le lieu de l'Adjudication des ouvrages à faire dans l'étendue de son ressort : il y sera aussi fait mention de l'Adjudication des Cantoniers, ainsi que de la nature & de la quantité des travaux à exécuter ; cet avertissement indiquera dans quel lieu les Entrepreneurs disposés à se présenter aux Adjudications, pourront prendre connoissance des Devis & clauses desdites Adjudications. Ces Devis & clauses seront adressés par les Bureaux intermédiaires, à la Municipalité où ils jugeront convenable d'en faire le Dépôt ; les Syndics des paroisses voisines de l'âtelier seront invités à se trouver à l'Adjudication.

Il ne doit être admis que des Entrepreneurs dont la capacité & la solvabilité soient reconues par la Commission intermédiaire d'Élection.

Les Adjudications seront faites publiquement, au jour indiqué, à celui ou à ceux qui feront la condition meilleure, à la charge, par les Adjudicataires, d'exécuter exactement les Devis, sans s'en écarter sous quelque prétexte que ce soit ; de renoncer à toute sorte d'indemnité pour cas fortuits ou autres causes, & de ne recevoir aucune somme, par forme d'avance ou à compte, que les travaux ne soient commencés.

Il sera adressé par ordre de l'Assemblée, à chaque Bureau intermédiaire, un modele des Actes d'Adjudication & de Réception, afin d'établir sur ce point la plus grande uniformité.

Un Membre du Bureau intermédiaire de l'Élection où se fera l'Adjudication, ou tel autre Député de l'Assemblée d'Élection, sera présent à cette Adjudication & y présidera, à moins que la Commission intermédiaire Provinciale jugeât convenable, vu l'exigence

& l'importance des ouvrages, d'y députer en son nom; alors son repréfentant préfideroit l'Affemblée.

Les Ingénieurs feront avertis du jour où fe fera l'Adjudication, afin qu'ils puiffent s'y trouver.

Dans le cas où il y auroit néceffité ou utilité de faire quelques changemens dans l'exécution des Devis, les Bureaux intermédiaires veilleront à ce que ces changemens n'aient jamais lieu qu'ils n'aient été autorifés, par écrit, par la Commiffion intermédiaire.

Forme des Paiemens.

La Commiffion intermdiaire Provinceiale ne délivrera aucun mandat d'à compte, que lorfqu'elle fe fera affurée du progrès des ouvrages par les certificats des Ingénieurs, dont la forme fera prefcrite par un état imprimé qui fera mention des tournées ou infpections qu'ils auront faites fur les travaux de chaque atelier de leur département. Ces différens mandats n'excéderont pas les deux tiers du prix de l'adjudication, pour les ouvrages d'art, & les quatre cinquiemes, pour les travaux des Routes; mais les paiemens doivent être combinés de façon que l'Adminiftration ne foit jamais en avance avec l'Adjudicataire.

Les Bureaux intermédiaires préviendront les Cantoniers & Adjudicataires, des lieux où les mandemens feront aquités.

Les Bureaux intermédiaires tiendront le compte le plus exact des mandemens qu'ils auront donné, & ils en enverront tous les mois le bordereau à la Commiffion intermédiaire.

Réceptions.

La réception des ouvrages fera faite par la Commiffion intermédiaire ou par les Bureaux intermédiaires par elle délégués à cet effet, au jour qu'elle aura indiqué. L'Ingénieur en Chef ou les

Sous-Ingénieurs feront avertis pour qu'ils fe trouvent à cette réception. S'il ne s'agit que de fimples aprovifioncmens de matériaux pour les entretiens, il fera drefsé Procès verbal qui conftatera que la qualité & la quantité des matériaux prefcrits aux Devis ont été exactement fournies & déposées fur la Route; on conftatera également le cube & la quantité de ceux qui feront deftinés aux réparations; & dans l'un & l'autre cas, les Cantoniers & les Entrepreneurs ne pouront toucher au dépôt defdits matériaux, avant la réception. La main d'œuvre des réparations fera prouvée par l'état où fe trouvera la partie de route réparée, lors de la réception.

S'il s'agit d'une conftruction neuve, on fera faire à volonté, & aux frais de l'Entrepreneur, les fondes qui feront jugées nécefaires pour s'affurer de la bonne conftruction & de la qualité des matériaux, conformément au Devis.

La minute dudit Procès verbal, pour chaque âtelier, fera déposée au Grêfe de chaque Bureau intermédiaire d'Élection, qui fera tenu d'en adreffer dans la huitaine, à la Commiffion intermédiaire Provinciale, une expédition fignée de fon Secrétaire-Gréfier.

Réfumé.

LE Bureau des Travaux publics n'a pu fe diffimuler que l'étendue qu'il étoit forcé de donner à fon Raport, vous déroberoit un temps précieux : il a compté fur votre indulgence, peut-être en a-t-il abusé.

Le dernier devoir qui lui refte à remplir, eft de vous préfenter en peu de mots, le réfultat des réflexions qu'il a l'honeur de foumettre à votre examen.

Le Bureau penfe qu'il feroit convenable d'ordoner ;

1.°, Que toutes les Routes de la Province foient divifées en quatre clâffes : la premicre fera composée des Routes qui traverfent le Royaume, ou qui peuvent être regardées comme étant d'une utilité générale; la feconde comprendra les Routes qui établiffent la communication de cette Province avec celles qui l'entourent & qui offrent de grands motifs d'utilité; la troifieme, celles qui parcourent deux ou plufieurs Élections, & qui paroiffent avoir été tracées pour leur avantage particulier; la quatrieme, les chemins vicinaux qui feront follicités;

2.°, Les difpofitions de l'Arrêt du Confeil, du 6 Février 1776, concernant la largeur des Routes, feront fuivies pour toutes celles qui ne font pas perfectionées, dans le cas où on fe feroit écarté de ces difpofitions;

3.°, Le rétréciffement des Routes de Fontenai aux Sâbles & de la Rochelle à Nantes fera fufpendu;

4.°, Sur toutes les Routes dont la largeur excede celle preferite par les Réglemens, le rétréciffement n'aura lieu qu'au moment où les fofsés actuels feront comblés au point de ne pouvoir fuffire à l'écoulement des eaux;

5.°, Il fera dreffé, pour être joint aux Procès verbaux de l'Affemblée, un Tableau général de l'état des Routes en 1787, & un fecond Tableau des travaux ordonés pour 1788;

6.°, Chaque année pareil Tableau fera joint aux Procès verbaux de l'Affemblée;

7.°, Aucune Route ne fera ouverte avant que celles qui le font en tout ou en partie, & qui font jugées néceffaires, ne foient achevées;

8.°, A l'avenir, on ne tracera de nouveles Routes qu'en nombre tel qu'on puiffe les exécuter en peu d'années;

9.°, Une Route fur laquelle l'Affemblée aura jugé convenable de placer des âteliers, fera continuée fans interruption;

10.°, La fomme deftinée aux conftructions neuves, ne fera pas portée fur une quantité trop confidérable de Routes;

11.°, Les âteliers de conftructions nouveles feront placés pour
l'année

l'année 1788, fur la Route de Poitiers à Nantes, par Partenay; 2.°, de Poitiers en Périgord & Limofin, par Confolens; 3.°, d'Angoumois en Anjou, par Chef-Bouronne, Melle, Saint-Maixent, Partenay & Thouars; 4.°, des Sâbles à Saumur, par la Roche-fur-Yon, les Effars, les Herbiers & Mortagne; 5.°, de Poitiers à Saumur, par Étables; 6.°, de Niort à Saintes;

12.°, La Commiffion intermédiaire fera chargée de faire lever les Plans de la Route de Partenay à Breffuire, Châtillon, Mortagne, &c. faifant partie de la Route de Poitiers à Nantes, & d'en folliciter l'approbation au Confeil;

13.°, Les Devis d'âteliers d'entretien, de conftrudions & réparations, arrêtés par le Bureau des Travaux publics pour l'année 1788, feront remis le plutôt que faire fe poura, par l'Ingénieur de la Province, à la Commiffion intermédiaire, pour être adreffés au Confeil;

14.°, La Commiffion intermédiaire donnera fes foins à ce que l'Ingénieur en Chef dreffe, dans les mois de Septembre & Odobre de chaque année, conformément à ce qu'elle aura réglé, les Devis d'entretien & de réparations, pour être remis à l'Affemblée le premier jour de vos féances;

15.°, Les Devis de nouveles conftrudions & ouvrages d'art, feront réglés par l'Affemblée dans le cours de fes féances; l'Ingénieur aura foin de préparer les projets des travaux qu'il croira devoir propofer, en fe conformant à ce qui aura été réglé par l'Affemblée, dans fes précédentes féances;

16.°, Les Adjudications des travaux des Routes & ouvrages d'art, feront divifées autant qu'il fera poffible; & les baux des âteliers d'entretien & de réparations, feront paffés de Mars en Mars; ceux des conftrudions nouveles & des ouvrages d'art, le feront d'Avril en Avril;

17.°, L'on fe conformera, pour les Adjudications, paiemens &

P p

réceptions des travaux des Routes & ouvrages d'art, aux regles prescrites au présent Raport; & copie de ce Mémoire sera adressée à cet effet aux Bureaux intermédiaires d'Élection;

18.°, Des pierres milliaires seront posées successivement sur toutes les Routes de la Province, en commençant par celle de Niort à la Rochelle & de la Rochelle à Nantes;

La somme qui poura résulter du rabais, sur le prix estimatif du Devis, sera employée cette année, par la Commission intermédiaire, à poser les bornes milliaires; & dans la suite, cette somme sera destinée à ouvrir des chemins vicinaux, & les âteliers seront placés de préférence, dans les Élections auxquelles il n'aura été acordé aucune construction neuve;

19.°, Tous les Employés sur les Routes, connus sous le nom de Piqueurs & d'Aides, seront supprimés;

20.°, Deux Conducteurs seront atachés à chaque Département, & chargés, sous la direction des Commissions & Bureaux intermédiaires, & sous celle des Ingénieurs, de la conduite des travaux des Routes; ces Conducteurs seront destituables à volonté;

21.°, Les apointemens du premier Conducteur de chaque Département, seront de 1000^{tt} par an & 72^{tt} de gratification, dans le cas où il sera jugé qu'il le mérite; & ceux du second seront de 800^{tt} & 48 de gratification;

22.°, Chaque Conducteur sera tenu de se pourvoir, à ses frais, d'un habit uniforme, avec paremens aux couleurs de la Province, & boutons de cuivre, marqués de la lettre P: ces boutons lui seront fournis par l'Administration;

La Commission intermédiaire sera chargée de faire connoître aux Bureaux intermédiaires, le nom & le domicile des Conducteurs placés dans leurs Élections;

23.°, Il sera placé de 1000 en 1000 toises, sur la Route de Paris en Espagne, & de 2000 en 2000, sur toutes les autres, des Cantohiers qui feront chargés de l'entretien des Routes dans l'étendue qui leur fera affignée par Adjudication au Rabais;

24.°, Les Cantoniers feront payés tous les quinze jours, fur des mandemens des Bureaux intermédiaires d'Élection, & dans le lieu qui leur fera défigné;

25.°, Copie de la partie du préfent Raport où font détaillées les fonctions des Ingénieurs des Ponts & Chaufsées & les devoirs des différens Employés aux travaux des Routes, fera envoyée aux Bureaux intermédiaires d'Élection, qui feront chargés de furveiller les Conducteurs & Cantoniers, & adrefferont tous les trois mois, à la Commiffion intermédiaire, leurs obfervations fur les différens articles du Mémoire;

26.°, Les Receveurs particuliers des Impofitions, feront obligés de fournir, à leurs frais, une Caiffe dans la paroiffe dont on conviendra avec eux, qui ne fera pas diftante de plus de trois lieues des âteliers, & d'y faire payer par leurs Caiffiers, & fur les mandemens des Commiffions ou Bureaux intermédiaires, le prix des Adjudications qui ne feront pas au deffus de 5000^{tt}. Et le prix de celles qui excéderont cette fomme, fera payé à leurs Bureaux;

27.°, Les Bureaux intermédiaires remettront un mois à l'avance, aux Receveurs des Impofitions, le bordereau des fommes qu'ils auront à payer dans le cours du mois fuivant;

28.°, Sa Majefté fera fuppliée d'ordoner, que pour l'année 1789, toutes les paroiffes qui ne feront pas à plus de trois lieues de la ligne des grandes Routes faites ou en activité, reftent taxées pour l'impofition de la Corvée, ainfi qu'elles le font actuélement, & que toutes les autres paroiffes ne le foient plus qu'au Dixieme;

29.°, La Commiffion intermédiaire fera chargée de dreffer un Tableau des paroiffes riveraines des Routes, qui doivent continuer à être impofées fur le pied actuel;

30.°, Il fera payé des indemnités pour tous les terrains qui feront enlevés aux propriétaires pour l'ouverture des Routes ; il ne fera donné aucune indemnité pour les terrains apartenans aux Communes ;

31.°, L'estimation du terrain fera faite dans une Assemblée préfidée par un Membre de celle d'Élection, députe à cet effet par le Bureau intermédiaire, la Municipalité du lieu appelée, & autres, fi le Préfident le juge néceffaire, enfemble les Parties intéreffées ;

32.°, Le prix des indemnités fera payé avec une fomme de 5000^{tt} deftinée à cet objet ; & en cas d'infuffifance, par les paroiffes dont le clocher ne fera pas diftant de plus de 3 lieues de la ligne de la route ; cette fomme fera répartie en raifon des propriétés, & dans la forme qui s'obferve à l'égard des impofitions mifes pour charge de la Communauté ;

33.°, Les Bureaux intermédiaires adrefferont à la Commiffion intermédiaire Provinciale, un état de tous les Édifices publics qui fe trouvent dans l'étendue de leurs Élections, & dont l'entretien eft à la charge des Communautés ; ils y joindront un mémoire des demandes & befoins des paroiffes relativement à cet objet ;

34.°, Les Bureaux intermédiaires enjoindront aux Municipalités, de leur adreffer chaque année, avant le quinze Septembre, un Procès verbal, dreffé fans frais, de l'état où fe trouvent les Édifices publics, comme Nefs d'Églifes, Presbyteres, Cimetieres, &c. dont l'entretien eft à la charge de la paroiffe, enfemble un Devis eftimatif des réparations à y faire ;

35.°, Le Roi fera inftament fupplié de continuer d'acorder à fa Province du Poitou, des fonds pour être employés aux âteliers de charité ;

Ces âteliers ne feront placés qu'à la demande des Communautés ou des particuliers qui feront une foumiffion par écrit, de contribuer pour un tiers à la dépenfe des ouvrages propofés ; l'exécution

de ces ouvrages fera réglée & furveillée par les Bureaux intermédiaires ;

36.°, Les Bureaux intermédiaires feront chargés de recevoir les
demandes & foumiffions faites à ce fujet ; ils joindront aux comptes
qu'ils en rendront à la Commiffion intermédiaire, leurs obfervations fur l'utilité des travaux proposés ;

37.°, Tous les propriétaires riverains des Routes, feront tenus
d'y faire les plantations néceffaires ; la Commiffion intermédiaire
veillera à ce que les alignemens & diftances foient exactement
fuivis ; il fera payé aux riverains 12 f par arbre pour foffe & plantation, 10 f au bout de 3 ans pour tout arbre vif, & 10 f au bout
de 10 ans ; fi l'arbre eft de belle venue.

La Commiffion intermédiaire fera chargée de faire, relativement
aux fommes payées par cette Généralité, pour les Canaux de
Picardie, de Bourgogne & pour la navigation de la Charente,
toutes les démarches qu'elle jugera convenables aux intérêts de la
Province.

Le Raport fini & la matiere mife en délibération, l'Affemblée
a arrêté que,

1.°, Toutes les Routes de la Province feront divisées en quatre **DÉLIBÉRATION**
clâffes ; la premiere fera composée des Routes qui traverfent le **de**
Royaume, ou qui peuvent être regardées comme étant d'une utilité **L'ASSEMBLÉE,**
générale ; la feconde comprendra toutes les Routes qui établiffent
la communication de cette Province avec celles qui l'entourent
& qui offrent de grands motifs d'utilité ; la troifieme, celles qui
parcourent deux ou plufieurs Élections, & paroiffent avoir été
tracées pour leur avantage particulier ; la quatrieme, les chemins
vicinaux qui feront follicités par les Municipalités ;

2.°, Les difpofitions de l'Arrêt du Confeil du 6 Février 1776,
concernant la largeur des Routes, feront fuivies pour toutes celles

qui ne font pas perfectionées, dans le cas où l'on se seroit écarté de ses dispositions;

3.°, Le rétréciffement des Routes de Fontenai aux Sâbles & de la Rochelle à Nantes fera fufpendu;

4.°, Sur toutes les Routes dont la largeur excede celle qui eft préscrite par les Réglemens, le rétréciffement n'aura lieu qu'au moment où les fofsés actuels feront comblés au point de ne pouvoir fuffire à l'écoulement des eaux;

5.°, Il fera dreffé, pour être joint aux Procès verbaux de l'Affemblée, un Tableau général de l'état des Routes en 1787, & un fecond Tableau des travaux ordonés pour 1788;

6.°, Chaque année, pareil Tableau fera joint aux Procès verbaux de l'Affemblée;

7.°, Aucune Route ne fera ouverte avant que celles qui le font actuélement en tout ou en partie, & qui feront jugées néceffaires, foient achevées;

8.°, A l'avenir, on ne tracera de nouveles Routes qu'en nombre tel qu'on les puiffe exécuter en peu d'années;

9.°, Une Route fur laquelle l'Affemblée aura jugé convenable de placer des âteliers, fera continuée fans interruption;

10.°, La fomme deftinée aux conftructions nèuves ne fera pas portée fur une quantité trop confidérable de Routes, mais les forces de la Province feront raffemblées fur un petit nombre;

11.°, Les âteliers de conftructions nouveles feront placés, pour l'année 1788, fur la Route, 1.°, de Poitiers à Nantes, par Partenay; 2.°, de Poitiers en Périgord & Limofin, par Confolens; 3.°, d'Angoumois en Anjou, par Chef-Boutonne, Mellé, Saint-Maixent, Partenay & Thouars; 4.°, des Sâbles à Saumur, par la Roche-fur-Yon, les Effars, les Herbiers & Mortagne; 5.°, de Poitiers à Saumur; 6.°, de Niort à Saintes;

12.°, La Commiffion intermédiaire fera chargée de faire lever

les Plans de la Route de Partenay à Bressuire, Châtillon, Mortagne, &c., faisant partie de la Route de Poitiers à Nantes, & d'en
solliciter l'approbation au Conseil ;

13.°, Les Devis d'ateliers d'entretien, de constructions & réparations arrêtées par le Bureau des Travaux publics, pour l'année
1788, seront remis le plutôt que faire se poura, par l'Ingénieur de
la Province, à la Commission intermédiaire, pour être adressés
au Conseil ;

14.°, La Commission intermédiaire donnera ses soins à ce que
l'Ingénieur en Chef dresse, dans les mois de Septembre & d'Octobre
de chaque année, & conformément à ce qu'elle aura réglé, les
Devis d'entretien & de réparations, pour être remis à l'Assemblée
le premier jour de ses séances ;

15.°, Les Devis de nouvelles constructions & ouvrages d'art, seront
réglés par l'Assemblée dans le cours de ses séances ; l'Ingénieur
aura soin de préparer les projets des travaux qu'il croira devoir proposer, en se conformant à ce qui aura été réglé par l'Assemblée dans
ses précédentes séances ;

16.°, Les Adjudications des travaux des Routes & ouvrages d'art,
seront divisées, autant qu'il sera possible, & les baux des ateliers
d'entretien & de réparations, seront passés de Mars en Mars ; ceux
de constructions nouvelles & des ouvrages d'art, le seront d'Avril
en Avril ;

17.°, On se conformera, pour les adjudications, paiemens &
réceptions des travaux des Routes & des ouvrages d'art, aux regles
prescrites dans un Mémoire présenté à l'Assemblée par le Bureau
des Travaux publics, & copie de ce Mémoire sera adressée à cet
effet aux Bureaux intermédiaires d'Élection ;

18.°, Des pierres milliaires seront posées successivement sur toutes
les Routes de la Province, en commençant par celles de Niort à
la Rochelle, & de la Rochelle à Nantes ;

19.°, Une fomme de 25,000ᵗᵗ prife fur l'impofition mife pour travaux des Routes, & celle qui réfultera du rabais fur le prix eftimatif des Devis, feront employées, chaque année, à ouvrir des chemins vicinaux ; & les âteliers feront placés, de préférence, dans les Élections auxquelles il n'aura été acordé aucunes conftructions nouveles ;

20.°, L'état de dépenfe pour apointemens & gratifications de l'Infpecteur général, de l'Ingénieur en Chef, des Infpecteur, Sous-Ingénieurs, Éleves, Conducteurs, &c., qui a été mis fous les ieux de l'Affemblée & approuvé par elle, fera adreffé au Confeil par la Commiffion intermédiaire, afin d'avoir fon exécution dès 1788.

21.°, Tous les Employés fur les Routes, connus fous le nom de Piqueurs & d'Aides, feront fupprimés ;

22.°, Deux Conducteurs feront atachés à chaque Département, & chargés, fous la direction de la Commiffion & des Bureaux inter-médiaires, & fous celle des Ingénieurs, de la conduite des travaux des Routes. Ces Conducteurs feront deftituables à volonté ;

23.°, Les apointemens du premier Conducteur de chaque Dépar-tement feront de 1000ᵗᵗ par an, 72ᵗᵗ de gratification, dans le cas où il fera jugé qu'il le mérite, & ceux du fecond, de 800ᵗᵗ & 48 de gratification ;

24.°, Chaque Conducteur fera tenu de fe pourvoir d'un habit uniforme, avec paremens aux couleurs de la Province, & de boutons de cuivre, marqués de la lettre *P* : ces boutons lui feront fournis par l'Adminiftration ;

25.°, La Commiffion intermédiaire fera chargée de faire paffer aux Bureaux intermédiaires, le nom & domicile des Conducteurs placés dans leur Élection ;

26.°, Il fera placé de mille en mille toifes fur la Route de Paris en Efpagne, & de deux mille en deux mille fur toutes les autres,

des

des *Cantoniers* qui feront chargés de l'entretien des Routes dans l'étendue qui leur fera affignée par adjudication aux rabais.

27.°, Les Cantoniers feront payés tous les quinze jours, fur des mandats des Bureaux intermédiaires d'Élection, & dans le lieu qui leur fera défigné ;

28.°, Copie d'un Mémoire préfenté par le Bureau des Travaux publics, où font détaillées les fonctions des Ingénieurs des Ponts & Chaufsées & les devoirs des différens Employés aux travaux des Routes, fera envoyée aux Bureaux intermédiaires d'Élection, qui feront chargés de furveiller les Conducteurs & Cantoniers, & adrefferont tous les trois mois, à la Commiffion intermédiaire, leurs obfervations fur les différens articles de ce Mémoire ;

29.°, La Commiffion intermédiaire fe fera remettre le plutôt poffible, par l'Ingénieur de la Province, les projets des ouvrages d'art. Après les avoir examinés & réglés, elle les adreffera au Confeil pour être approuvés : elle commettra un de fes Membres pour être préfent à l'adjudication & réception de ces ouvrages ;

30.°, Les Receveurs particuliers des Impofitions feront obligés de former, à leurs frais, une Caiffe dans les paroiffes dont on conviendra avec eux, qui ne feront pas diftantes de plus de trois lieues des ateliers, & d'y faire payer, par leur Caiffier, & fur les mandemens des Bureaux intermédiaires, le prix des Adjudications qui feront au deffous de 5000tt, & le prix de celles qui excéderont cette fomme fera payé à leurs Bureaux;

31.°, Les Bureaux intermédiaires remettront un mois à l'avance, aux Receveurs des Impofitions, le bordereau des fommes qu'ils auront à payer dans le cours du mois fuivant ;

32.°, Les Receveurs feront obligés de verfer, à leurs frais, d'une Élection fur une autre Élection, la partie des impofitions que la Commiffion intermédiaire aura jugée néceffaire pour les befoins des travaux publics ;

33°, Sa Majesté sera suppliée d'ordoner, que pour l'année 1789, toutes les paroisses dont le Clocher ne sera pas à plus de trois lieues de la ligne des grandes Routes faites ou en activité, restent taxées pour l'imposition des Routes, ainsi qu'elles le sont actuélement, & que toutes les autres paroisses ne le soient plus qu'au Dixieme ;

34.°, La Commission intermédiaire sera chargée de dresser un tableau des paroisses riveraines des Routes qui doivent continuer à être imposées sur le pied actuel ;

35.°, Il sera payé des indemnités pour tous les terrains qui seront enlevés aux propriétaires par l'ouverture des Routes : il ne sera donné aucune indemnité pour les terrains apartenans aux Communes ;

36.°, L'estimation du terrain sera faite dans une Assemblée présidée par un Membre d'Élection, député à cet effet par le Bureau intermédiaire, la Municipalité du lieu appelée & autres, si le Président le juge nécessaire : ensemble les parties intéressées ;

37.°, Le prix des indemnités sera payé sur une somme de 5000^{tt} destinée à cet objet, & en cas d'insuffisance, l'excédent sera réparti sur toutes les propriétés de la Province ;

38.°, Les Bureaux intermédiaires adresseront à la Commission intermédiaire Provinciale, un état de tous les édifices publics qui se trouvent dans l'étendue de leur Élection, & dont l'entretien est à la charge des Communautés ; ils y joindront un Mémoire des demandes & besoins des paroisses relativement à cet objet ;

39.°, Les Bureaux intermédiaires enjoindront aux Municipalités, de leur adresser chaque année, avant le quinze Septembre, un Procès verbal, dressé sans frais, de l'état où se trouvent les édifices publics, comme Nefs d'Églises, Presbyteres, Cimetieres, &c. dont l'entretien est à la charge de la paroisse, ensemble un Devis estimatif des réparations à y faire ;

40.°, Le Roi sera instament supplié de continuer d'acorder à sa

Province du Poitou, des fonds pour être employés en ateliers de Charité;

Ces ateliers ne feront placés qu'à la demande des Communautés ou des particuliers qui feront une foumiffion par écrit, de contribuer pour un tiers à la dépenfe des ouvrages proposés; l'exécution de ces ouvrages fera réglée & furveillée par les Bureaux intermédiaires;

41.°, Les Bureaux intermédiaires feront chargés de recevoir les demandes & foumiffions faites à ce fujet; ils joindront aux comptes qu'ils en rendront à la Commiffion intermédiaire, leurs obfervations fur l'utilité des travaux proposés;

42.°, Tous les propriétaires riverains des Routes, feront tenus d'y faire les plantations néceffaires; la Commiffion intermédiaire veillera à ce que les alignemens & diftances foient exactement fuivis; il fera payé aux riverains 12ſ par arbre pour foffe & plantation, 10ſ au bout de 3 ans pour tout arbre vif, & 10ſ au bout de 10 ans, fi l'arbre eft de belle venue;

43.°, La Commiffion intermédiaire eft chargée de faire, relativement aux fommes payées par cette Généralité, pour les Canaux de Picardie & de Bourgogne & pour la navigation de la Charente, toutes les démarches qu'elle jugera convenables à l'intérêt de la Province.

La séance a été renvoyée à cinq heures du foir du même jour.

Signé, † M. L. Évêque de Poitiers.

Giraudeau, *Secrétaire-Gréfier.*

Du Samedi, *8 Décembre*, *à cinq heures du foir.*

Sur le compte qui a été rendu par le Bureau des Travaux publics, du travail extraordinaire du fieur Paulleau, Agent-Géographe de l'Adminiftration, l'Affemblée a arrêté qu'il lui feroit donné une fomme de 300ᵗᵗ par forme de gratification, fans tirer à conféquence pour l'avenir.

La féance a été indiquée au Lundi, 10 du mois de Décembre, à neuf heures du matin.

Du Lundi, 10 Décembre, à neuf heures du matin.

Lecture a été faite du Procès verbal des deux précédentes féances.

M. le Préfident a annoncé que MM. les Avocats devoient venir en Députation, complimenter l'Affemblée.

Quatre de MM. ont été priés de les aller recevoir au haut de l'efcalier.

MM. les Députés de l'Ordre des Avocats, arivés & introduits dans la Salle des féances, ont pris place fur des fieges qui leur avoient été préparés en avant du Bureau de MM. les Procureurs-Syndics.

M. de Beauvallon, Bâtonier, a prononcé un difcours auquel M. le Préfident a répondu.

MM. les Députés fe font levés, & ont été reconduits avec les mêmes honeurs.

Deux de MM. l'un de l'Ordre de la Nobleffe & l'autre de celui du Tiers-État, ont été priés d'aller remercier l'Ordre des Avocats, dans la perfone de M. de Beauvallon.

M. le Préfident a enfuite propofé de procéder au remplacement de M. Clerc de la Salle, qui avoit été nommé Membre de la Commiffion intermédiaire Provinciale.

Les fuffrages recueillis dans la forme prefcrite, M. Lamarque, Confeiller au Préfidial, a été élu d'une voix unanime pour remplir cette place.

Il a été donné lecture d'une Requête de MM. les Curés de cette Ville, dans laquelle ils expofent que la modicité des revenus de leurs Cures ne leur fournit pas la fubfiftance néceffaire, que ce revenu eſt même au deſſous de l'anciene portion congrue : ils ſupplient l'Aſſemblée de prendre en conſidération leur réclamation, & de l'apuier auprès de Sa Majeſté, pour leur procurer une augmentation néceſſaire à leur exiſtence.

M. le Préſident a dit qu'un des moyens de procurer cette augmentation à MM. les Curés de la Ville, ſeroit de réunir une partie des Cures, qui effectivement étoient trop nombreuſes en cette Ville, & a prié l'Aſſemblée de ſe réunir à lui pour ſolliciter cette réunion.

L'Aſſemblée a arrêté qu'elle concourroit avec empreſſement à l'exécution de ce projet, & quelle s'en raporteroit ſur le choix des moyens de pourvoir à la dotation des Cures de cette Ville, à la prudence & à la ſageſſe de M. l'Évêque de Poitiers.

La ſéance a été renvoyée à cinq heures du ſoir.

Signé, † M. L. Évêque de Poitiers.

GIRAUDEAU, *Secrétaire-Gréfier.*

Du Lundi, 10 Décembre, à cinq heures du ſoir.

La ſéance a été indiquée au lendemain, neuf heures du matin, & l'Aſſemblée s'eſt ſéparée pour aller travailler dans les Bureaux.

Signé, † M. L. Évêque de Poitiers.

GIRAUDEAU, *Secrétaire-Gréfier.*

Du Mardi, 11 Décembre, à neuf heures du matin.

Lecture a été faite du Procès verbal des deux précédentes ſéances.

MM. les Procureurs du Préſidial ſont venus complimenter l'Aſſemblée, ils ont été reçus par quatre Députés qui les ont introduits dans la Salle des ſéances & conduits à des ſiéges qui leur avoient été préparés en avant du Bureau de MM. les Procureurs-Syndics.

M. Chevallier des Gouberies, premier Syndic, a prononcé un difcours auquel M. le Préfident a répondu.

MM. les Procureurs fe font levés, & ont été reconduits avec les mêmes honeurs.

Il a été nommé deux Députés pour aller les remercier dans la perfone de M. Chevallier des Gouberies.

Le Bureau du Bien public a fait les Raports fuivans :

MESSIEURS,

RAPORT
SUR
L'AGRICULTURE.

LE Bureau du Bien public n'a pu fe flater de pouvoir aprofondir, pendant les courts inftans de la tenue de vos féances, l'état actuel de l'Agriculture dans cette Province.

Des Mémoires particuliers fur les méthodes ufitées dans les différentes Élections, peut-être même dans chaque paroiffe, une connoiffance exacte du fol, de l'induftrie des habitans, de leur population, de leurs débouchés.... étoient des renfeignemens préliminaires qui nous étoient indifpenfables. Sans ce fecours, tout l'édifice de notre travail auroit porté fur des bâfes incertaines, & peut-être nous ferions-nous laiffés entraîner à ces déclamations vagues fur l'Agriculture, qu'on répete fans ceffe & qui n'ont jamais produit aucun bien.

La nature du terrain, la culture, les productions font plus variées que les paroiffes mêmes. Le voyageur ne peut faire un pas fans fouler une terre étrangere en quelque forte à celle qui l'avoifine.

Cette variété eft encore plus fenfible peut-être dans la Province du Poitou que dans aucune autre du Royaume.

Ici, ce font des plaines affez vaftes, quelquefois grâffes & fertiles, quelquefois arides & ftériles : les eaux font le principe de toute végétation, c'eft en quelque forte l'âme de la nature, & cette Généralité n'offre prefque point de rivieres & peu de ruiffeaux : une partie de la Province eft couverte de landes & de bruyeres :

une autre eft coupée de haies & de buiffons : ailleurs, des arbres
environent chaque champ & forment comme un bocage continuel.
Souvent ces fols fe mêlent ; la culture d'un terrain n'eft pas celle
qui convient au champ voifin : près d'une terre compacte, on
remarque une terre fine, légere, fâbloneufe : là, le fol eft argileux :
ici, il eft couvert de pierres & de cailloux : plus loin, font des marais
dérobés à la Mer ou arrachés du fein des eaux douces qui les cou-
vroient prefque toute l'année.

Vous le favez, Meffieurs, la variété de terrain néceffite celle de
la culture : ainfi point de regles générales à établir ; chaque paroiffe
& prefque chaque piece de terre founiroit une exception.

Ces confidérations ont fufpendu notre travail, enchaîné le défir
que nous avions de vous être utiles, & ne nous ont laiffé que le
regret de n'avoir aucun réfultat à vous offrir.

Nous avons jugé qu'il feroit prématuré de vous propofer au
hazard, des Plans qui feroient fans ceffe contrariés par une localité
qui nous étoit inconnue, & nous nous bornons à vous engager à
charger votre Commiffion intermédiaire d'écrire à toutes les Municipalités, une Lettre circulaire, & divisée par articles, dans laquelle
elle leur demandera des renfeignemens clairs, précis & détaillés
fur les divers objets qui pourront fervir à éclairer les Délibérations
que vous aurez à prendre lors de la prochaine tenue de vos féances.

Mais, Meffieurs, dès ce moment, un moyen puiffant d'acquérir
les lumieres qui vous font néceffaires, vous eft indiqué par le Gouvernement : dans un grand nombre des Villes principales du
Royaume, des Sociétés d'Agriculture fe font formées, & l'utilité
de leurs recherches a juftifié l'atente publique. Les Mémoires de la
Société de Paris, dépoferont dans tous les temps en faveur de ces
Inftitutions précieufes dont on s'eft occupé trop tard : des Prix
même font acordés à l'art de cultiver la terre, long-temps fans
doute après que les arts futiles ont été encouragés.

M. le Commiſſaire du Roi, dont le zele embraſſe tout ce qui peut contribuer à l'avantage de cette Province, vous a proposé un pareil établiſſement dans cette Ville, ſous le nom de *Société d'Agriculture*; les Correſpondans, diſperſés ſur la ſurface de cette Généralité, y recueilleront les faits, & y reporteront les lumieres acquiſes par l'expérience de tous les lieux & de tous les temps.

Mettre ce projet ſous vos ieux, ſuffit ſans doute à votre zele, & ce ſeroit vous méconoître que d'oſer inſiſter ſur ſon utilité: ſans doute vous chargerez votre Commiſſion intermédiaire de le réaliſer; ſes ſoins éclairés vous répondent du ſuccès.

RAPORT SUR LES MANUFACTURES. De tous les objets que vous nous avez chargé d'examiner, afin de vous en rendre compte, il n'en eſt point de plus digne de votre attention que le Commerce & les Manufactures. Le Commerce vivifie & anime l'Agriculture, en convertiſſant en richeſſes le ſuperflu de toutes les eſpeces de productions. Les Manufactures ſont une autre ſource de biens, puiſqu'elles laiſſent dans le pays, & le prix de la matiere premiere, & celui de la main d'œuvre, & qu'en offrant des moyens de travail, elles contribuent à banir l'oiſiveté & l'indigence.

Commerce. Nous déſirerions bien, Meſſieurs, pouvoir vous donner des lumieres ſur deux objets auſſi intéreſſans, & vous préſenter des moyens d'améliorer l'un & l'autre. Votre zele pour le bien public vous le faiſoit déſirer, & peut-être l'atendiez-vous de nous; mais, Meſſieurs, nous n'avons reçu aucun genre d'inſtruction, ni de détail qui nous mette à portée de vous propoſer des moyens particuliers de parvenir à ce but; & nous n'oſons vous propoſer les idées qui nous ſont propres, de peur de vous préſenter des erreurs. D'ailleurs, les productions qui font la matiere du Commerce en Poitou, ſont ſi variées dans cette vaſte Province, que nous ſerions téméraires, ſi nous n'atendions pas, pour en parler, des détails qui nous appriſſent quel
genre

genre de commerce eft propre à chaque lieu, de quels encouragemens il a befoin ; quels fecours on peut lui donner, afin de lui
procurer plus d'énergie. Cependant il y en a un général, qui feroit
de multiplier les communications de l'intérieur de la Province, dont
le défaut lui rend'inacceffibles les grands chemins dont elle eft
percée dans plufieurs de fes parties.

Nous n'avons également reçu aucunes,inftructions fur les Manu-   Manufactures;
factures, d'après lefquelles nous puiffions vous inviter à rechercher
des moyens pour relever celles qui font tombées, foutenir celles
qui chancelent, améliorer celles qui exiftent, en établir de nouveles. Nous efpérons que tous les bons citoyens, tous ceux qui
s'intéreffent au bonheur de leur Province, nous feront'paffer des
lumieres que nous pourrons, à l'avenir, vous tranfmettre.

Nous devons cependant, Meffieurs, avoir l'honneur de vous dire
que M. Vaugelade, Infpecteur des Manufactures de Poitou, nous
a fait remettre un excellent Mémoire concernant les Manufactures
de cette Province, qui contient des détails intéreffans fur la nature
des différens fols qu'elle renferme, fes différentes productions, les
différens genres de Commerce qui lui font propres. Nous n'aurons
point l'honneur de vous en rendre compte, parce qu'ils ne feroient
qu'enflamer votre défir pour le bien public, fans vous préfenter
aucun objet déterminé pour le fatisfaire. Nous croyons, Meffieurs,
que ce Mémoire mérite d'être dépofé dans vos Archives ; il poura
fournir, à l'avenir, des connoiffances très-utiles. Peut-être même
trouverez-vous bon de faire dire à fon Auteur que vous en êtes
fatisfaits, & de l'inviter à continuer fes recherches & fon travail au
fujet des Manufactures ; vous ne fauriez trop multiplier ces connoiffances.

M. Dupont, Négociant de cette Ville, & qui a l'honneur d'être
un des Membres de votre Affemblée, nous a auffi donné deux
Mémoires fur le même fujet, ils font remplis des vues d'un bon

Citoyen, & qui s'intéreſſe avec intelligence au bonheur de ſes compatriotes. Nous croyons qu'il mérite auſſi, Meſſieurs, d'être conſervé dans vos Archives, pour y avoir recours.

Le Bureau, dans ſon Raport ſur l'Agriculture, vient de vous manifeſter ſon vœu pour l'acompliſſement du projet formé par M. l'Intendant, d'établir dans cette Province, une Société Royale d'Agriculture, projet ſi propre à étendre les vues ſur l'Agriculture & le Commerce, à perfeétioner l'un & l'autre, à en enrichir le citoyen en l'inſtruiſant. Il nous a été remis un Mémoire fait par M. Ingrand, Avocat à Châtelleraud, qui contient des vues & un plan ſur un établiſſement de cette eſpece, qui nous a paru l'ouvrage d'un citoyen plein de zele & d'amour pour le bien public. Son plan eſt bien lié, bien ſuivi, ne préſente aucune dépenſe à faire; il veut que l'honeur ſeul & l'avantage de concourir au bien général, ſoient la récompenſe des ſoins & des peines conſidérables que ceux qui compoſeront ce Bureau d'Agriculture ſeront obligés de prendre; & il a la nobleſſe d'offrir d'en être un des Membre à ce prix. Nous croyons encore, Meſſieurs, que ce Mémoire doit être déposé dans vos Archives, pour être conſulté lorſque vous vous propoſerez de vous enrichir d'un établiſſement de ce genre, auſſi honorable qu'utile pour la Province dans laquelle il ſera formé. Si nous n'avons pas l'avantage de vous mettre ſous les icux quelque bien à faire dès ce moment, au moins avons-nous la ſatisfaétion douce & pure de vous faire connoître des citoyens honêtes & vertueux, qui s'occupent avec zele du bien de leur Patrie.

D'après ce que nous venons d'avoir l'honeur de vous propoſer, Meſſieurs, nous croyons qu'il eſt à propos, 1.°, de charger MM. vos Procureurs-Syndics de s'informer du genre de Commerce qui s'exerce dans chaque canton de la Province, quel eſt celui auquel il eſt propre;

2.°, Quels ſont les moyens de l'encourager & de l'améliorer?

Quelles font les caufes qui nuifent à fon accroiffement, ou même à fon exiftence? Quels font les obftacles qu'il y a à vaincre ;

3.°, Quels font les moyens de relever ou foutenir les Manufactures dans les lieux où il y en a, d'en établir où il n'y en a pas? Quelles font les entraves qui les gênent & les refferrent ?

4.°, D'engager tous les Membres de l'Affemblée à vous faire part de toutes les connoiffances qu'ils ont, ou pourront fe procurer relativement à ces deux objets, & demander les mêmes Inftructions aux Affemblées d'Élection ;

5.°, D'ordoner que les Mémoires de MM. Vaugelade & Dupont, concernant les Manufactures, avec le Mémoire envoyé par M. Ingrand, concernant l'établiffement d'un Bureau d'Agriculture dans cette Province, feront dépofés dans vos Archives, comme remplis de connoiffances utiles & de vues patriotiques.

Le Mémoire qui vous a été préfenté de la part des Officiers Municipaux de Châtelleraud, au fujet des Dépôts à Sel des pays limitrophes du Poitou, paroît, au premier coup d'œil, être de la compétence du Bureau de l'Impôt : mais, en confidérant que cette afaire concernoit effentiélement le commerce & les droits particuliers de la Province, vous avez jugé à propos d'en renvoyer l'examen au Bureau du Bien public, & il va vous en rendre compte :

RAPORT CONCERNANT une Déclaration du Roi, du 31 Août 1786, au fujet des Dépôts de Sel.

Les befoins preffans de l'État avoient forcé nos Souverains d'établir la Gabele, & de fixer le Sel à 30^{tt} le minot : mais des confidérations particulieres & des priviléges mérités, les engagerent à ne charger que du Quart de ce prix, le Poitou, la Saintonge, le pays d'Aunis & autres Provinces.

En 1537, François Ier ajouta à ce Quart, appelé vulgairement le *Quart Sel du Poitou,* un autre droit de *Demi-Quart,* deftiné à payer les gages des Officiers des Cours Souveraines.

Trois ans après, le Quart & le Demi-Quart furent fupprimés, &

l'on établit dans ces pays privilégiés, des Greniers à Sel, des Officiers & des Commis des Fermes.

Les troubles que produifirent ces changemens, donnerent lieu, en 1542, à une Affembléc des États dans la ville de Poitiers, où il fut convenu d'offrir au Roi, 200 mille écus, le rembourfement des Officiers & le paiement des droits de Quart & Demi-Quart, que l'on s'engagea de faire valoir 80,000ᵗᵗ par année.

En 1549, le Roi rétablit les chofes fur l'ancien pied, & donna des Lettres Patentes, qui adopterent le vœu & les offres de la Province pour la fuppreffion des Greniers à Sel, mais il fe réferva le droit de Quart & Demi.

Les exactions des Fermiers de ce Droit & de leurs Commis, exciterent de nouveles plaintes; alors fe prépara ce Contrat mémorable, qui rendit aux Provinces rédimées, la *Franchife du Sel*, c'eft-à-dire, la liberté de s'en fournir comme d'une denrée ordinaire & commerçable : ce Contrat qui fut enregiftré au Parlement, à la Chambre des Comptes & à la Cour des Aides, eft du 6 Décembre 1553; & nous allons, Meffieurs, en mettre fous vos ieux les importantes difpofitions :

On y voit, à la fuite des faits que nous venons de raporter, la détermination du Roi Henri II, d'acorder aux Provinces de Poitou, Saintonge, Aunis & autres, la faculté de racheter l'Impôt; l'ordre donné par le Souverain, d'y faire affembler les États & d'y nommer des Députés qui fuffent *garnis de Procurations fuffifantes* (ce font les termes de l'acte), pour *venir dire leur réfolution*. Le Monarque ftipulant enfuite pour lui & fes Succeffeurs, & les Députés des États, *FONDÉS COMME DESSUS, pour les États abfens & leurs fucceffeurs habitans defdits pays & ayant caufe*, Sa Majéfté, *par Contrat perpétuel & irrévocable fait avec lefdits États*, vend, quite, cede, délaiffe & tranfporte le droit de *Quart & Demi-Quart de Sel* èsdits pays, & fans que, eft-il dit, *Nous, ou nofdits succeffeurs Rois & ayant caufe, puiffions ores, ne pour l'advenir, relever & mettre fur ledit Quart & Demi, ne impofer aucun tribut, droit, devoir accoutumé, ou autre chofe quelconque, pour quelque caufe & affaire que ce foit, fur ledit Sel.*

Une autre difpofition permet aux fujets des pays ainfi rédimés, de *franchement & librement vendre, débiter, troquer, échanger, diftribuer & tranfporter, tant par mer que par riviere, que par terre, ledit Sel, tout ainfi que bon leur femblera, fans qu'ils puiffent être empêchés.* Il eft feulement ordoné de ne faire falorge, boutique ni amâs de Sel, à une lieue des limites des pays de Gabele; excepté dans *les Villes clôfes defdits pays rédimés de Quart, fi aucunes font plus prochaines des Gabeles.*

Enfin, le Souverain voulant mettre de lui-même un dernier Sceau à fes engagemens, promet *en bonne foi & parole de Roi, toutes lefdites chofes, felon leur forme & teneur, garder & obferver de point en point, & les garantir & défendre auxdits États perpétuélement & à toujours.*

A peine ce Contrat fut-il confommé, que les Traitans firent valoir, pour le détruire, l'intérêt de l'État, en obfervant que la liberté acordée de vendre du Sel, donnoit lieu à des verfemens dans les pays de Gabele. Sur ces raifons fpécieufes, ils obtinrent un Arrêt du Confeil revêtu de Lettres Patentes, le 15 Mars 1557, qui établit un Dépôt à Sel dans la ville de Châtelleraud, éloignée de cinq lieues des frontieres de la Touraine foumife à la Gabele; & ce Dépôt a été le premier de la Province.

Cependant l'Arrêt conferve » les habitans de Châtelleraud comme » faifant partie du Poitou, dans la liberté & droit de vendre en » pleine place les jours de marchés ordinaires, depuis le Soleil » levant jufqu'au Soleil couchant, le Sel deftiné pour la Ville & » les Faux-bourgs, à la charge de remettre le furplus dans le Dépôt,

» dont le Maire ou autre principal habitant auroit une clef, &
» le Commis de l'Adjudicataire une autre. »

Cet Arrêt porte encore » qu'à chaque jour de marché, l'Adju-
» dicataire *rendroit le Sel aux propriétaires, pour être remis en*
» *vente;* que pour fubvenir aux befoins du pauvre ou de ceux qui
» ne pouroient fe rendre à la Ville que les jours de marché, les
» habitans *auroient le droit de nommer jufqu'à douze perfonnes* pour
» prendre du Sel au Dépôt, & le débiter à petite mefure. »

Ce premier pas fait contre le droit & la liberté d'une partie de la
Province, les plaintes & les accufations des Traitans recomencerent
encore : & ces Droits reçurent une nouvele atteinte par des établiffemens de Dépôt à Sel, femblables à celui de Châtelleraud,
dans toutes les frontieres des Provinces rédimées, à cinq lieues
des pays de Gabele.

En 1617, fur des bruits qui fe répandirent que le Roi vouloit
établir des Greniers à Sel dans toutes les Provinces franches, les
affujétir à la Gabele & y augmenter le prix du Sel, Louis XIII
rendit une Déclaration expreffe, pour confirmer leurs priviléges,
fans permettre qu'elles y fuffent *aucunement troublées.*

Une Ordonance rendue au fujet des Dépôts en 1660, donna
lieu à des conteftations très-vives entre les habitans des cinq lieues
limitrophes qui défendoient leurs droits ataqués, & les Fermiers
du Roi, qui s'efforçoient de les détruire. Enfin, en 1680, parut
l'Ordonance des Gabeles, qui fixa le nombre des Greniers à Sel
dans toutes les Provinces rédimées, & laiffa aux habitans des pays
libres, la faculté de fournir de Sel les Dépôts, en obfervant plufieurs
formalités prefcrites.

En 1722, cette faculté fut encore reftreinte. On exigea que les
Marchands priffent des Commiffions des Juges pour fournir les
Dépôts : & dans la fuite, ces Marchands fourniffeurs, connus

généralement fous le nom de *Minotiers*, reçurent leur Commiſſion du Fermier même, & devinrent révocables à ſa volonté.

Tel étoit l'état des choſes, lorſqu'un Arrêt du Conſeil, ſurpris à
la religion du feu Roi, en 1773, attribua à l'Adjudicataire des
Fermes, *le Privilége excluſif* d'aproviſioner les Dépôts dans les
cinq lieues des Provinces rédimées, qui, juſque-là, avoit été
conſervé aux Minotiers, & établit une regle fort ſingulière pour
meſurer le Sel qui devoit être débité aux conſommateurs. Cette
regle, Meſſieurs, étoit de paſſer le Sel par une *trémie* à deux grilles,
d'où il devoit tomber lentement dans la meſure diſpoſée pour ſe
recevoir ; tandis que ſuivant les Réglemens antérieurs, le Sel devoit
être meſuré *à pelle renverſée.*

Cet Arrêt n'étoit pas encore enregiſtré à la Cour des Aides. Les
Officiers Municipaux de Châtelleraud, pleins de zele pour défendre
les droits de leurs concitoyens, s'empreſſèrent de porter leurs repréſentations au pied du Trône, & de former oppoſition à l'enregi-
ſtrement de l'Arrêt. Ils ſe réunirent aux Provinces d'Auvergne &
de Limoſin, auxquelles ſe joignirent les Officiers Municipaux
de la ville de Thouars. Tous repréſenterent que » Les demandes
» des Fermiers Généraux, ſur leſquelles étoit intervenu l'Arrêt
» du 3 Octobre 1773, étoient le complément du ſyſtême d'enva-
» hiſſement des priviléges des Provinces rédimées, qu'ils avoient
» conçu depuis plus d'un ſiecle. »

» Qu'en effet, pour peu qu'on y fît attention, on connoîtroit
» par combien de degrés cet événement avoit été préparé. »

» Que la vente étoit totalement libre, au moyen des conven-
» tions faites avec ces Provinces, & des ſommes dont elles avoient
» contribué lorſqu'on impoſa la formalité gênante des Dépôts à
» l'extrémité des pays rédimés, par laquelle ils touchent aux pays
» de Gabele. »

» Qu'il étoit vrai que cet établiſſement étoit antérieur à l'Ordo-

» nance de 1680 ; mais que, quoique cette Ordonance en eût fixé
» irrévocablement les regles & la discipline, cependant, en 1722,
» au lieu de laisser aprovisioner les Dépôts indifféremment par tout le
» monde, on avoit exigé que les Marchands prissent Commissions
» des Juges ; qu'ensuite elles étoient devenues des Commissions du
» Fermier, révocables selon sa volonté : au moyen de quoi il ne
» restoit plus que d'établir en sa faveur, la vente exclusive du Sel,
» & que c'étoit ce qu'avoit fait l'Arrêt du 3 Octobre 1773. »

» Qu'à la vérité il étoit bien dit que le prix seroit fixé sur celui
» des Salorges les plus voisines ; mais que cette vente exclusive
» une fois établie, il étoit difficile de rassurer les habitans des Pro-
» vinces rédimées, sur la crainte que ce prix ne fût successivement
» augmenté, soit par des pour Sous livre établis par le Gouver-
» nement, soit par des prétextes que trouveroient les Fermiers
» généraux eux-mêmes. »

» Que d'ailleurs, se trouvant maîtres de la totalité de la den-
» rée, dans une partie de la Province, qui est plus d'un cinquieme
» de l'Auvergne, il étoit vrai-semblable qu'ils influeroient aisément
» sur le prix du Sel dans les Salorges du pays libre. »

» Que cette regle s'étendroit petit à petit dans la Province où
» les Dépôts n'ont pas été établis. »

» Qu'enfin ce fournissement de Sel, fait par les Fermiers généraux, détruiroit une branche de commerce très-utile non seule-
» ment aux Provinces où les Dépôts sont établis, mais encore à
» toutes celles qui se trouvent entre ces Provinces & la Mer, les-
» quelles trouvoient dans le trafic & voiturage de ce Sel, des res-
» sources très-avantageuses, & que c'étoit porter un préjudice très-
» grand à ces Provinces dans le moment présent, & leur en faire
» envisager de bien plus grands pour l'avenir, sans que ces maux
» pussent être balancés par un avantage notable pour les Finances
» de l'État. »

Les

Les Fermiers oppofoient à ces raifons, celles qu'ils ont toujours mifes en avant pour déguifer leurs deffeins ; les inconvéniens de la fraude, l'intérêt de l'État & l'augmentation qu'ils payoient au Roi, pour prix de ces nouveaux avantages ; raifons qui feroient auffi fortes pour renverfer & violer fucceffivement tous les droits, que pour n'en ataquer qu'une partie. Ce fut, fans doute, Meffieurs, ce qui frapa notre Augufte Monarque, aujourd'hui régnant, dont la juftice & la bonté fe déployèrent dans un Arrêt du 14 Octobre 1774, où on lit que, » Sa Majefté, après s'être fur le tout fait » repréfenter l'Arrêt du 3 Octobre 1773, il lui auroit paru que fon » exécution, fi elle avoit lieu, cauferoit un préjudice notable à » fes Provinces d'Auvergne, du Limofin, & *autres rédimées* des » Droits de Gabele ; qu'il étoit de fa juftice de les maintenir dans leurs priviléges ; *vu,* eft-il ajouté, *ledit Arrêt* du 3 Octobre 1773, veut Sa Majefté, *qu'il demeure comme non avenu ; & tout ce qui s'en eft enfuivi ; ordone en conséquence, que les Fourniffeurs & Minotiers des Dépôts établis dans les Provinces rédimées des Droits de Gabele, continuéront d'aprovifioner les Dépôts comme auparavant l'Arrêt.*

Mal-gré cette Loi formele, l'Adjudicataire des Fermes entreprit encore, l'année fuivante, d'aprovifioner le Dépôt de Thouars ; mais les juftes réclamations de cette Ville furent écoutées. Elle obtint un nouvel Arrêt qui obligea l'Adjudicataire de retirer fon Sel.

Les habitans des pays rédimés fe repofoient fur des titres fi facrés & tant de fois confirmés, lorfqu'on furprit au Roi, le 31 Août 1784, une nouvele Déclaration, contenant mot pour mot, article par article, toutes les difpofitions de l'Arrêt du Confeil de 1773, révoqué par celui de 1774 ; entr'autres le privilége exclufif acordé au Fermier de fournir du Sel, & l'ufage de la trémie à deux grilles pour le mefurer.

Cette Déclaration, rendue le 31 Août, fut enregiftrée en la

S f

Cour des Aides de Paris, dès le 4 Septembre, mais elle ne fut connue qu'au mois de Décembre suivant; & dans cet intervalle, le Fermier se hâta de faire emmagasiner clandestinement des Sels dans tous les lieux qu'il se promettoit d'aprovisioner à l'avenir, & d'y construire ses trémies.

Les villes de Thouars & de Châtelleraud ont encore fait des réclamations, secondées par le zele infatigable & les soins de M. le Marquis de la Rochedumaine & de M. l'Abbé Riguet, Membres de cette Assemblée; & l'on a obtenu de M. de Calonne, pour-lors Contrôleur Général, une lettre adressée aux Fermiers généraux, pour surseoir à l'exécution de cette Déclaration destructive de la liberté & des droits des pays rédimés.

La Cour des Aides de Clermont n'a point enregistré la Déclaration du mois d'Août 1786, & la Province d'Auvergne a obtenu un sursis à l'enregistrement refusé par cette Cour des Aides; mais pour les pays limitrophes du Poitou, la Loi revêtue de toutes ses formes, n'a point été révoquée; le Fermier peut, à tout moment, la mettre à exécution; les Sels qu'il a fait rendre sur les lieux, il les tient toujours dans des magasins; & la trémie toujours subsistante, toujours prête, semble une machine de guerre élevée, qui menace continuélement les habitans.

Le Bureau a l'honeur de vous proposer, Messieurs, de porter au nom de l'Assemblée, au pied du Trône, les justes réclamations de la Province pour la révocation de la Déclaration du 31 Août 1786. Quoique cette Loi ne semble toucher qu'à une partie de la Province, elle l'intéresse toute entiere, notament dans son commerce de Sel, puisque par les nouveaux arangemens, c'est en Bretagne & non en Poitou, que les Fermiers doivent s'aprovisioner; mais la Capitale, sur-tout, doit être vivement alarmée de leurs entreprises. En 1660, époque de l'établissement des Greniers à Sel dans la Province, Poitiers se trouvoit éloigné de 10 lieues de ces Dépôts;

mais depuis qu'il s'en eft établi un à Mirebeau, cette Ville n'en eft plus éloignée que de 5 lieues. Enfin, l'Adjudicataire peut faire fur elle, la même tentative qu'il vient de faire fur Riom & Aubuffon, Villes qui jouiffoient de la même franchife que Poitiers, & où néanmoins la Déclaration de 1786 ordone des établiffemens de Dépôt comme à Châtelleraud.

Les motifs fur lefquels vous fonderez vos repréfentations, font à peu-près les mêmes que ceux qui furent exposés au Roi en 1774, & qui toucherent l'âme jufte & bienfaifante de Sa Majefté. Voici où l'on peut les réduire :

Premiérement, l'aprovifionement des Dépôts, attribué excluſivement au Fermier qui prendra fes Sels dans la Bretagne, ôte à la Province, le débit & le produit d'une denrée qu'elle avoit prife jufqu'à préfent fur elle-même ;

Secondement, cet aprovifionement fait par le Fermier, en Bretagne, détruit encore une branche de commerce dans l'intérieur du Poitou : ce commerce fe fait par le moyen des voitures des Minotiers qui vont chercher le Sel à une extrémité de la Province pour le conduire à l'autre ; un fait affez récent, en fournit une preuve bien fenfible : en 1785, une partie du Poitou, vers Niort, qui fe trouvoit dans la difete, fut fecourue avec des blés que l'on tiroit de Châtelleraud ; & ils coûtoient peu de frais de tranfport, parce que les voitures qui amenoient ce Sel, retournoient chargées de blé ;

Troifiémement, la qualité du Sel du Poitou & de l'Aunis eft fupérieure aux autres. Celui de Bretagne où s'aprovifione le Fermier, eft un Sel creux, qui fale peu & eft mêlé de terre. On peut s'affurer de ce fait par la feule infpection du Sel qui fe vend dans les Dépôts aprovifionés par la Ferme générale. Ce Sel pefe à peine quatre-vingt livres le Minot, tandis qu'il devroit en pefer cent. Ce feroit parconféquent une perte d'un cinquieme pour les parties

de la Province que l'on voudroit affujétir à recevoir cet aprovifionement.

Quatriémement, l'Adjudicataire réuffiffant dans fon entreprife,
fupprimeroit les places de Minotiers dans tous les lieux où font
établis les Dépôts. Ces places font des reffources pour des familles
de la Province; le bénéfice de leur produit fe confomme dans la
Province. C'eft un des priviléges, ou plutôt des droits auxquels
la célebre Ordonance de 1680 n'avoit pas cru devoir toucher,
& c'eft pour les cantons qui ont le malheur d'être limitrophes,
l'unique dédomagement qu'on leur ait laiffé, en leur ôtant cette
franchife abfolue qu'ils ont cependant achetée & payée comme le
refte de la Province.

Cinquiémement, le mefurage du Sel à la trémie, prefcrit par
la nouvele Loi, ajoute encore à la perte qui doit réfulter de la
mauvaife qualité du Sel. Cette denrée qu'on mefure à la trémie,
retardée dans fa chute par deux grilles pofées l'une au deffus de
l'autre, tombe légérement & lentement : & l'on a foin de retirer
le boiffeau qui la reçoit, auffi-tôt qu'il paroît plein, fans donner
au Sel, le temps de fe raffeoir. Il eft fenfible qu'une diminution
réele de quantité, avec l'apparence d'une même mefure, doit être
le feul réfultat de cette finguliere invention.

Sixiémement, tant de difficultés, tant d'entraves pour la con-
fommation indifpenfable du Sel, formeroient une contradiction
bien frapante avec les attentions paterneles du Gouvernement,
qui nous recomande en ce moment même, par des inftructions
expreffes, de foigner, de conferver, de régénérer le bétail, en lui
donnant du Sel.

Vous ne manquerez pas d'obferver, Meffieurs, fur les récrimina-
tions des Traitans, de verfemens de Sel des pays libres dans les
pays de Gabele, qu'on pouvoit en conclure quil faudroit pouffer
leurs Dépôts jufqu'aux dernieres extrémités de la Province; &

qu'avec les raisons tirées des inconvéniens de la fraude, & de l'augmentation des revenus de l'État, il n'y a point de droits ni de traités qu'on ne pût violer, ni de propriétés qu'on ne pût envahir.

Que de telles vues seroient opposées aux intentions d'un Souverain qui a déja marqué son regne par tant de traits de sagesse, de justice, de bienfaisance & d'humanité ! Ce fut à toutes ses vertus que nous dûmes la révocation de la Loi alarmante de 1774 ; nous leur devrons, n'en doutons point, la révocation d'une Loi semblable, surprise à sa bonté ; la confirmation de sa promesse sacrée, est celle des engagemens de ses Augustes Prédécesseurs.

Vous nous avez ordoné de jeter nos regards sur ce qui intéresse l'éducation publique que vous avez jugés devoir prendre en considération. Pénétrés de la situation où se trouve réduit le Collége, autrefois si florissant, de cette Ville, par le défaut de réglement & par la privation d'une partie de ses biens, nous avons mis sous vos ieux, le résultat de nos réflexions à ce sujet, tendant à supplier Sa Majesté de rétablir le Collége de Sainte-Marthe dans la jouissance de tous les bénéfices qui lui ont été unis, & qui sont soumis à la Régie des Économats, en vertu des Lettres Patentes du 2 Février 1763.

Raport relatif à l'établissement d'une École Militaire.

Nous soumettons aussi, Messieurs, à vos lumieres & à votre sagesse, le projet d'un établissement bien digne de fixer l'attention de citoyens vertueux.

Cet établissement, qui nous a paru réunir tous les avantages d'une excellente éducation, feroit naître, ou augmenteroit le goût des Sciences, des Lettres & des Arts ; attireroit dans cette Capitale, un plus grand nombre de consommateurs, & deviendroit un asyle assuré pour la jeune Noblesse pauvre de cette Province & des Provinces voisines.

Vous voyez déja, Meſſieurs, que notre deſſein eſt de vous propoſer de ſolliciter de la bonté du Roi, l'établiſſement d'une École
Militaire pour cette Ville; la ſuppreſſion de celle de Paris, l'augmentation prochaine du nombre des Éleves promiſe par Sa Majeſté, vous offrent une circonſtance favorable dont votre amour pour
le bien public ſaura profiter.

Une École Militaire dans la ville de Poitiers, telle qu'elle eſt
conçue, ſeroit au moins compoſée de deux cens perſones, dont
la dépenſe annuele ne ſauroit être moindre de 150,000ᵗᵗ: on ne peut
calculer celle des Écoliers externes, dont le nombre augmenteroit,
étant attirés par une auſſi bonne éducation.

La ſituation de cette École ſeroit à la portée du Berry, de la
Marche, du Limoſin, du Périgord, de l'Angoumois, de la Saintonge & de l'Aunis. Toutes ces Provinces n'ont point d'École
Militaire, & la plupart en ſont fort éloignées. Il eſt arivé que
des Gentilshommes pauvres qui avoient obtenu un Brevet du Roi,
pour leurs enfans, n'étoient pas dans le cas de profiter de cette
faveur qui exigeoit un voyage trop diſpendieux.

Souffrez, Meſſieurs, que nous ſoyons ici les interpretes de cette
portion de la Nobleſſe, qui, après avoir bien ſervi l'État, rentre
dans ſes foyers pour n'y trouver que l'image & ſouvent la réalité de
l'indigence; de ces orphelins, dont les peres ont cimenté de leur
ſang, la gloire & la ſûreté de la Patrie. Cette Nobleſſe réclame,
par notre voix, votre médiation auprès du Souverain, pour obtenir
de ſa bonté, un établiſſement auſſi avantageux pour elle.

Si vous aviez beſoin, Meſſieurs, pour exciter votre ſenſibilité,
d'un grand exemple de bienfaiſance en ce genre, vous le trouveriez
parmi vous, dans la perſone d'un digne Prélat, M. de Luçon,
qui vient d'ouvrir un aſyle à ces jeunes infortunées, qui, n'ayant
pour toute reſſource que les titres d'une nobleſſe onéreuſe, ſont

dans l'impoſſibilité de ſe procurer une éducation convenable à leur naiſſance. Sa piété compatiſſante eſt venue à leurs ſecours; il s'eſt déclaré leur apui & leur Pere.

Quel avantage pour cette Province, ſi elle peut ſe flater d'avoir un jour, pour la jeune Nobleſſe des deux ſexes, deux établiſſemens auſſi utiles & auſſi déſirables!

Le zele ardent du bien public qui anime M. le Préſident, nous eſt un ſûr garant qu'il travaillera à partager avec ſon reſpectable Collegue, la gloire d'être le bienfaicteur de la Nobleſſe du Poitou, s'il eſt prié de mettre au pied du Trône, le vœu de cette Aſſemblée pour l'établiſſement d'une École Militaire dans la ville de Poitiers.

L'Aſſemblée délibérant ſur les différens Raports, a arrêté ſur le premier,

1.º, De ſolliciter auprès de Sa Majeſté, l'établiſſement d'une Société d'Agriculture dans la ville de Poitiers, & la Commiſſion intermédiaire a été chargée d'en former le plan;

2.º, Que les Membres de l'Aſſemblée Provinciale & ceux des Élections, ſeront invités à envoyer à la Société d'Agriculture ou à la Commiſſion intermédiaire, des Mémoires où ils feront connoître,

1.º, Quelle eſt la culture en uſage dans leurs cantons, & les moyens de la perfectioner?

2.º, S'il y a des terres en friche, & quel parti on pourroit en tirer?

3.º, Si les terres en cultures ſont employées aux productions les plus utiles, & quelle ſorte d'encouragement on pourroit donner aux Cultivateurs?

L'Aſſemblée a déſigné le ſieur Deneſle, pour en être le Secré-taire perpétuel, aux apointemens de 600ᵗ.

Sur le fecond, MM. les Procureurs-Généraux-Syndics s'informeront,

1.°, Du genre de Commerce qui fe fait dans chaque canton de la Province;

2.°, Des moyens de l'encourager & de l'améliorer, des caufes qui nuifent à fon accroiffement, ou même à fon exiftence, & des obftacles qu'il a à vaincre;

3.°, Des moyens de relever ou foutenir les Manufactures dans les lieux où il y en a, d'en établir où il n'y en a pas, & quelles font les entraves qui les gênent & les refferrent?

4.°, Que tous les Membres des Affemblées Provinciales d'Élections, font invités à lui faire part de toutes les connoiffances qu'ils ont ou pouront fe procurer relativement à ces deux objets;

5.°, L'Affemblée ayant jugé que les Mémoires de MM. Vaugelade & Dupont, concernant les Manufactures, & celui envoyé par M. Ingrand, fur l'établiffement d'un Bureau d'Agriculture dans cette Province, contenoient des connoiffances utiles & des vues patriotiques, a arrêté qu'ils feront dépofés au Grêfe de l'Adminiftration.|

L'Affemblée, perfuadée que la Déclaration du 31 Août 1786, étoit très-nuifible au commerce des Sels de cette Province, a été unanimement d'avis d'en folliciter la révocation; elle a prié M. le Préfident de vouloir bien porter fes réclamations au pied du Trône, & d'interpofer fes bons offices pour l'obtenir.

L'Affemblée adoptant le Projet propofé par le Bureau, a été unanimement d'avis que Sa Majefté fera fuppliée d'ordoner l'établiffement d'une École Militaire en cette Ville.

M. l'Évêque de Luçon a fait part à l'Affemblée, de l'établiffement qu'il a formé dans fa Ville Épifcopale, d'une Maifon d'éducation pour les Demoifelles de tous les etats, & dans laquelle feront fondées

dées des penſions gratuites en faveur des jeunes Demoiſelles de condition de cette Province, hors d'état de ſe procurer une éducation conforme à leur naiſſance; il a aſouté qu'il prioit l'Aſſemblée de s'intéreſſer à cet établiſſement & de l'apuier de ſes bons offices.

L'Aſſemblée a applaudi aux vues nobles & patriotiques de M. l'Évêque de Luçon, & a prié M. le Préſident de faire les démarches néceſſaires à la réuſſite d'un Projet auſſi avantageux à la Province, & d'en écrire notament à Monſeigneur Comte d'Artois, Monſeigneur le Duc d'Orléans, Monſeigneur l'Archevêque de Toulouſe, Monſeigneur l'Évêque d'Autun & à Monſeigneur l'Évêque de Saint-Omer.

La séance a été renvoyée à cinq heures du ſoir de ce jour.

Signé, † M. L. Évêque de Poitiers.

GIRAUDEAU, *Secrétaire-Gréfier.*

Du Mardi, 11 Décembre, à cinq heures du ſoir.

L'Aſſemblée délibérant ſur le Raport fait par le Bureau du Réglement & de la Comptabilité, dans une de ſes précédentes séances, ſur les différens Réglemens & Inſtructions concernant la formation & compoſition des Aſſemblées Provinciales, a arrêté que le projet de l'article XIV proposé par le Bureau, au ſujet de la préſidence des Aſſemblées Municipales, ne peut être adopté; que mention en ſera faite, par le Secrétaire-Gréfier, en marge de cet article & par lui ſigné; que cedit article XIV, du 12 Juillet dernier, ſera exécuté; & qu'atendu que ce Raport contient une infinité d'articles dont la briéveté des séances ne permet pas de s'occuper, il reſtera déposé au Gréfe de l'Adminiſtration, pour en être délibéré à la première Aſſemblée.

T t

M. le Préfident a dit :

MESSIEURS,

Arivés au terme qui nous a été preſcrit pour la durée de nos ſéances, qu'il nous ſoit permis de nous arrêter un inſtant, & de porter nos regards en arriere ſur le point dont nous ſommes partis.

Étrangers, pour la plupart, aux travaux auxquels nous avons été livrés, nous avons dû, dans l'eſpace d'un mois, parcourir toutes les branches d'une vaſte Adminiſtration : votre activité a ſuppléé au temps qui vous manquoit, & vous avez diſcuté tous les objets dont les ordres de Sa Majeſté vous faiſoient une loi de vous occuper.

Dès l'ouverture de vos ſéances, une grande & importante quéſtion s'eſt offerte à votre déciſion : preſsés entre le vœu de votre cœur qui vous portoit à prévenir les déſirs du meilleur des Rois, & l'impoſſibilité où ſe trouvoit la Province de faire de nouveaux éforts, vous avez eſpéré que la bonté paternelle de Sa Majeſté ne verroit que notre impuiſſance & nos regrets.

Dans l'examen de la marche d'une Adminiſtration, il eſt plus facile de découvrir les abus que les moyens d'y remédier ; vous avez donc jugé qu'il étoit plus prudent de n'avancer que lentement vers le bien, que de précipiter des démarches au hazard ; & la ſageſſe a dirigé vos délibérations.

Il auroit été plus brillant d'opérer des révolutions heureuſes, de former, dès les premiers pas, des changemens nombreux : mais il eſt plus ſûr de ne les tenter qu'avec le flambeau de l'expérience & de la réflexion.

Nous porterons, Meſſieurs, dans les divers cantons de la Province que nous habitons, le zele dont nous nous ſommes pénétrés ; les peuples que vous avez éclairés ici par vos lumieres, ſeront guidés par vos exemples, & vous ne cesserez jamais de travailler à leur bonheur.

Plusieurs objets, Messieurs, vous ont paru mériter l'attention la plus sérieuse, vous les méditerez dans le silence du cabinet, & vous apporterez à cette Assemblée de nouveles lumieres, un nouveau zele; & la flateuse espérance de nous réunir bientôt, adoucira le regret que nous avons de nous séparer.

Si une santé qui s'afoiblit tous les jours, ne m'a pas permis, Messieurs, de partager tous vos travaux, témoin de vos succès, j'ai goûté la douceur d'y applaudir; & les marques de bonté & d'atachement que vous avez bien voulu me donner, ont été un dédomagement dans mes maux, qui souvent me les a fait oublier.

L'Assemblée, pénétrée d'atachement & de vénération pour M. le Président, l'a prié par l'organe de ses Procureurs-Syndics, d'agréer ses remercîmens & sa reconoissance, & d'être persuadé du désir qu'elle aura toujours de concourir aux vues bienfaisantes & patriotiques qui ne cessent de l'animer pour l'avantage de la Province.

M. le Marquis de Mauroy, M. le Marquis de la Rochedumaine, M. l'Abbé Brissart & M. le Comte de Chateigner, ont été priés de vouloir bien être les Correspondans de l'Administration à Paris, & de se réunir à M. le Président, toutes les fois que les circonstances l'exigeront; ils ont accepté cette commission, en protestant à l'Assemblée qu'ils seront toujours flatés de lui être utiles.

La séance a été indiquée au lendemain, Mercredi, à neuf heures du matin.

Signé, † M. L. Évêque de Poitiers.

Giraudeau, *Secrétaire-Gréfier.*

Du Mercredi, 12 Décembre, à neuf heures du matin.

Lecture a été faite du Procès-verbal de la précédente séance.

L'Assemblée avertie de l'arivée de M. le Commissaire du Roi, MM. les Procureurs-Généraux-Syndics sont allés le recevoir au bas de l'escalier, au haut duquel il a été reçu par quatre Députés, un de l'ordre du Clergé, un de l'ordre de la Noblesse & deux de celui du Tiers-État.

M. le Commissaire du Roi, introduit dans la Salle des séances, a été conduit à un fauteuil qui lui avoit été préparé au milieu de la Salle, en face de celui de M. le Président, & en avant du Bureau de MM. les Procureurs-Généraux-Syndics.

M. le Président a dit :

MONSIEUR,

L'Assemblée touche au jour fixé pour la clôture de ses séances. La multitude des objets dont nous devions nous occuper, notre inexpérience même, nous pouvons le dire, dans la carière qui nous a été ouverte, ne nous a permis d'avancer qu'à pas lents vers le terme de nos travaux, mais notre zele ne s'est point ralenti. Le désir de nous conformer aux intentions du Roi, de justifier la confiance de Sa Majesté & l'atente de nos concitoyens, nous a donné des forces & a soutenu notre courage.

Les renseignemens dont nous avions besoin pour éclairer notre marche ; nous les avons reçus de vous, Monsieur, vous vous êtes prêté à toutes nos demandes : souvent vous les avez prévenues. Il nous est bien doux de reconoître que vous vous êtes intéressé au succès de nos travaux.

L'Assemblée s'est occupée successivement de tous les objets dont le Roi lui avoit permis la discussion. Son premier soin a été de remplacer ceux de fes Membres dont la mort ou des circonſtances particulieres l'avoient privée, & le choix qu'elle a fait, a dû la conſoler de fes pertes. Pour embraſſer & traiter plus d'objets à la fois, & pour préparer fes Délibérations, l'Aſſemblée s'eſt partagée en Bureaux.

Celui des Impoſitions a aprofondi la nature des différens Impôts, les vices qui ſe gliſſent, mal-gré la vigilance la plus continue, dans leur répartition & leur recouvrement. Il a diſcuté les différens moyens de corriger les abus & de les prévenir. Si, mal-gré ſes ſoins éclairés & conſtans, le Bureau n'a pas oſé, dans ces premiers momens, ſe décider ſur le choix de ces moyens, l'Aſſemblée a applaudi à ſa prudence, & a cru devoir laiſſer mûrir par le temps & la réflexion, les Projets qui lui ont été propoſés.

Le Roi avoit daigné propoſer à ſa Province du Poitou un abonnement pour les Vingtiemes. Vous connoiſſez, Monſieur, mieux que perſóne, la miſére de cette Généralité. Vous aurez jugé ſans doute avant nous, qu'en acceptant avec reconoiſſance un abonement ſur le pied actuel des Vingtiemes, tout autre qui auroit excédé ce taux, eut ſurpaſsé nos forces.

Le Bureau du Réglement à diſcuté la formation des Aſſemblées d'Élection, & examiné leurs Procès verbaux. Il a, dans ſon Raport, mis ſous les ieux de l'Aſſemblée, tous les points ſur leſquels les Élections avoient paru s'écarter de l'eſprit & de la lettre des Réglemens. Le même Bureau a propoſé un Réglement de diſcipline intérieure, l'Aſſemblée la adopté ; mais preſſée par le temps & retenue par l'importance de la matiere, elle a penſé qu'elle devoit remettre à une autre année les obſervations à faire ſur différens points des Réglemens donnés proviſoirement par Sa Majeſté. L'Aſſemblée a cru entrer dans ſes vues, en ne ſe décidant pas avec précipitation fur des objets pour lefquels elle a daigné acorder deux ans de réflexion.

Le Bureau du Bien public a préfenté différentes vues patriotiques, & des projets dont l'exécution peut contribuer au bonheur & à la profpérité de cette Province; mais la foibleffe des reffources que l'Affemblée peut efpérer des fonds libres & variables qui font à fa difpofition, n'a pu permettre au Bureau de réalifer, dès ce moment, tous ces projets. L'Affemblée a loué fon travail & fes vues, & a partagé fes regrets.

Le Bureau des Travaux publics a fait paffer fucceffivement fous les ieux de l'Affemblée, le Tableau des Routes de la Province, le détail des travaux qu'elles exigent, l'emploi des fommes qui leur font deftinées, la forme de leur répartition, des vues économiques pour diminuer la dépenfe & accélérer les ouvrages. Le Bureau a terminé fon Raport en témoignant fes regrets de n'avoir pu s'occuper des âteliers de charité pour lefquels le Roi n'a acordé aucun fonds cette année. Il a prié l'Affemblée de faire les plus vives inftances pour obtenir de la bonté de Sa Majefté, des fecours que les malheurs des temps ont rendu néceffaires.

Depuis long-temps, Monfieur, vos foins bienfaifans ont acoûtumé cette Province à jouir de ces fecours de charité. Vos preffantes follicitations ont déterminé le Roi à la traiter avec une bonté particuliere. Les malheureux que les travaux de charité ont nouri pendant plufieurs années, conferveront long-temps la mémoire d'un fecours dont la néceffité augmente chaque jour.

L'Affemblée vous prie, Monfieur, de joindre vos prieres & vos inftances aux fienes, pour obtenir de Sa Majefté, la continuation des mêmes bontés en faveur d'une Province dont les intérêts vous feront toujours chers. Du moment où fon Adminiftration fut confiée à vos foins, vous fîtes votre bonheur de procurer le fien, & nous fommes les garans de fa reconoiffance.

M. le Commiffaire du Roi a répondu :

MESSIEURS,

Voici l'inftant où, conformément aux intentions de Sa Majefté, vous allez terminer vos féances.

L'activité que vous avez mife dans les recherches pénibles auxquelles chacun de vous s'eft livré, fuivant les différentes parties qui lui ont été confiées, l'attention fuivie que vous avez donnée à l'examen de matieres qui vous étoient auparavant prefque entiérement étrangeres, & dont les détails, pour la plupart, ne pouroient qu'être trouvés rebutans, s'ils n'avoient le bien public pour objet, tout, Meffieurs, doit répondre à Sa Majefté, des effets qu'elle fe promet de la fageffe réunie de vos vues.

L'efprit de douceur & de conciliation qui fait chérir le Prélat refpectable qui préfide à cette Affemblée; fes lumieres & fes connoiffances, jointes à celles des Membres de la Commiffion intermédiaire, que vous avez chargée de l'exécution des plans qui font le réfultat de vos travaux, ne pouront qu'influer, de la maniere la plus avantageufe, fur des opérations qui intéreffent fi effentiéllement le bonheur de cette Province.

Plus les fonctions de cette Commiffion font importantes, Meffieurs, plus les Membres qui la compofent mettront à les remplir, ce zele, cette impartialité, cette juftice, qui feules peuvent concilier l'eftime & la confidération publique, & mériter la protection d'un Souverain auquel aucun facrifice ne coûte, lorfqu'il croit voir qu'il peut contribuer au bien être de fes Peuples.

M. le Commiffaire du Roi s'eft levé & a été reconduit avec les mêmes honeurs.

M. le Préfident a nommé deux Députés pour aller faluer M. le Commiffaire du Roi au nom de l'Affemblée.

Signé, † M. L. ÉVÊQUE DE POITIERS.

† M. C. Is. *Évêque de Luçon.*

L'Abbé DE LENTILHAC, *Comte de Lyon.*

L'Abbé DECRESSAC.

L'Abbé BRISSART.

L'Abbé DE FRESNE.

L'Abbé DE ROZAND.

L'Abbé DE LA FAIRE.

RIGUET, *Doyen.*

PERRINET, *Prieur de l'Abbaye & Curé de la Trinité de Châtillon.*

F. H. MAZET.

Le Marquis DE ST-SULPICE.

JOUSLARD D'IVERSAY.

Marquis DE NIEUIL.

FROTIER DE LA MESSELIERE.

Comte DE MONTBRUN.

DE REGNON.

Le Marquis DE MAUROY.

Le Comte DE MOUSSI LA CONTOUR.

Le Marquis DE LA ROCHE-DUMAINE.

Le Comte DE CHATEIGNER.

Le Comte DE CHABOT.

CHABIEL DE MORIERE.

GAULTIER DE LA MOINERIE.

DUPONT.

LAMARQUE, *Conseiller.*

REDON DE BEAUPREAU.

CHAUVIN, *Secrétaire du Roi.*

CADOU.

DE SAIVRE DESGUERCHES.

DEMERLIS.

POUGEARD DU LIMBERT.

DUVAL DE LA VERGNE.

PERREAU DE LA FRANCHERE.

BOURON, *Avocat du Roi.*

CHAUVIN, *Avocat du Roi.*

BOURASSEAU.

RICHARD D. M.

CLERC DE LA SALLE.

DABBAYE.

DUBOIS.

CREUZÉ DE LA TOUCHE.

DE LEZARDIERE, } *Procureurs-Syndics.*
THIBAUDEAU,

GIRAUDEAU, *Secrétaire-Géfier.*

TABLEAU

DES ROUTES

DU POITOU

pour l'année 1787.

TABLEAU DES ROUTES

N.^{os} des Routes	DÉSIGNATION DES ROUTES.

PREMIÈRE CLASSE de 42 pieds

1. *Route de poste de Paris en Espagne*, depuis le Port de Pile, limite de la Touraine, par Châtelleraud, Poitiers, Vivône, Couhé & jusques à environ 1000 toises au-de-là des Maisons-blanches, à la limite de l'Angoumois. . . . .

2. *Route de Poitiers à Bourdeaux*, depuis le ruisseau de Cez de-Lusignan, par Chenay, Saint-Leger-de-Melle, Briou, la Villedieu - d'Aunay, Aunay & jusqu'au gué de Virollet, limite de la Saintonge. . . . .

3. *Route de poste de Poitiers à la Rochelle*, depuis l'embranchement au dessus de Croutelle, par Lusignan, Saint-Maixent, Niort & jusqu'au Pont-Renaud, limite de la Généralité de la Rochelle. . . . .

4. *Route de poste de la Rochelle à Nantes*, depuis la Cabane des Alouetes rouges, près Marans, traversant le marais ; ensuite par Sainte-Gemme-de-Luçon, Saint-Hermand, Chantonnay, Saint-Fulgent, Montaigu & jusqu'au poteau de Remouillé, limite de la Bretagne. . . . .

TOTAL de la première Classe. . . . . .

DEUXIEME CLASSE de 36 pieds

5. *Route de Poitiers à Nantes*, depuis l'embranchement au dessus de la Cueille, par Ayron, Partenay, Neuvy, Saint-Pierre-du-Chemin, Réaumur, Monsirennes, Mouchamps & jusques à l'embranchement sur la Route de la Rochelle à Nantes, avant Saint-Fulgent. . . . .

6. *Communication directe du Limosin avec la Bretagne*, par Éteignat en Angoumois, Confolens, Pressac, Châroux, Sivrai, les Maisons-blanches, Sauzé, Melle, Celles & jusques à Niort, où elle se continue par Fontenai, Saint-Hermand, Chantonnay, &c.

7. *Communication de l'Angoumois avec l'Anjou*, depuis Manle ou Rufec, par Chef-Boutonne, Melle, Saint-Maixent, Partenay, Thouars & jusqu'à la limite de l'Anjou, près Montreuil-Bellay. . . . .

LONGUEUR TOTALE		ENTRETIENS		RÉPARATIONS		Constructions neuves.	
En toises.	En lieues de 2000 toises.	Longueurs à entretenir.	Estimation.	Longueurs à réparer.	Estimation.	Longueur. à construire.	Estimation.
de largeur entre les fossés.							
57,334	28 ½ 334	50,019 ᵀ	53,104 ♯ " 6	21,821 ᵀ	45,058 ♯ 19 ᵝ 6	o "	o "
33,597	16 ¾ 97	31,891	22,470 " "	20,299	39,131 " "	o "	o "
38,265	19 265	37,952	24,192 1 4	12,342	17,418 18 8	o "	o "
48,483	24 483	35,409	23,100 " "	o	o	o "	o "
177,679	88 ¾ 179	155,271	122,866 ♯ 1 ᵝ 10	54,462	101,608 ♯ 18 ᵝ 2	o "	o "
de largeur entre les fossés.							
59,100	29 ½ 100	2,211	740 ♯ " "	o "	o "	o "	o "
44,800	22 ¼ 300	o	o "	o "	o "	o "	o "
61,163	30 ½ 163	9,534	3,766 " "	o "	o "	o "	o "
165,063	82 ½ 63	11,745	4,506	o "	o "	o "	o "

N.ᵒˢ des Routes.	DÉSIGNATION DES ROUTES.

Suite de la

de l'autre part. . . . .

8. *Communication de Bourdeaux avec Nantes*, par Saintes, depuis Loulay, limite de la Saintonge, par Beauvoir, Niort, Oulmes & jufques à Saint Hermand, où elle s'embranche fur la Route N.ᵒ 4. . . . .

9. *Route de Poitiers à Limoges*, commençant à l'embranchement auprès de la Pierre levée, par Fleuré, Lomaizé, Luffac, Moulifme, compris l'enclave du Breuil-au-Fa, après Belac. . . . .

10. *Route des Sâbles à Saumur*, depuis la Motte-Achard jufque près Cholet, par la Roche-fur-Yon, les Effars, les Herbiers, Mortagne & jufqu'au ruiffeau de Sainte-Marie, limite de l'Anjou. . . . .

11. *Route des Sâbles à Nantes*, par la Motte-Achard, Beaulieu, Aizenay, Palluau & jufqu'au ruiffeau de Gué-au-chaux, limite de la Bretagne. . . . .

12. *Route de Fontenai à Saumur*, par Vouvant, la Châtaigneraye, Saint-Pierre-du-Chemin, la Forêt-fur-Saivre, Breffuire & jufques à Thouars. . . . .

13. *Route de Poitiers à Saumur*, depuis la porte de Paris de Poitiers, par Auzances, Mavault & jufques à Étables, limite de la Généralité de Tours. . . . .

14. *Route de Poitiers à Bourges*, depuis le Pont neuf de Poitiers, par le Breuil-l'Abbeffe, Saint-Julien, Chauvigny, & fe dirigeant fur Saint-Savin. . . . .

15. *Route de Confolens à Belac*, dans la Marche, par Brillac & Maizicre, longueur fur le Poitou. . . . .

16. *Route de Fontenai aux Sâbles*, depuis l'embranchement de Puy-Bernier, près Fontenai, par Luçon, Avrillé & Tallemont. . . . .

17. *Route de Poitiers à Confolens*, depuis l'embranchement au haut du faux-bourg Saint-Saturnin, par Saint-Benoît, Gençay, Saint-Martin-Lars & Preffac. . . . . .

18. *Route des Sâbles à Beauvoir*, depuis la Vennerie, par Olone, Vairé, Landevielle, l'Aiguillon, Challans & Saint-Gervais. . . . .

19. *Route de Châtelleraud à Richelieu*, par Remeneuil, Jaulnay, &c. . . . .

deuxieme Clâsse.

LONGUEUR TOTALE		ENTRETIENS		RÉPARATIONS		Constructions neuves.	
En toises.	En lieues de 1000 toises.	Longueurs à entretenir.	Estimation.	Longueurs à réparer.	Estimation.	Longueurs à construire.	Estimation.
165,063	82 $\frac{1}{2}$ 63	11,745 T	4,506# » »	0	0 » »	0 »	0 »
42,378	21 378	34,309	20,454 0 »	2,556	5,173 » »	0 »	0 »
31,733	15 $\frac{1}{4}$ 233	4,441	2,608 0 »	0	0 » »	0 »	0 »
38,329	19 329	0 »	0 0 »	0	0 » »	500 »	13,684 »
20,876	10 $\frac{1}{4}$ 376	5,772	8,326 0 »	0	0 » »	0 »	0 »
40,100	20 100	0 »	0 0 »	0	0 » »	0 »	0 »
8,740	4 $\frac{1}{4}$ 240	3,700	2,132 0 »	0	0 » »	1,339 »	16,369 »
13,025	6 $\frac{1}{2}$ 25	0 »	0 0 0	0	0 » »	0 »	0 »
8,000	4 0 »	0 »	0 0 »	0	0 » »	0 »	0 »
37,882	18 $\frac{3}{4}$ 382	18,039	9,166 0 »	0	0 » »	4,007 »	48,202 »
36,796	18 $\frac{1}{4}$ 296	2,500	1,771 0 »	0	0 » »	1,322 »	20,000 »
29,558	14 $\frac{3}{4}$ 58	0 »	0 0	0	0 » »	814 »	11,656 »
8,000	4 0 0	2,894	1,032 0 »	0	0 » »	0 »	0 »
480,408	240, 480	83,399	49,995# 0 »	2,556#	5,178# » »	7,982	109,911#

N.os des Routes.	DÉSIGNATION DES ROUTES.
	Suite de la
	de l'autre part. . . . .
20.	*Enclaves de la Barre & de Fontafy,* fur la Route de Limoges à Angoulême, par Saint-Junien, Chabannois, &c. . . . .
	TOTAL *de la deuxieme Cláſſe.* . . . . .
	TROISIEME CLASSE *de 30 pieds*
21.	*Route de Limoges à Angouléme,* par Champagnac, Cuſſac, &c. ſe dirigeant fur Montbron, &c. . . . .
22.	*Communication de Confolens avec le Périgord,* par Saint-Junien, Rochechouard, Vaires, & ſe dirigeant fur Nontron. . . . .
23.	*Communication des Sâbles à Machecoul,* depuis Challans, par la Garnache, &c. .
24.	*Communication de Gençay à Sivrai,* par la Ferriere, Sommieres, &c. . . . . .
25.	*Communication de Fontenai à Châtillon,* depuis la Forêt-fur Saivre, par Cerizay, Combran & juſqu'au bourg de Rorthais. . . . .
26.	*Communication de Partenay à Breſſuire,* Châtillon, Mortagne, Tiffauges, &c. .
27.	*Communication des Moutiers-les-Maufaits* au Port de Moricq & de la Claye au même Port. . . . .
28.	*Communication de Fontenai au Port de Maillé-fur-Sêvre Niortoiſe.* . . . . .
29.	*Communication de Saint-Gilles à la Route des Sâbles à Beauvoir.* . . . . . .
30.	*Communication des bourgs de Diſſay & de Vouneuil-fur-Vienne à la Route de Paris.*
31.	*Communication de Niort au Port de Coullon-fur-la-Sêvre Niortoiſe.* . . . . . .
32.	*Communication de Niort à Saumur,* par Échiré, Rouvre, Champdeniers, Saint-Pardoux & Pompeyre. . . . .
33.	*Communication de Luſſac à Montmorillon & dans le Berry.* . . . .
	TOTAL *de la troiſieme Cláſſe.* . . . . .

LONGUEUR TOTALE		ENTRETIENS		RÉPARATIONS		Constructions neuves.	
En toises.	En lieues de 2000 toiles.	Longeurs à entretenir.	Estimation.	Longueurs à réparer.	Estimation.	Longueur à construire.	Estimation.

deuxieme Clâſſe.

480,480	240 480	83,399 ᵀ	49,995 ♯ » »	2,556	5,178 ♯ » »	7,982 ᵀ	109,911 ♯
3,877	1 ¾ 377	3,877	3,265 » »	0	0 » »	0	0
484,357	242 357	87,276	53,260 » »	2,556	5,178 » »	7,982	109,911

de largeur entre les foſsés.

14,020	7 20	0 »	0 »	0	0 » »	352 »	5,280 ♯
13,200	6 ½ 200	0 »	0 »	0	0 » »	0 »	0
9,000	4 ½	0 »	0 »	0	0 » »	0 »	0
14,272	7 272	0 »	0 »	0	0 » »	0 »	0
8,000	4	0 »	0 »	0	0 » »	0 »	0
35,700	17 ¼ 200	0 »	0 »	0	0 » »	0 »	0
14,400	7 400	0 »	0 »	0	0 » »	0 »	0
7,000	3 ½	0 »	0 »	0	0 » »	0 »	0
3,400	1 ¼ 400	0 »	0 »	0	0 » »	0 »	0
5,900	2 ¾ 400	0 »	0 »	0	0 » »	0 »	0
4,000	2 » »	0 »	0 »	0	0 » »	0 »	0
10,000	5 » »	0 »	0 »	0	0 » »	0 »	0
16,000	8 » »	0 »	0 »	0	0 » »	0 »	0
154,892	77 ¼ 392	0 »	0 »	0	0 » »	352	5,280 ♯

RÉCAPITULATION générale des Ouvrages proposés pour 1787.

	LONGUEUR TOTALE		ENTRETIENS.		RÉPARATIONS.		CONSTRUCTIONS NEUVES.		DÉPENSE
	EN TOISES.	EN LIEUES de 2000 toises.	LONGUEURS à entretenir.	ESTIMATION.	LONGUEURS à réparer.	ESTIMATION.	LONGUEURS à construire.	ESTIMATION.	TOTALE.
PREMIERE CLASSE..	177,679	88 ¼ :79	155,271	122,866 1 10	54,462	101,608 18 2	0	0	224,475
DEUXIEME CLASSE.	484,357	242 357	87,276	53,260	2,556	5,178	7,982	109,911	168,349
TROISIEME CLASSE.	154,892	77 ½ 392	0	0	0	0	352	5,280	5,280
	816,928	408 ¼ 428	242,547 121 ¼ 47	176,125 1 10	57,018 18 ½ 18	106,786 18 2	8,334 4 334	115,191	398,104

AUTRES OUVRAGES.

ATELIER DE PRANZAIS, escarpemens de 5,891 toises cubes, pour perfection du déblais de la montagne, aux abords du pont, près Lusignan. . . . . 39,910 »

ATELIER DU PONT-CHARON, Route de la Rochelle à Nantes ; perfection de l'escarpement aux abords dudit pont. . . 19,975 »

ATELIER aux abords des pont & ponteau d'Oulmes & traverse de Fontenai. . . . . 6,222 » ┐ 96,107

ABORDS DU PONT NEUF de Poitiers : déblais & escarpemens de 2,652 toises cubes, & construction de 533 toises courantes de chaufsée. . . . . 30,000 » ┘

OUVERTURE de la Route des Sables à Saumur, entre les Herbiers & Mortagne, sur 6,820 toises de longueur. . . 7,502 »

Cette Adjudication n'a pas eu lieu, les Marches n'ayant pas été imposées pour contribuer à la dépense.

OUVERTURE du reste de la Route de Limoges à Angoulême, sur 5,466 toises de longueur. . . . . 5,158 » ┐ 14,173

OUVERTURE de partie de la Route de Tiffauges à Cliffon, dans les Marches Communes. . . . . 1,513 » ┘

APROVISIONEMENT de matériaux pour les ouvrages d'art. 11,516

TOTAL GÉNÉRAL de la dépense. 520,000

Nota. Il y a eu un rabais de 17,010 fur la totalité des 520,000 d'estimation d'ouvrage.
Il a été pafsé de nouveles Adjudications pour l'emploi de ce rabais.

Le prix réduit de la toife courante d'entretien, d'après l'estimation, est de 14ſ 6ᵈ ⅔, & la lieue de 1,453ᵗᵗ.
Idem, est de — 1ᵗᵗ 17ſ ⅓, & la lieue de 3,742ᵗᵗ.
La toife de construction neuve, *idem*, est de—13ᵗᵗ 16ſ 5ᵈ, & la lieue de 27,642ᵗᵗ.

TABLEAU

DES ROUTES

DU POITOU

pour l'année 1788.

TABLEAU DES ROUTES

N.^{os} des Routes.	INDICATION DES ROUTES.	LONGUEUR TOTALE.	
		En Toises.	En lieues de 2000 toises.
	PREMIÉRE CLASSE de 42 pieds		
1.	*Route de Poste de Paris en Espagne*, depuis le Port de Pilé, limite de la Touraine, par Châtelleraud, Poitiers, Vivône, Couhé & jusqués à 1000 toises au-de-là des Maisons-blanches, à la limite de l'Angoumois.	57,334	28 $\frac{1}{2}$ 334
2.	*Route de Poitiers à Bourdeaux*, depuis le ruisseau de Cez-de-Lusignan, par Chenay, Saint-Leger-de-Melle, Briou, la Villedieu-d'Aunay, Aunay & jusqués au gué de Virollet, limite de la Saintonge.	33,597	16 $\frac{4}{7}$ 97
3.	*Route de Poste de Poitiers à la Rochelle*, depuis l'embranchement au dessus de Croutelle, par Lusignan, Saint-Maixent, Niort & jusqués au Pont-Renaud, limite de l'Aunis.	38,265	19 265
4.	*Route de la Roschelle à Nantes*, depuis la cabane des Alouetes rouges, près Marans, traversant le Marais; ensuite par Sainte-Gemme-de-Luçon, Saint-Hermand, Chantonnay, Saint-Fulgent, Montaigu & jusqués au poteau de Remouillé, limite de la Bretagne.	48,483	24 483
	TOTAL de la premiere Clásse.	177,679	88 $\frac{3}{4}$ 179
	DEUXIEME CLASSE de 36 pieds		
5.	*Route de Poitiers à Nantes*, depuis l'embranchement au dessus de la Cueille, par Ayron, Partenay, Amaillou, Chiché, Bressuire, Châtillon, Mortagne, Tiffauges, & se dirigeant sur Clisson, à travers les Marches, ci	64,000	32 » »
6.	*Route de Poitiers à Saumur*, depuis la porte de Paris, par Auzances, Mavault & jusqués à Étable, limite de la Généralité de Tours.	8,740	4 $\frac{1}{3}$ 140
		72,740	36 $\frac{1}{3}$ 140

LONGUEURS EN TOISES				MOTIFS de l'utilité des Routes.	OBSERVATIONS.
à entretenir en 1788.	à réparer en 1788.	à conſtruire en 1788.	reſtantes à conſtruire.		

de largeur entre les foſſés.

50,492	4,320	»	»	Cette Route traverſe le Royaume, depuis la Capitale juſqu'aux frontieres d'Eſpagne ; elle ſert de communication entre les Provinces du Nord & les Provinces Méridionales de la France.	La longueur à entretenir & à réparer, eſt de 54,812 toiſes ; le reſte de la longueur totale, eſt en pavés dans pluſieurs traverſes.
32,514	2,825	»	1,706	Les Rouliers pour Bourdeaux, ſuivent cette Route de préférence ; ils la trouvent plus commode.	Très-avancée ; il ne reſte plus à faire que 1706 toiſes aux abords de quelques ponts à conſtruire.
36,518	6,999	667	»	Cette branche eſt une ſuite de la Route, N.º 1, de Paris en Eſpagne ; elle forme une grande communication.	Il ne reſte plus à faire d'eſſentiel que la perfection de la montagne de Pranzais, qui ſera achevée en 1788.
40,073	»	558	»	Elle réunit la Guiene & l'Aunis avec la Bretagne.	Cette Route peut être conſidérée comme finie, les abords du pont Chàron devant être inceſſament à perfection. Il y a cependant beaucoup de ponts à conſtruire.
159,597	14,144	1,225	1,706		

de largeur entre les foſſés.

4,536	»	1,330	57,988	Néceſſaire pour la communication de Poitiers à Nantes ; elle vivifie pluſieurs Villes qui n'ont eu juſqu'à ce jour aucun débouché.	Ouverte & avancée juſqu'à Partenay, on ſuit l'ancien chemin avec quelques redreſſemens juſqu'à Chàtillon. Il n'y a rien de commencé au-de-là, ni même d'approuvé.
5,040	»	2,176	1,525	La Touraine qui a fini cette Route ſur elle, atend la jonction du Poitou.	Les 1525 toiſes qui reſtent à conſtruire, ſeront achevées en 1790 au plutard.
9,576	»	3,506	59,513		

N.os des Routes.	INDICATION DES ROUTES.	LONGUEUR TOTALE	
		En Toises.	En lieues de 2000 toises
			Suite de la
	De l'autre part.	72,740	36⅓ 14
7.	*Route de Poitiers en Limofin & en Périgord*, depuis l'embranchement au haut du faux-bourg de St-Saturnin, par St-Benoît, la Villedieu, Gençay, St-Martin-Lars, Preffac, Confolens, & fe dirigeant fur Chabannois en Angoumois & Rochechouard, jufques à Confolens. .	36,796	22 29
8.	*Route de Poitiers à Bourges*, depuis le pont neuf, par le Breuil-l'Abbeffe, Chauvigny, & fe dirigeant fur Saint-Savin	13,025	6 ½ 2
9.	*Communication de Bourdeaux avec Nantes*, par Saintes, depuis Loulay, limite de la Saintonge, par Beauvoir, Niort, Oulmes, Fontenai & jufques à St-Hermand où elle s'embranche fur le N.° 4. .	42,378	21 37
10.	*Route des Sâbles à Saumur*, depuis la Mothe-Achard, par la Roche-fur-Yon, la Ferriere, les Effars, les Herbiers, Mortagne & jufques au ruiffeau de Sainte-Marie, limite de l'Anjou, près Cholet.	38,329	19 32
11.	*Communication de l'Angoumois avec l'Anjou*, depuis Manle ou Rufec en Angoumois, par Chef-Boutonne, Melle, Saint-Maixent, Partenay, Thouars & jufque près Montreuil-Bellay. . . .	61,163	30½ 16
12.	*Route des Sâbles à Nantes*, par la Mothe-Achard, Beaulieu, Aizenay, Palluau & jufques au Ruiffeau de Gué aux Chaux, limite de la Bretagne.	20,876	10⅓ 27
13.	*Route de Fontenai aux Sâbles*, depuis l'embranchement de Puy-Bernier, près Fontenai, par Luçon, le Port-la-Claye, Avrillé & Tallemont.	37,882	18¼ 38
14.	*Communication directe du Limofin avec la Bretagne*, depuis Limoges, par la Route d'Angoulême, jufques à Éteignat, près Chabannois, enfuite par Confolens, Preffac, Charoux, Civrai, les Maifons-blanches, Sauzé, Melle, Celles & jufques à Niort, où elle s'unit aux N.os 9 & 4, depuis Preffac feulement	44,800	22¼ 5
		367,989	184,18

LONGUEURS EN TOISES				MOTIFS de l'utilité des Routes.	OBSERVATIONS.
à entretenir en 1788.	à réparer en 1788.	à construire en 1788.	restantes à construire.		
deuxieme Clâsse.					
9,576	»	3,506	59,513		
»	473	3,180	29,321	Communication néceffaire pour le commerce du Limofin & du Périgord avec Poitiers & une partie de la Province. Elle fervira à déterminer le Limofin à communiquer avec la Bretagne, par la Route N.º 14, qui commencera à Preffac.	On la rendroit plus utile en la faifant paffer prés des bourgs de Saint-Secondin & d'Uffon. Il y a 4295 toifes de chaufsée faites, dont 2973 toifes anciénement conftruites par la Corvée.
»	»	»	13,025	Seule communication du Poitou avec le Berry.	Il n'y a rien de fait, les plans font levés, & anciénement apptouvés.
36,083	17,877	1,236	4,287	Plus courte & plus facile que par la Rochelle; elle évite le marais entre Marans & Luçon.	Il ne refte à faire entre Niort & Saint Hermand, que quelques terraffemens pour acotemens & foffés. Les 4287 toifes à conftruire, font entre Niort & Loulay.
»	»	1,737	34,162	Néceffaire pour la communication du Port des Sâbles avec l'Anjou, & le tranfport des bois de Marine.	Cette Route, peu avancée, eft une de celles dont la perfection eft prife particiérement en confidération. Il y a 2430 toifes de chaufsées anciennes.
28,885	3,990	3,660	24,628	Cette communication de deux grands pays, traverse le Poitou dans fa plus grande largeur.	Prefque faite entre Saint-Maixent & Montreuil-Bellay. Seulement projetée entre Saint-Maixent & Chef-Boutonne.
»	»	113	559	Utile au commerce des Sâbles à Nantes.	L'ouvrage reftant à faire fur cette Route, a pour objet principal, les terraffemens d'acotement & foffés, les 559 toifes à conftruire prés la Chapelle-Palluau, termineront cette Route.
19,623	»	1,186	6,267	Communication du haut Poitou avec le Port des Sâbles.	Les réparations qui reftent à faire ne confiftent qu'en terraffes. La majeure partie des 6267 toifes à conftruire, eft entre Luçon & les Sâbles.
»	»	»	44,800	Direction effentiele en ce qu'elle vivifie plufieurs Villes & gros Bourgs en débouchant un grand pays; tout le commerce du Limofin avec la Bretagne fe fera par cette Route.	Projet dont les plans vienent d'être levés.
94,167	22,340	14,618	216,562		

N.os des Routes.	INDICATION DES ROUTES.	LONGUEUR TOTALE	
		En Toises.	En lieues de 2000 toises.
	Suite de la		
	De l'autre part.	367,989	184,189
15.	*Enclave de la Barre & de Fontafy*, fur la Route de Limoges à Angoulême, par Saint-Junien, Chabannois, &c.	3,877	$1\frac{1}{4}$377
16.	*Route de Poitiers à Limoges*, depuis l'embranchement, près la pierre levée, par Luffac, Moulifmes, &c. compris l'enclave de Breuil-au-fa, après Bellac. . . . . , ...	31,733	$15\frac{3}{4}$233
	TOTAL de la deuxieme Clâffe.	403,599	$201\frac{1}{4}$99
	TROISIEME CLASSE de 36 pieds		
17.	*Route de Châtelleraud à Richelieu*, par Remeneuil, Jaulnay, &c. . .	8,000	4 » »
18.	*Route de Châtelleraud à Chauvigny*, Montmorillon, Moulifmes, Bellac, &c. compris l'enclave de Breuil-au-fa.	33,000	$16\frac{1}{2}$
19.	*Route des Sâbles à Beauvoir*, depuis la Vennerie, près les Sâbles, par Olone, Vairé, Landevieille, l'Aiguillon, Challans, Saint-Gervais.	29,558	$14\frac{3}{4}$58
20.	*Chemin de Confolens à Bellac*, par Brillac & Maizieres; longueur fur le Poïtou.	8,000	4 » »
21.	*Route de Fontenai à Saumur*, par Vouvant, la Châteigneraye, Saint-Pierre-du-Chemin, la Forêt-fur-Saivre, Breffuire & Thouars, où elle fe réunit à la Route de Saumur.	40,100	20 100
22.	*Route de Limoges à Angouléme*, par Aixe & Scraillac en Limofin, depuis la limite du Poïtou, par Champagnac, Cuffac, Saint-Mathieu, Maifonnais, &c.	14,020	7 20
23.	*Route de Saint-Junien en Périgord*, par Rochechouard, Vaires, Saint-Mathieu, & fe dirigeant fur Nontron.	13,200	$6\frac{1}{2}$200
24.	*Route de Fontenai à Châtillon*, depuis la Forêt-fur-Saivre, par Cerizay, jufques à Rorthais, où elle s'unit à la Route de Poitiers à Nantes.	8,000	4 » »
		153,878	$74\frac{3}{4}$378

LONGUEURS EN TOISES				MOTIFS	OBSERVATIONS.
à entretenir en 1788.	à réparer en 1788.	à construire en 1788.	reſtantes à conſtruire.	de l'utilité des Routes.	
deuxieme Clâſſe.					
94,167	22,340	14,618	216,561		
1,888	1989	»	"	Ces deux enclaves font partie de ladite Route de Limoges à Angoulême.	On réparera en 1788, l'enclave de la Barre, de 1989 toiſes de longueur.
4,496	0	»	27,237	Cette Route ne traverſe qu'un terrain aride & preſque inhabité. Il eſt fâcheux qu'elle exige des travaux d'art très-confidérables.	On a réſilié en 1787, une Adjudication de 80000 liv. pour la conſtrution de 29 ponts entre Poitiers & Mouliſmes, non compris le pont à conſtruire à Luſſac ſur la Vienne.
100,551	24,329	14,618	243,799		
de largeur entre les foſſés.					
2,894	»	»	5,106	Utile au commerce de Châtelleraud avec le Saumurois.	Anciénement ouverte & au tiers faite.
»	»	»	33,000	Communication utile pour le commerce du Limoſin & de la Marche avec Châtelleraud, & pour celle de Montmorillon avec Poitiers.	PROJET.
»	»	»	22,801	Utile au mouvement des Troupes ſur la Côte, en temps de Guerre, & pour le commerce des Blés.	Tracée, ouverte & commencée. Il y a 6757 toiſes courantes de chauſſée faites.
»	»	»	8,000	Intéreſſant pour le commerce confidérable de la Marche avec l'Angoumois, dont Confolens eſt l'entrepôt.	PROJET.
»	»	»	40,100	Débouché intéreſſant pour la Gâtine, qu'elle traverſe, & qui n'a aucune communication.	PROJET.
»	»	»	11,788	Ce débouché eſt utile à cette partie de l'Élection de Confolens, iſolée dans les Provinces voiſines.	Ouverte en entier & commencée; il y a 2232 toiſes de chauſſée faites.
»	»	»	12,389	Continuation de la Route N.º 7, ſur le Périgord, ſi le Limoſin ouvre la partie compriſe entre Confolens & Saint-Junien.	PROJET. Le plan eſt levé entre Saint-Junien & Rochechouard. Il y a 811 toiſes de chauſſée faites près Saint-Junien.
»	»	»	8,000	Néceſſaire à la communication entre Fontenai & Châtillon.	PROJET.
2,894	0	0	141,184		

N.os des Routes.	INDICATION DES ROUTES.	LONGUEUR TOTALE	
		En Toises.	En lieues de 1000 toises.
		Suite de la	
	De l'autre part.	153,878	74 ¾ 378
25.	Communication de la Gâtine fur Poitiers, depuis l'embranchement, près Saint-Fulgent, par Mouchamps, Monfirenes, Réaumur, Saint-Pierre-du-Chemin, La Chapelle-Saint-Étienne, Neuvy & jufques à Partenay, où elle fe réunit à la Route de Poitiers à Nantes. . .	35,000	17 ½
	TOTAL de la troifieme Clâffe.	188,878	94 ¼ 378
	QUATRIEME CLASSE de 24 pieds		
26.	Chemin de Challans à Machecoul, par la Garnache, jufques aux Marches.	4,000	2
27.	Chemin de Niort à Saumur, par Échiré, Rouvre, Champdeniers, Saint-Pardoux & jufques à Pompeyre, où il fe réunit au N.º 11. .	10,000	5
28	Chemin de Niort au Port de Coullon-fur-Sèvre.	4,000	2
29.	Chemin de Fontenai au Port de Maillé-fur-Sèvre.	7,000	3 ½
30.	Chemin du bourg des Moutiers-les-Maufaits au Port de Moricq-fur-le-Lay.	5,000	2 ² / ₇
31.	Communication de la ville de Saint-Gilles-fur-Vie à la Route des Sâbles à Beauvoir.	3,400	1 ½ 400
32.	Chemin de Gençay à Civrai, par la Ferriere, Sommieres, &c. . .	14,272	7 272
	TOTAL de la quatrieme Clâffe.	47,672	23 ¼ 172

LONGUEURS EN TOISES				MOTIFS de l'utilité des Routes.	OBSERVATIONS
à entretenir en 1788.	à réparer en 1788.	à conſtruire en 1788.	reſtantes à conſtruire.		

troiſieme Claſſe.

2,894	"	"	141,184		
"	"	"	35,000	La Gâtine eſt un pays précieux par ſes productions, qui n'a aucun débouché. Cette communication vivifiera ce canton dont la richeſſe eſt conçentrée.	PROJET.
2,894	0	0	176,184		

de largeur entre les foſſés.

"	"	"	4,000	Communication demandée depuis long-temps par une portion du bâs Poitou, pour ſon entrée en Bretagne.	PROJET.
"	"	"	10,000	Utile pour le tranſport des bois deſtinés à la Marine Royale, & pour les foires conſidérables de Champ-deniers.	PROJET.
"	"	"	4,000	Continuation du chemin ci-deſſus, & parconſéquent de même utilité.	PROJET.
"	"	"	7,000	Utile au tranſport des bois de Marine & au commerce de la ville de Fontenai.	PROJET.
"	"	"	5,000	Le Bourg des Moutiers eſt l'entrepôt des grains qu'on embarque à Moricq.	PROJET.
"	"	"	3,400	Utile à la ville de Saint-Gilles, qui n'a aucune communication avec la-dite Route.	PROJET.
"	"	"	11,334	Communication de Poitiers avec la tête du Canal de navigation de la Charente.	Ouvert juſqu'à Sommieres, avec 3109 toiſes de chauſſée faites & projeté entre ledit Bourg & Civrai.
"	"	"	44,734		

RÉCAPITULATION.

CLASSES.	LONGUEURS TOTALES		LONGUEURS PARTIELES			
	En toises.	En lieues.	A entretenir en 1788.	A réparer en 1788.	A construire en 1788.	Restantes à construire.
1.ere.	177,679	88 $\frac{1}{4}$ 179	159,597	14,144	1,225	1,706
2.e	403,599	201 $\frac{1}{4}$ 99	100,551	24,329	14,618	243,799
3.e	188,878	94 $\frac{1}{4}$ 378	2,894	»	»	176,184
4.e	47,672	23 $\frac{1}{4}$ 172	»	»	»	44,734
	817,828	408 $\frac{1}{4}$ 328	263,042 131 $\frac{1}{2}$ 42	38,473 19 $\frac{2}{5}$ 73	15,843 7 $\frac{3}{4}$ 343	466,423 233 $\frac{2}{5}$ 23

Nota. Il y a dix-sept lieues de Routes faites, sur lesquelles il ne sera fait aucun travail en 1788.

L'entretien des 263,042 toises courantes de Route, est estimé 147,396 ^{tt} 10^f 4^d. Revient la toise à 11^f 2^d, & la lieue à 1,116^{tt} ci. . . . . 147,396 ^{tt} 10^{s}

La réparation des 38,473 toises, est estimée 113,502 ^{tt} 5^f 10^d, revient par toise courante à 2^{tt} 19^f, & par lieue, à 5,900^{tt} ci. . . 113,502 5

La construction des 15,843 toises, est estimée 207,845 ^{tt} 11^f 7^d, revient par toise courante, à 13^{tt} 2^f 4^d, & par lieue, à 26,233^{tt} ci. 207,845 13

Déblais & transport en remblais de 2,716 toises cubes de terrasses à la levée aux abords du pont de Pranzais, estimé. 20,427 14

Transport de matériaux pour les ouvrages d'art. 5,827 18

TOTAL des Travaux projetés. 495,000 0

Somme à garder en réserve pour être employée à la construction ou réparation des chemins vicinaux. 25,000 0

TOTAL général de la dépense proposée pour 1788. . . 520,000 0

En évaluant les 233 lieues $\frac{2}{5}$ de Routes restantes à faire, à 30,000^{tt} prix réduit, on aura une dépense totale de 6,996,000 tt, pour achever les Routes comprises au présent Tableau.

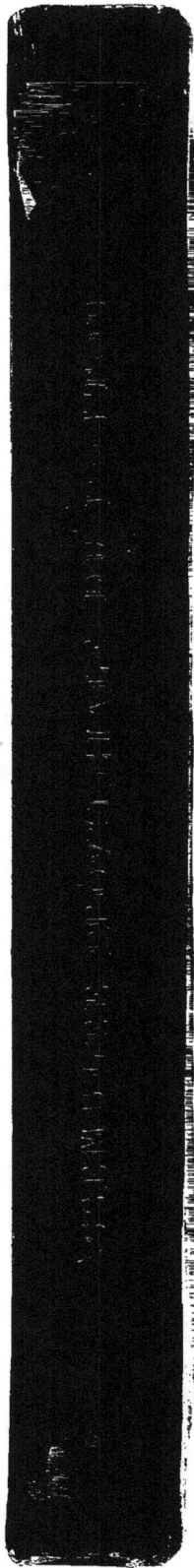

www.ingramcontent.com/pod-product-compliance
Lightning Source LLC
Chambersburg PA
CBHW071629270326
41928CB00010B/1837